# 음성 고추, 서산 마늘

김도운 지음

오늘의문학사

**국립중앙도서관 출판시도서목록(CIP)**

음성 고추, 서산 마늘 : 김도운 수필집 / 지은이: 김도운. -- 대전 : 오늘의문학사, 2015
p. ; cm

ISBN 978-89-5669-690-4 03810 : ₩15000

한국 현대 수필[韓國現代隨筆]

814.7-KDC6
895.745-DDC23 CIP2015017046

# 음성 고추, 서산 마늘

머리말

분에 넘치게 등단을 통해 수필가, 소설가라는 칭호를 부여받았다. 등단이라는 과정을 밟기 전에는 그냥 쓰고 싶은 글이 있으면 즉흥적으로 쓰기도 했지만 일상에 쫓겨 하루하루를 살다보면 한 동안 글 쓰는 일을 멀리 하기도 했다. 그러던 중 등단이라는 관문을 통과하게 됐고, 이후부터 꾸준히 글을 써서 발표하고 주기적으로 책을 발간해야 수필가, 소설가라는 호칭에 충실할 수 있다는 생각을 가졌다.

작가라는 이름에 부끄럽지 않으려면 부지런을 떨어야 한다고 생각했다. 등단의 관문을 통과한 후 작품 활동을 하지 않는 이들을 주위에서 여럿 봤다. 수필가니 소설가니 하는 호칭을 부여받고 창작활동을 하지 않는 것은 자기 자신에 대한 불성실이라고 생각했다. 그래서인지 누가 강요한 바는 없지만 최소한 몇 년에 한 번씩은 내 이름을 걸고 책을 내야 한다는 압박감을 갖기 시작했다.

처음 내 이름을 걸고 책을 발간했을 때의 감동이 지금도 기억에 또렷하다. 그 감동을 적어도 몇 년에 한 번은 느끼며 살아야겠다고 다짐했다. 전문학술서를 집필할 정도의 식견이 없고, 화려한 문체를 뽐내거나 강렬한 메시지를 담은 글을 쓸 정도의 재주도 없다. 그렇지만 내 생각을 정리해 글을 쓰고 그것을 세상에 발표해 '내가 이런 생각을 하며 살아가고 있다'는 사실을 알리는 것만으로도 의미가 있는 일이라고 판단했다. 나의 사고와 의식의 전환이 어떤 방향으로 바뀌고 시대상이 어떻게 변해가는지를 기록해 두는 것만으로도 의미가 있는 일이라고 생각했다. 어쩌면 세상을 위해서가 아니라 나 자신을 위해 이 책을 만들었는지 모르겠다.

살다보니 세상이 내 마음 같지 않아 울화통이 터질 때도 많았고, 한없이 고독하고 외로움을 느낄 때도 많았다. 그럴 때 글을 쓰면서 몰입하면 번민으로부터 자유로워질 수 있었다. 한 편 한 편 글을 완성해 가면서 작은 성취감도 맛 볼 수 있었다. 완성된 책을 바라보면서 느낄 뿌듯함을 상상하며 마음을 잡아나갔다. 그렇게 모아둔 글이 한 권의 책을 엮을 만큼의 분량이 됐다. 그래서 앞뒤 가리지 않고 출판사에 원고를 맡겼다. 수필이라고 써서 모아두었던 원고를 모두 보냈으니 다시 다음 책의 출간을 위해 원고 모으는 일을 시작해야 한다.

'오늘의문학사'를 통해 몇 차례 출간 작업을 진행하면서 호흡이 잘 맞아 일처리가 편했다. 리헌석 대표님과 이영옥 편집장님은 책 만드는 일에 대전 최고의 베테랑으로 환상의 콤비이다. 지금껏 나와 더불어 몇 번 출간 작업을 했고 그 때마다 손발이 척척 맞았다. 이번 책도 졸고를 옥고처럼 잘 포장해 주시리라 믿는다.

이 책의 출간을 핑계 삼아 친가, 외가, 처가 식구들을 초청해 가족음악회를 겸한 소박한 출판기념 행사를 가지려 한다. 나의 가족과 나를 아는 모든 분들에게 사랑과 감사의 마음을 전한다.

2015년 초여름 대전 유성 梧省齋에서 저자 김도운

김도운 수필집

음성고추, 서산마늘

# 1부

# 이 참에 다 버려라

# 통 큰 부조(扶助)

## 2부

김도운 수필집

음성고추, 서산마늘

3부

# 고양이 세수

# 4부 연필을 못 깎는 아이들

# 1부

# 이 참에다 버려라

## '너 죽고 나 죽자!'

'인간은 사회적 동물'이라고 아리스토텔레스가 말했다. 아주 짧은 말이지만 전달하는 메시지는 강렬하다. 인간은 사회와 고립돼 살아갈 수 없고, 사회란 인간이 모여 이루는 다양한 집단이다. 그러니 사람은 하루라도 타인과의 접촉을 피해 살 수 없어 늘 인간관계를 이어가며 살아야 한다. 예외적으로 인간 사회와 고립돼 산속에서 홀로 살아가는 사람들의 생활이 TV화면에 비쳐지지만 바람직한 모습은 아니다. 그들의 생활을 보면서 '나도 저렇게 조용히 며칠만 살아봤으면 좋겠다'고 동경의 마음을 갖기도 하지만 이내 '저렇게 어떻게 사나. 저것은 바람직한 인간생활의 모습이 아니다'라고 마음을 고쳐먹게 된다.

사람은 사회적 동물이어서 사회를 이루며 함께 살아가지만 함께 살아가는 것이 말 같이 쉽지만은 않다. 수없이 많은 사람들이 부딪쳐 살아가다보니 사람 때문에 기쁘고 즐겁고 행복하기도 하지만 반대로 사람 때문에 눈물짓고, 힘겨워하고, 스트레스를 받기도 한다. 아무리 힘든 일이 닥쳐도 나를 위로해주고 아픔을 함께 해주는 사람이 곁에 있으면 버텨낼 힘이 생긴다. 세상에는 힘든 일이 많지만 가장 큰 고통은 사람과의 관계에서 비롯되는 감정의 손상이다. 사람으로 인해 얻은 상처는 좀처럼 치유가 되지 않는다.

인간관계는 몇 가지 유형으로 나눠 볼 수 있다. 가장 바람직한 인간관계는 '너 좋고, 나 좋고', '누이 좋고, 매부 좋고' 의 형태이다. 현대사회는 이 같은 관계를 '윈-윈(Win-Win)'이라고 표현한다. 상생(相生)이라는 표현을 쓰기도 한다. 서로에게 도움이 되고 모두가 승자가 되는 인간관계를 말한다. 사람은 사회를 통해 수많은 인간관계를 엮어가면서 '윈-윈'의 관계를 만들어내고 유지하기 위해 부단히 노력한다. '윈-윈'은 누구에게나 득이 되는 최상의 인간관계이지만 자신의 입장만 주장하면 절대 성사되지 않는다. 한 발씩 물러서야 이루어낼 수 있는 인간관계이다. 한쪽이 일방적으로 희생하는 '윈-윈'은 없다. 물러서는 법을 먼저 배워야 이룰 수 있는 관계가 '윈-윈'이다.

한쪽이 일방적으로 희생하고 양보하는 인간관계도 있다. 한쪽이 다른 한쪽을 일방적으로 짓누르고 인간관계도 존재할 수 있다. 이런 인간관계는 발전 지향적이지 못하고 오래 지속될 수도 없는 구조이다. 어떤 경우에도 일방적인 한쪽의 희생을 강요하는 인간관계가 유지되는 것은 불가능하다. 힘의 논리에 의해 일시적으로 성사될 수 있는 인간관계일 수 있지만 지속은 불가능하다. 희생을 당하는 쪽이 언제까지 고통을 감내하고 불합리한 관계를 이어갈 수는 없는 일이다. '하늘 아래 모든 인간은 평등하다'는 천부인권의 시각에서 보면 도저히 있을 수 없는 인간관계가 바로 이 같은 불평등의 유형이다.

그렇다면 많은 유형의 인간관계 중 최악은 어떤 경우일까? 바로 '너 죽고, 나 죽자'식의 타협 없는 유형이다. 나의 희생과 아픔을 감수해서라도 상대에게 기필코 상처를 안기겠다는 발상은 극도의 분노에서 비롯된다. 내가 상대를 일방적으로 제압할 힘을 갖지 못한 때, 나의 희생을 감수해서라도 상대에게 고통을 주겠다는 극한의 상황이 '너 죽고, 나 죽자'이다. 참으로 무서운 감정이다. 이 경우, 목적은 오로지 하나가 된다. 상대가 상처받고 아픔을 느끼는 것이다. 때로는 상대가 받는 아픔의 크기보다 내 상처가 더 큰 경우가 발생하기도 하지만 분노의 감정이 극에 달하면 이 같은 상황을 선택하는 경우가 있다. 감정의 동물인 사람은 누구나 억울한 일을 당하면 이 같은 생각을 하게 된다.

그러나 실제로 그런 무모한 생각을 실천으로 옮기는 경우는 그리 많지 않다. 마구 달려가고 싶은 내 생각의 바퀴에 제동을 걸어주는 '이성(理性)'이라는 브레이크가 작동되기 때문이다. 이성의 브레이크가 작동하지 않는다면 세상은 너무도 살벌한 모습이 될 것이다. 신(神)이 인간에게 내린 가장 큰 선물은 이성이라는 생각을 해본다. 인간에게 이성이 주어지지 않았다면 세상은 피비린내 나는 복수의 연속일 것이다. '너 죽고, 나 죽자'는 식의 극한 상황은 어디서나 수시로 연출될 것이다. 분노는 상대성을 갖기도 하지만 지극히 주관적 감정이다. 사람은 생의 나이를 보태며 '분노를 통제하는 일이 상대를 위해서가 아니라 나 자신을 위한 것'이란 사실을 깨닫게 된다. 그래서 나이가 약이 되는 일이 많다.

위험하기 짝이 없는 '너 죽고 나 죽자' 형 인간관계 중에서도 가장 위험한 경우는 상대가 나에게 어떠한 위해를 가하지 않았는데도 분노의 감정을 갖고 극한의 상황을 선택하는 경우이다. 불 특정인에게 끔찍한 범죄를 저지르는 등이 이 같은 유형에 속한다. 지하철에서 독가스를 유출하거나 다중이 모여 있는 장소에서 방화를 하는 등의 범죄는 뚜렷한 증오의 대상이 없는 '너 죽고 나 죽자'의 전형이다. 그저 사회 전체가 적대적 대상일 때 이런 행동이 유발된다. 이런 일이 발생할 때마다 사회는 경악을 금치 못하지만 이 같은 유형은 점차 다양화되고 빈도도 늘어나고 있다. 일부는 가해자가 정신 분열을 일으켜 잘못된 행동을 유발하기도 하지만 대개는 소외계층의 분노를 사회가 담아주지 못하는 데서 비롯된다.

'가진 자는 가졌다는 사실만으로도 가지지 못한 자에게 스트레스의 대상이 된다'는 말이 있다. 인간은 누구나 공평한 대우를 받고 균등한 기회를 부여받기 원한다. 사회가 이 같은 욕구를 해소시켜주지 못하면 불 특정인을 향한 '너 죽고, 나 죽자'식의 분노 표출은 계속될 수 있다. 단순히 사회부적응자 또는 정신분열증 환자라고 치부하고 무관심으로 일관한다면 소외계층의 분노는 쉽게 가라앉지 않는다. 인권이라는 잣대를 가지고 모든 사람이 인간으로서 누려야 할 기본권을 충분히 행사할 수 있도록 사회가 배려해야 한다.

인간관계란 참으로 어렵다. '윈-윈'이 최고의 선택이라는 점은 알지만 그리 호락호락하지 않다. '너 죽고, 나 죽자'가 최악의 상황이란 사실도 알지만 막상 억울한 일을 당하면 감정을 누그러뜨리기가 그리 쉽지 않다. 사회가 발전하면서 인간관계는 더욱 복잡 · 다양해지고 있다. 곳곳에서 상생의 인간관계를 구축하려는 노력은 계속되고 있다. 그러나 세상은 불공평하다는 불만을 품고 살아가며 언제라도 '너 죽고, 나 죽자'는 식의 돌발행동을 할 수도 있는 소외된 이들의 삶을 보듬고 그들의 분노를 녹여주려는 사회적 관심과 배려는 미약하기만 하다. 이 사회를 떠나 홀로 살 용기가 없다면 남을 배려하며 사는 일은 일상이 돼야 한다. 상대를 이해해주고 약자에게 베푸는 마음에서 '윈-윈'을 실현시키는 상생의 인간관계는 싹을 틔운다.

# 화장실

얼마 전 출장을 가기 위해 버스터미널을 갔을 때의 일이다. 한 시골 아주머니가 내게 다가오더니 묻는다. "여기 변소가 어디래유?" 실로 오랜만에 듣는 단어였다. 우리 어려서는 화장실이란 말을 많이 사용하지 않았다. 그냥 변소라고 불렀다. 그런데 언제부터인지 변소라는 말은 사회에서 차츰 자취를 감췄다. 변소라는 말 대신해서는 화장실이란 단어가 일반화 됐다. 그렇다면 변소와 화장실의 차이는 무엇일까? 같은 듯 다르고 다른 듯 같은 말이 아닌가 싶다. 변소나 화장실이란 말 외에 뒷간, 측간, 해우소, 더블류씨(W.C.) 등이 사용되기도 한다.

변소라는 공간은 단순히 용변을 해결하는 공간이라는 이미지가 강하다. 반면 화장실은 용변을 보는 것은 기본이고, 씻고 다듬고 매무새를 바로잡는 공간이라는 이미지가 포함된다. 더불어 변소라고 하면 불편하고 비위생적인 이미지가 떠오르지만 화장실은 쾌적하고 위생적인 공간이라는 이미지가 떠오른다. 같은 일을 처리하는 공간이지만 양자는 전혀 다른 이미지로 다가온다. 그래서 요즘 사람들은 변소라는 용어보다는 화장실이라는 용어를 일반적으로 사용하는 것 같다. 나도 화장실이란 단어가 익숙해서인지 갑자기 변소가 어디냐고 물으니 다소 당황스러웠다.

소득 수준이 올라가고 더불어 생활수준이 향상되며 가장 눈에 띄게 개선된 공간이 화장실이 아닌가 싶다. 어려서 불편한 가옥 구조 속에서 살 때를 생각하면 지금은 너무도 다른 생활을 하고 있다. 과거의 주택은 추위와 더위에 취약한 것은 물론이고 어둡고, 비위생적인 구석이 많았다. 쥐나 벌레 등이 사람과 같은 울타리 안에서 사는 것도 당연시됐다. 집에서 쥐가 나타났다고 누구 하나 호들갑을 떠는 일이 없었다. 다들 그렇게 사는 것으로 알았을 뿐이다. 이래저래 과거의 가옥들은 요즘의 집들과 비교할 때 불편한 점이 이만저만 아니었다.

많은 공간들 가운데도 가장 상전벽해의 변화를 맞은 곳은 화장실이다. 재래식 화장실은 정말 고통스러운 공간이었다. 악취는 기본이었고 온갖 해충이 득실거렸다. 겨울에는 찬바람이 매섭게 몰아쳤고, 여름에는 더위와 습도가 괴롭혔다. 모기떼의 공격을 받으면 그 또한 고통스러웠다. 하루에 한 번 화장실을 가는 일은 피하고 싶은 순간이었다. 최대한 적은 회차를 방문하고 최대한 짧은 시간 머물고 싶은 공간이었다. 재래식 화장실은 불편하기도 했지만 위험하기도 했다. 이웃마을 누가 화장실에 빠져 곤란한 처지를 당했다는 얘기를 전해 듣기도 했고, 심지어는 목숨을 잃는 사람의 이야기도 심심찮게 들렸다.

소득 수준이 올라가고 주거환경이 개선되면서 화장실도 변화하기 시작했다. 보다 구체적으로는 86년 아시안게임, 88년 올림픽을 치르면서 대대적으로 화장실 환경 개선이 추진된 것으로 기억한다. 특히

2002년 월드컵을 치르면서 문화라는 개념까지 추가돼 화장실문화개선운동이 대대적으로 전개됐다. 이 나라에 악취 나는 화장실은 사실상 월드컵 이후에 대부분 자취를 감췄다. 이제 아무리 시골 오지를 가도 화장실이 불편해 고역을 치르는 일이 없게 됐다. 얼마나 다행스러운 일인지 모른다. 아직도 그 악취화장실을 사용한다고 생각하면 참으로 끔찍하다. 결코 되돌리고 싶지 않은 과거이다.

이제 집이나 직장이나, 기타 공공장소 어딜 가도 화장실이 불편한 경우는 거의 없다. 불편한 것은 고사하고 요즘에는 화장실이 가장 편한 장소가 됐다. 추위와 더위를 없앤 것은 기본이고 향기가 난다. 어디는 잔잔한 음악이 나온다. 변좌가 따듯하게 데워져 있어 앉으면 콧노래가 절로 나온다. 용변을 보는 동안 책이나 잡지, 신문을 보기도 하고, 스마트폰을 이용해 정보 서핑을 할 수도 있다. 많은 화장실에 비데가 설치돼 깨끗하게 마무리를 할 수 있도록 도와준다. 그래서 화장실을 가는 일은 과거처럼 고통스러운 시간이 아니라 편하고 자유로운 시간이 되고 있다. 용변을 마무리 하고 나와 개수대에 따듯한 물을 받아 비누를 이용해 손을 씻은 후 손 건조기로 물기를 완전하게 말리고 나오면 그 또한 기분을 상쾌하게 한다.

인간의 문화는 진화한다. 보다 나은 환경을 만들고, 보다 편한 공간을 연출하기 위해 노력한다. 대한민국이라는 나라를 놓고 볼 때 우리 선조들은 반만 년 동안 불편한 화장실을 감수하며 살았다. 지금 세대에 와서 5천년의 불편함이 종말을 고했다. 우리 집 두 아들은 불편한 화장실을 사용해본 적이 없다. 녀석들은 당연히 양변기에 비데까지 설치된 현대식 화장실의 모습만 기억할 뿐이다. 불편한 화장실을 겪어보지 않았기 때문이다. 우리 세대는 악취 나는 재래식 화장실을 사용해본 마지막 세대이다. 편안하고 쾌적한 화장실의 혜택을 보며 사는 것도 큰 복이고 감사해야 할 대상이다. 우리 주위에는 사소하지만 감사할 일이 너무도 많다.

# 이리역폭발사고

전라북도 익산. 1995년도에 익산군과 이리시가 통합되며 도농복합시인 익산시가 됐다. 호남의 관문으로 호남선과 전라선, 장항선이 분기하는 철도교통의 요충지이다. 보석 가공 분야의 특화 도시이고 수출자유지역으로 산업이 발달된 도시이다. 호남평야의 중심지로 대한민국의 대표적 곡창이기도 하다. 익산이라는 이름으로 바뀐 지 20년이 넘는 세월이 흘렀지만 여전히 구 지명인 '이리' 혹은 '솜리'라는 지명을 사용하는 사람들도 많다. 광주와 전주가 호남에서 첫째와 둘째 가는 대도시라는 사실은 대부분 잘 알지만 익산이 세 번째 도시라는 사실은 모르는 이들이 많다. 군산, 여수, 목포, 순천 등 전라도의 내로라는 도시들이 익산보다 작은 도시이다.

나 역시 익산이라는 이름보다 이리라는 이름이 익숙하다. 지금도 이리라는 지명을 많이 사용한다. 익산은 내게 많은 추억이 간직된 도시이다. 외할아버지가 생전에 사셨던 익산은 내가 어려서 5년 넘게 살았던 도시이다. 어머니는 전북 부안군 줄포면이 고향이시다. 사업하시는 외할아버지를 따라 광주에서 어린 시절을 보냈고, 이후 이리로 터전을 옮겨 오래 사셨다. 외할아버지께서는 중년 이후의 삶을 이리에서 보내셨다. 그래서 내겐 이리가 외가동네이다. 내가 어렸을 때 새로운 일거리를 찾아 부모님이 외가동네인 이리로 이사하셨고, 형제들도 졸망졸망 따라붙어 이리에서 어린 시절을 보냈다. 네 살 무렵 아버지의 고향인 충북 음성군 대소면에서 이리로 이사했고, 거기서 초등학교 3학년 4월 4일까지 살았다. 그리고 다시 고향으로 돌아왔다. 식목일에 이사를 해 지금도 이사한 날짜를 기억한다.

이리에 사는 동안 창인동-어양동-마동으로 세 번 이사를 했다. 어린 시절이었지만 또렷이 기억난다. 어양동에 살면서 이리국민학교에 입학했다. 창인동이나 마동은 시내 중심부에서 가까운 곳이었지만 어양동은 외곽으로 시내버스를 타고 움직여야 하는 거리였다. 이리 시내에서 최초의 아파트 두 동이 어양동에 들어섰고 그곳에서 살면서 학교에 입학했다. 아파트에서 얼마 살지 않았고, 마동 남중학교 앞으로 이사를 했다. 마동 남중학교 앞에서 이리국민학교까지는 15분 남짓 걸어갔던 것으로 기억된다. 마동을 끝으로 이리생활을 정리하고 고향으로 다시 되돌아 왔다. 그렇게 이사를 다닌 것이 무엇 때문이었는지, 무슨 사연이 있었는지는 어려서 잘 알지 못했다. 그저 할머니가 계신 고향으로 간다는 것이 너무 좋았다.

이리국민학교에 입학한 것이 1976년으로 기억된다. 그러니까 76년도에 1학년, 77년도에 2학년 이었다. 내가 2학년이던 77년 늦가을 '이리역폭발사고'가 터졌다. 1977년 11월 9일 인천을 출발해 광주로 가던 한국화학공업주식회사의 화약열차가 10일 11시 31분에 다른 열차와 함께 이리역에 도착했고, 1605호 화물열차에 중계되어 목적지인 광주로 출발하기 위해 머물러 있었다. 한국화학공업주식회사의 호송원 신무일 씨는 화약류 등의 위험물은 역 내에 대기시키지 않고 곧바로 통과시켜야 하는 원칙을 무시하고 수송을 늦추고 있는 이리역 측에 항의를 제기했으나 묵살되자 이리역 앞 식당에서 술을 마시고 화약열차에 들어갔다. 그는 화물열차 내부가 어두워 논산역에서 구입했다는 양초에 불을 붙여 화약상자에 세워 놓은 뒤 침낭 속에 몸을 묻고 잠에 빠져들었다. 끄지 않은 촛불이 화약상자에 옮겨 붙어 대규모 폭발사고가 발생한 것이다.

폭발한 열차에는 당시 다이너마이트 상자 914개(22톤), 초산암모니아 상자 200개(5톤), 초안(硝安) 폭약 상자 100개(2톤), 뇌관상자 36개(1톤) 등 모두 1250상자 30톤 분이 실려 있었다. 다이너마이트가 터진 이리역 구내에는 깊이 15m, 직경 30m의 큰 웅덩이가 생겼다. 역 구내에 있던 객차 · 화물열차 · 기관차 등 30여 량 남짓이 파손되었고 철로가 엿가락처럼 휘어져 사방으로 날아갔다. 공식 집계된 열차 폭발사고로 인한 인명피해는 사망자 59명, 중상자 185명, 경상자 1158명 등 총 1402명에 이르렀다. 피해 가옥 동수는 전파가 811동, 반파가 780동, 소파가 6042동, 공공시설물을 포함한 재산피해 총액이 61억 원에 달했다. 이로 인해 발생한 이재민 수만도 1674세대 7873명이나 되었다.

요즘에야 초대형 사고가 워낙 많아 지금의 관점에서 바라보면 큰 사고로 여겨지지 않을 수도 있겠지만 당시 사회상으로 미루어 볼 때 이리역폭발사고는 엄청난 규모였다. 몇 날을 두고 긴급뉴스가 보도됐고, 전 국민의 눈과 귀가 이리에 집중됐다. 재해대책본부가 꾸려져 국가적으로 재난에 대처했다. 전라도의 작은 도시에 불과하던 이리는 내국인은 물론 전 세계인이 지켜보는 도시가 됐다. 외가 쪽 친인척들이 이리에 많이 살고 있었지만 당시 피해를 당하지는 않았다. 대개 이리역 근처에 살았는데도 아무런 일을 당하지 않았으니 천우신조였다. 고향 음성에서도, 전국 각지에 흩어져 사는 친인척들에게도 안부를 묻는 연락이 끊이지 않았던 기억이 난다. 아버지는 함께 이리에 살다가 새로운 일을 구상하기 위해 먼저 고향으로 올라가 계셨다. 이리역 폭발사고 직후 아버지가 급히 내려와 우리의 안부를 확인한 일도 기억에 남는다.

77년 11월 9일 이리역폭발사고 당일이 비교적 선명하게 기억난다. 밤11시가 넘어 30톤 분량의 화약이 동시에 터지는 대형 폭발사고가 터졌지만 어린 나는 아무 것도 모르고 평소처럼 잠을 잤다. 당시 우리 집은 이리역에서 2㎞ 조금 넘게 떨어져 있었다. 꽤 가까운 거리였다. 30㎞ 이상 떨어진 전주에서도 폭발음과 진동을 느꼈다는데 아무 것도 모르고 잠을 잤던 것이다. 아침에 일어나니 세상이 난리였다. 나와 가족들이 함께 잠을 잤던 안방은 문풍지가 모두 날아갔다. 사람들이 둘 셋씩 모여 웅성웅성 사고 얘기를 나누는 모습이 곳곳에서 목격됐다. 그때까지도 나는 사태의 심각성을 전혀 알지 못했다. 여느 때처럼 아침밥을 먹고 학교로 나서는데 학교 가는 길 중간에 아이들이 돌아오는 것을 목격했다. 휴교령이 내려진 것이었다. 영문도 모르는 채 발걸음을 돌려 집으로 돌아왔고, 휴일도 아닌데 학교를 가지 않는다고 기뻐 날뛰었다.

오전 중에 가깝게 사시던 외할아버지께서 자전거를 타고 우리 집에 오셨다. 가족들의 안부를 확인하러 오신 것이다. 할아버지 사시던 집으로 기차레일이 날아와 지붕이 모두 날아갔다고 얘기 하시는 걸 들었다. 그로부터 몇날 며칠 동안 TV만 켜면 온통 이리역폭발사고와 관련된 뉴스가 나왔다. 시청 앞에 텐트촌을 마련해 이재민들이 임시 살 수 있도록 거처를 마련해주었고, 전국 각지에서 구호품이 답지했다. 우리 집은 직접적인 피해를 입지 않았지만 당시 이리시내는 전쟁터와 비슷한 상황이었다. 동네 아이들과 어울려 시청으로 이재민 텐트촌을 구경 갔던 일도 기억난다. 전국에서 몰려든 취재차량이 즐비했고, 구호품이 산더미처럼 쌓여 있던 모습도 기억난다.

많은 사람이 죽고 엄청난 재산피해가 발생했지만 어린 나는 사태의 심각성을 이해하지 못했다. 그저 방송에서 '이리'가 집중 보도되고 내가 아는 공간이 화면에 나오는 것이 마냥 신기하기만 했다. 그해 겨울방학을 맞아 고향 음성을 찾았다. 만나는 사람마다 우리 가족을 보면 모든 관심사가 이리역폭발사고였다. 별일 없던 거냐고 안부를 묻는 것은 기본이고 "이리 이재민 왔네"라고 농담 섞인 인사말을 건네는 이들도 있었다. 그도 그럴 것이 작은 시골마을에서 누구네 집 누가 객지 어디에서 산다는 것을 다 알고 지내던 상황이었을 텐데 이리에서 그토록 큰 사고가 났다니 마을 사람 모두가 우리 가족을 염려했던 것이다. 그 때 참 인사 많이 받았다.

이리역폭발사고와 관련이 있는 것인지, 그와는 무관하게 진행된 것인지는 제대로 알 수 없으나 사고가 발생하고 5개월 후 우리 가족 모두는 이리생활을 접고 고향인 음성으로 터전을 옮겼다. 이리국민학교에 다니던 나는 고향 대소면에 있는 대소국민학교로 전학을 했다. 전학한 후에도 내가 이리에서 이사 왔다는 사실은 여러 사람의 관심사였다. 선생님들도 "이리역폭발사고 때 무사했느냐"고 묻는 일이 많았고, 일부 아이들도 "이리에서 이재민이 이사 왔다"고 말한 기억이 난다. 이리역폭발사고라는 엄청난 규모의 사고 탓에 지금도 많은 이들이 익산을 이야기 할 때 이리역폭발사고를 말하곤 한다. 벌써 40여 년의 세월이 흘렀지만 이리역폭발사고는 사람들의 뇌리 속에 여전히 강하게 남아있다.

얼마 전 운전하면서 라디오를 듣는데 이리역폭발사고와 관련된 이야기가 나왔다. 방송은 당시의 참혹했던 사고에 대해 구체적으로 설명해주었다. 그러면서 당시 최고의 인기가수였던 하춘화가 이리 삼남극장에서 리사이틀 공연을 하던 중 폭발사고가 발생해 극장 지붕이 무너지고 무대가 아수라장이 된 상태에서 보조 사회자였던 코미디언 이주일이 그를 업고 나와 살려냈고, 그 인연으로 둘이 오랫동안 가수와 진행자로 파트너십을 발휘했다는 내용이었다. 무명의 이주일이 이 사건을 계기로 인기스타로 발돋움 할 수 있었다는 이야기도 전해 들었다. 아마도 방송이 전파를 탄 날이 이리역폭발사고가 발생했던 그날이 아닐까 싶었다. 라디오를 통해 전해들은 뒤 인터넷을 뒤적이며 이리역폭발사고에 대해 더 많은 정보를 얻었고, 그날 하루 이리에 살던 어렸을 때의 추억을 많이 끄집어냈다.

외할아버지께서 살아계셨을 때는 적어도 1년에 한두 번 익산에 갔다. 그러나 외할아버지가 돌아가시고 난 뒤 익산에 갈 일은 없어졌다. 어머니 형제들은 서울과 대전, 전주에 살고 있고, 익산에는 먼 친척들만 살고 있다. 그러니 익산에 갈 일이 없다. 외할아버지가 계실 때는 특별한 일이 없어도 그저 문안차 찾아뵙기도 했다. 어려서 5년 가까이 살았던 기억 때문에 익산은 추억이 있는 반가운 도시이다. 지금도 방송에서 익산을 소개하는 프로그램이 나오면 유심히 보게 된다. 호남선 기차를 타고 남도로 내려갈 때도 익산역을 통과할 때면 아련한 추억이 밀려온다. 대량의 화약폭발이라는 대형 사고를 극복하고 도시를 재건해 이제는 호남 제3의 도시가 된 익산. 그곳은 내게도 추억의 파편이 남아있는 도시이다.

2년 전 하루 날을 잡아 큰아들하고 둘이 대전 신탄진역에서 기차를 타고 익산을 갔다. 외할아버지가 사시던 집도 가봤고, 외할아버지가 장사하시던 중앙시장 점포도 둘러보았다. 40년 만에 어려서 살던 마동 판자 집을 찾아가 봤다. 설마 했지만 역시나 그 판자 집은 허물어지고 없었다. 길을 내기 위해 부지를 닦아둔 상태였다. 가슴에 손수건을 달고 입학식을 했던 이리국민학교도 찾아가보았다. 자신에게는 아무런 의미도 없는 공간을 이곳저곳 옮겨 다니면서 발품을 팔자니 아들 녀석은 지겨워하며 투덜거렸다. 아비가 아련한 추억을 더듬는 시간을 이해하지 못했다. 이해해주기를 바라는 것이 어리석다고 생각했기에 달래고 도닥여주었다. 아들에게 아비의 어린 시절 이야기를 했지만 별 관심을 보이지 않았다.

무려 40년의 세월이 흘렀으니 천지가 개벽을 했다. 하지만 중년 이상의 많은 국민들은 이리역폭발사고를 또렷이 기억하고 있다. 너무 어려서 많은 것을 기억에 담아내지는 못하지만 분명 나는 역사적 사건이 일어났던 당시 그곳에서 살고 있었다. 예상치 못한 큰 사고에 사람들이 애통해 하던 모습, 전 국민이 뜻을 모아 구호의 손길을 뻗던 모습들이 기억에 남는다. 2015년 4월 1일, 오늘은 역사적인 호남고속철도 개통일이다. 서울에서 광주까지 2시간 33분 만에 달려갈 수 있게 됐다. 전국에서 손꼽히는 철도교통의 요지인 익산은 서울과의 거리가 1시간 20분으로 좁혀져 교통도시로의 입지를 더욱 공고히 하게 됐다. 아픔을 간직했던 익산역은 초현대식 건물로 신축돼 당당한 모습을 드러냈다. 호남고속철도 개통을 맞아 경축의 분위기가 한창이다. 온 나라가 경축 분위기 속에 휩싸인 가운데 나 홀로 이리역폭발사고에 얽힌 추억을 더듬으며 여덟 살의 나와 대화를 나누고 있다.

# 백야(白夜)

고교 1학년 말엽에 계열 선택을 했다. 계열이라 봐야 문과(인문계)와 이과(자연계)가 고작이다. 어렴풋이 문과는 어문이나 상경계열이고 이과는 공학이나 농학 또는 순수자연과학 계열이라는 것만 알고 있었다. 문과는 국어나 영어, 이과는 수학이나 과학을 잘 해야 적응 할 수 있다고 들었다. 그래서 문과를 선택하겠다고 마음먹었다. 과학도 과학이지만 수학에 절벽이었기 때문이다. 중학교 때까지만 해도 수학을 곧잘 했지만 고등학교에 진학한 이후 깜깜이가 됐다. 중학교와 비교할 때 고등학교는 영어와 수학의 난이도가 급상승한다는 사실을 몰랐다. 누군가 고등학교에 입학하는 내게 그런 사실을 얘기해주고 대비하도록 충고해 주었으면 내 인생이 바뀌었을지도 모른다.

아무튼 1학년 말엽에 이르러서는 수학에 대해 공포에 가까운 부담을 느꼈다. 그러니 이과에 진학할 엄두가 나지 않았다. 하지만 당시 국가적으로 이공계 인적자원 양성을 염두에 두고 이과 위주로 학생들을 배정했다. 당시 10개 반에 600여 명에 조금 못 미치는 인원으로 한 학년이 구성된 우리학교는 문과 3개 반과 이과 7개 반으로 편성을 했다. 그래서 담임선생님은 대부분의 학생들에게 웬만하면 이과로 진학하기를 권했다. 하지만 나는 "이 학교에서 문과생을 단 한 명 뽑는다고 해도 내가 선택할 것"이라며 배수진을 쳤고, 결국 문과에 진학했다. 이때의 선택은 내 인생에 있어 매우 중요한 분기점이 됐다는 사실을 뒤늦게 알게 됐다.

문과에 진학해서 겪어보니 과연 나의 선택은 옳았다. 내가 철저히 문과생으로서의 뇌구조를 가졌다는 사실을 여러 차례 실감했다. 국어, 영어, 독어, 국사, 윤리, 한문, 사회 등등의 과목은 그런대로 교과 내용을 따라갔지만 수학, 화학, 물리, 공업 등등의 과목은 뒤쳐졌다. 그러나 과학 과목 가운데 지구과학과 생물은 그런대로 따라 갈 수 있었다. 그것은 다름 아닌 교과를 맡은 선생님들의 능력에 따른 것이었다. 지구과학이 그러했고, 생물이 그러했고 교수법이 아주 좋은 유능한 선생님이 교과를 맡으셨다. 지금 생각해도 훌륭한 수업이었다. 그래서 과학 과목 중 두 과목은 최소한의 기초 지식을 갖고 있다.

지구과학 시간에 '백야현상'에 대해서 배운 기억이 난다. 북극과 인접한 고위도 국가에서 하지를 전후해 밤에도 해가 지지 않고 밝은 상태가 이어지는 현상이라고 들었다. 백야를 이야기 할 때 늘 열거되는 국가는 러시아, 스웨덴, 노르웨이, 핀란드 등 북유럽 국가들이었다. 백야 현상은 지구 자천축이 23.44도 기울어져 있어서 나타나는 것이라고 배웠다. 내가 이제껏 체험해보지 못한 세계이니 얼마나 신기할까 싶은 생각을 갖고 있었다. 여름에는 백야가 나타나지만 겨울에는 반대로 해 뜨는 시간에 지극히 짧아지는 극야(極夜) 현상이 나타난다는 사실도 뒤늦게 알았다. 세상엔 신비한 일들이 너무도 많다.

백야현상이 나타나고 극야현상이 나타난다는 것은 신비한 일이지만 그저 남의 일일 뿐이다. 직접 체험하지 못하면 나의 일상과는 동떨어진 일일 뿐이다. 내가 사는 북위 35도 일대는 태양이 떠 있는 시간의 여름과 겨울 차이가 최고 5~6시간이지만 위도가 올라갈수록 그 길이의 차이는 커진다. 반대로 적도에 가까워질수록 여름이나 겨울이나 낮과 밤의 시간 차이는 줄어들 것이다. 이러한 자연의 이치를 알아내는 인간의 학문 탐구 활동이 기특하고 대견하다. 그것을 응용해 대처해가는 능력은 더욱 대단하다. 기초과학의 바닥이 견고하지 못하던 시절에 지구의 자전축이 기울어져 있다는 사실과 이로 인해 백야와 같은 현상이 나타난다는 사실을 알아낸 이들이 새삼 존경스럽다.

2014년 여름 하지 무렵에 유럽 여행을 다녀왔다. 첫 기착지는 프랑스 파리였다. 이틀 숙박을 했지만 실질적으로 낮 시간을 지낸 것은 하루에 불과했다. 파리의 위도에 대해 별다른 생각을 하지 않고 관광일정을 따랐다. 누구나 파리에 방문하면 들리게 되는 개선문, 에펠탑, 노트르담성당 등의 관광 명소를 차례로 다녔다. 개인 사정상 루브르박물관은 관람하지 못했다. 저녁 식사를 마치고 진행되는 마지막 관광코스는 파리 시내를 관통하는 센강 유람선 승선이었다. 당연히 화려한 파리의 야경을 감상할 수 있을 것이라고 생각했다. 현란한 도시의 불빛이 양쪽에서 강을 향해 뿜어질 것이라고 예상했다.

그러나 그것은 북위 35도 인근에서 40대 중반까지 살아온 철저한 나의 생각이었다. 파리의 북귀는 48도로 대한민국 중부지역보다 10도 이상 높다. 위도의 10도 차이는 실로 컸다. 센강 유람선 승선시간은 밤

9시가 넘은 시간이었고, 투어가 끝난 시간은 11시가 거의 다 됐을 때였다. 하지만 투어가 끝날 때까지 도시의 불빛은 좀처럼 켜지지 않았다. 밤 11시가 넘어서니 그제서야 여명이 사라지고 서서히 어둠이 엄습해오기 시작했다. 말로만 듣던 백야를 체험하고 온 것이다. 물론 위도가 더 높은 북유럽 국가를 방문했다면 그보다 훨씬 짧은 밤을 경험했을 것이다. 하지만 파리에서 경험한 백야만으로도 나의 호기심을 자극하기에 충분했다.

밤 11시가 넘어 자정에 이르러서야 어둠이 찾아오는 신비로움을 경험한 것이 잊히지 않는다. 파리를 다녀온 사람들은 대개 에펠탑, 개선문, 센강 등을 떠올리겠지만 나 개인적으로는 그곳에서 처음 경험한 백야의 신비로움이 가장 먼저 떠오른다. 파리를 직접 가보기 전 에펠탑은 수없이 많은 사진과 영상으로 접해보았다. 개선문도 센강도 마찬가지이다. 하지만 백야는 내가 처음 체험한 신비로운 현상이어서 깊이 각인됐다. 오래도록 뇌리에서 잊혀지지 않는다. 파리에서 경험한 색다른 문화체험과 관광안내자를 통해 들은 이채로운 이야기도 지금까지 파리를 떠올리면 우선적으로 생각나는 것들이다. 난혼난교(亂婚亂交) 탓에 대대로 자신에 대한 정체성을 모르고 수백 년 떠돌이 삶을 한다는 집시들에 대한 이야기도 내가 접한 문화적 충격 중 하나였다. 결혼과 이혼이 자유로운 사회 분위기에 편승해 외모가 출중하면 아비가 다른 다수의 아이를 낳는 여성이 많다는 얘기도 역시 흥미로웠다. 국가가 사회보장제도의 울타리 속에서 모든 교육과정을 무상으로 제공하고 다자녀 가족에게는 우리가 상상도 못할 지원을 해준다는 얘기도 이채로웠다.

에펠탑을 배경으로 사진을 찍고 왔다고 파리를 다녀온 것은 아니라고 생각한다. 물론 언제 다시 올지 모르는 도시를 다녀가면서 대표적 상징물 앞에서 자신의 모습을 앵글 속에 담아내는 일은 당연하다. 그렇지만 사진 찍기에 열중하는 것보다 문화를 느끼고 이해하는 일이 훨씬 더 재미있고 유익하다. 아직은 여행사를 통해 투어 팀을 꾸려 관광지에서 점만 찍고 빠지는 패키지관광이 일반화 돼 있으니 문화를 느끼고 체험하는 관광보다는 사진 찍고 빠져나가기 바쁜 관광이 이루어질 수밖에 없는 현실을 잘 알고 있다. 그렇지만 그런 빽빽한 일정 속에서도 뭔가 새로운 것에 관심을 갖고 흥미를 느끼는 진정한 맛을 찾아보아야 하지 않을까 싶다. 파리의 백야를 체험하면서 내가 대전보다 위도가 10도 이상 높은 도시에 와 있음을 느끼며 신비로워했던 기억이 지금도 생생하다.

# 종이컵

커피를 즐기는 사람들은 안다. 종이컵에 마시는 커피가 가장 맛있다는 사실을. 술을 즐기는 사람들은 안다. 종이컵에 마시는 맥주가 가장 맛없다는 사실을. 맥주 뿐 아니라 소주를 마실 때도 종이컵은 부적합하다. 본래 종이컵은 모든 액체류를 마실 때 사용하기 위해 만들어졌다. 물을 기본으로 각종 음료와 차, 주류 등등. 그러나 일반적으로 종이컵을 연상하면 가장 먼저 떠오르는 이미지는 따끈한 커피이다. 아마 잘은 모르지만 자동판매기의 보급과 더불어 종이컵과 커피의 찰떡궁합은 일반화 된 것 같다.

가까운 이웃나라 중국이나 일본인들이 차를 즐겨 마시는 것과 비교되게 유독 한국인들은 커피를 즐긴다. 서양 어느 나라를 가 봐도 한국인처럼 커피를 많이 마시는 나라는 흔치 않다. 지금가지 한국의 커피문화 변천은 속도감 있게 전개됐다. 다른 사회 대부분의 분야가 그러했듯이 커피문화 역시 다른 나라에서 수백 년에 걸쳐 겪었을 변화를 한국은 불과 수십 년 만에 겪었다. 불과 수십 년에 불과한 역사지만 한국인의 커피사랑은 이미 전 세계에 소문이 났다. 한국인들은 특정 문화에서는 너무도 변하는 것을 싫어하는 보수 성향을 나타내지만 또 어떤 분야에서는 세계 어느 나라 어느 민족도 흉내 낼 수조차 없을 만큼 빠른 속도로 변화한다.

도입 초기의 커피 문화에 대해서는 잘 알지 못한다. 그저 상류사회를 중심으로 지극히 제한적인 범위 내에서 커피가 보급됐고, 워낙 귀하다보니 몹시도 소중한 대접을 받았다고만 전해 들었다. 80년대 들어서면서부터 커피의 대중화가 시작됐고 굴지의 대기업이 커피사업에 뛰어들고 대대적인 마케팅을 벌이면서 커피 소비는 산불처럼 무섭게 번져갔다. 때마침 1인당 국민 소득이 5천, 6천, 7천 달러로 해가 다르게 가파르게 뛰어오르니 대중화 반열에 오른 커피 소비라는 불에 기름을 부었다. 자동판매기가 도입되면서 커피의 침투는 마른 헝겊에 물 스며들 듯 거칠 것이 없었다.

자판기는 다소 주춤했지만 2000년대 들어와서는 인스턴트 가공커피와 분말크림, 설탕이 혼합된 믹스형 봉지커피가 역시 종이컵과의 파트너십을 앞세워 폭발적 인기몰이를 했다. 그러다가 2010년대 들어서면서부터 원두커피 바람이 불어 초강풍을 일으키며 인기를 구가하고 있다. 눈 여겨 볼 점은 커피 종류가 인스턴트에서 원두로 바뀌면서 종이컵도 덩달아 바뀌었다는 점이다. 80년대부터 약 30년 동안 국민들의 뇌리에 깊이 각인된 크기와 모양의 종이컵은 이제 서서히 뒷전으로 밀리고 있다. 보다 크고 투박하면서도 한편 세련된 모양의 종이컵이 부상하고 있다.

우린 참으로 오랜 세월 흰색 한주먹 크기의 종이컵을 애용해왔다.

어디서도 구하기 쉬웠고, 버릴 대도 큰 아쉬움이 없었다. 그러다보니 사무실이나 가정에서도 고급 찻잔을 사용하기 보다는 종이컵을 사용하는 경우도 많다. 종이컵에 음료나 차를 대접해도 결례라고 여기거나 크게 서운해 하지 않는 것이 일반화 됐다. 반복적으로 사용하는 찻잔에 비해 일회용인 종이컵이 훨씬 위생적이라고 생각하기 때문인 것 같다. 사기류 찻잔은 받침을 사용하지 않으면 볼품없기도 하고 어색하기도 할 뿐 아니라 대접을 받는 사람이 불쾌하다고 느낄 수도 있지만 종이컵은 이 모든 문제를 일소시켜 버린다.

위생적이고 간편하다는 것도 이유이겠지만 어쩌면 더 큰 이유는 차나 커피를 사기류의 찻잔에 담아 마시는 것보다 종이컵에 담아 마실 때 훨씬 더 좋은 맛을 내기 때문이다. 특히 한국의 히트상품 믹스형 커피를 종이컵에 담아 절반 높이까지 뜨끈한 물을 붓고 마시면 최고의 맛을 낸다는 사실을 다수의 애호가들은 알고 있다. 물론 원두커피의 출현 이후 많은 커피애호가들의 입맛이 원두로 옮겨갔다고는 하지만 그들 역시 종이컵에 마시는 믹스커피의 맛이 자신들의 입맛을 매료시킨 시절이 있었다는 사실을 부정하지는 못할 것이다.

일회용품인 탓에 환경을 오염시키는 품목으로 낙인돼 소비를 억제하자는 캠페인이 벌어지기도 하고, 표백성분과 코팅성분이 인체에 해롭다는 주장이 제기되기도 하며 수시로 위기상황을 맞았지만 종이컵은 참으로 오랜 시간 우리의 생활 속 깊이 자리를 잡았다. 종이컵이 이토록 오랜 시간 이토록 깊은 사랑을 받을 수 있었던 것은 한국인의 커피사랑과 무관하지 않다. 믹스커피와 종이컵은 꽤 오랜 세월 대형마트의 매출증가율 1위를 기록하기도 했다. 서서히 퇴물 취급을 받는 커피 자판기도 종이컵이 있었기에 그토록 오래 사랑받을 수 있었다.

고속도로 휴게소는 어느새 원두커피 전문점이 정 중앙에 자리를 잡았다. 자판기는 가장 끝 구석자리 잘 보이지도 않고, 발걸음도 없는 곳으로 쫓겨났다. 커피 소비의 성향 변화와 더불어 종이컵도 두껍고 크기가 큰 원두커피 전용이 대세로 부상하고 있다. 마개도 착용할 수 있고, 빨대를 사용할 수도 있게 했다. 이제 휴게소에서 자판기용 커피가 담긴 전통적 종이컵을 들고 다니면 촌놈 취급을 받는 시대가 돼쌀. 불과 수년 사이에 말이다. 뚜껑도 있고 빨대도 있는 종이컵에 담긴 3천~4천 원짜리 커피를 마셔야 시대감각에 맞는 현대인 취급을 받는다.

사람들은 누구나 지금보다 더 편리한 것을 추구한다. 한 번 종이컵의 편리함을 경험한 이들이 환경을 생각하고 건강을 생각해서 종이컵의 사용을 중단할 리는 만무하다. 오히려 소비수준 향상에 맞춰 크기는 더 크고 두께는 더 두꺼워진 종이컵을 사용하게 될 것이다. 그래서 지금까지 수십 년간 누구랄 것 없이 하루에도 몇 개씩 사용하던 가장 보편적 크기와 모양을 가진 하얀 종이컵은 자취를 감추게 될지도 모른다. 그 시점은 우리가 예측하는 시점보다 훨씬 더 빨라질 수도 있다. 한국인은 변화에 대한 적응 속도가 어느 민족보다도 빠르기 때문이다. 그러나 정이 많은 한국인들은 오래도록 기억할 것이다. 종이컵에 담긴 믹스커피의 환상적 맛을. 더불어 자판기에서 갓 꺼낸 종이컵 커피의 따듯한 온기를.

# 라면

대한민국은 라면의 천국이다. 국민 1인당 연간 74개 이상을 먹는 대한민국은 세계 라면소비 1위 국가이다. 대한민국처럼 라면의 종류가 많고 전 국민에게 뜨거운 사랑을 받는 나라가 없다. 대한민국 라면이 세상에서 가장 맛있다는 사실은 전 세계인이 공감한다. 어느 집이라도 비상용 라면을 구비하지 않은 집이 없고, 1주일에 몇 번씩 라면을 먹지 않는 집이 별로 없을 지경이다. 야외활동을 할 때도 라면을 구비하는 일은 필수 중의 필수이다. 상대적으로 나이든 어른들이 젊은 층에 비해 떨어지는 선호도를 보이지만 특별한 경우를 제외하고는 전 국민이 즐겨 먹는다.

제조사가 많은 만큼 라면의 종류는 부지기수로 많다. 맛도 재료도 각양각색이다. 순한 맛, 얼큰한 맛을 기본으로 쇠고기 맛, 닭고기 맛, 해물 맛 등 일일이 헤아리지 못할 지경이다. 짜장면, 비빔면, 칼국수, 곰탕면 등과 같이 한국인에게 인기 좋은 음식들을 응용한 라면의 종류도 즐비하다. 그러다보니 특정 계층을 공략하기 위한 라면이 끊임없이 개발되고 있다. 끓여먹는 일반 라면과 더불어 용기에 담아 포장해

끓는 물만 부으면 즉석요리가 가능한 컵라면과 사발면도 종류가 넘쳐난다. 그러면서 라면의 진화는 계속되고 있다.

최근의 자료에 따르면 우리나라의 라면시장은 지난 5년간 40% 성장해 시장규모는 2조 원대에 이른다고 한다. 국내 라면 총 생산은 59만 톤으로 2조 124억 원어치를 기록했다. 실로 어마어마한 양이다. 한국 라면 맛은 세계 각국에 소문이 나서 수출의 효자 품목으로도 부상하고 있다. 세계 어느 나라에 가도 식품점에는 한국산 라면이 진열대에 모습을 드러낸다. 한국 라면의 인기가 치솟으며 각국에서는 한국의 유명 상품을 모방한 짝퉁라면을 생산하고 있다. 외국여행을 할 때 느끼한 음식에 지친 입맛을 달래려면 얼큰한 한국라면 몇 개를 챙겨가는 것이 필수 중의 필수이다. 나아가 외국인들에게 한국라면을 선물하면 최고의 인기를 실감하게 된다.

라면의 기원에 대해서는 여러 가지 주장이 엇갈린다. 일치하는 것은 라면의 종주국이 한국이 아니라는 점이다. 중국을 종주국으로 보는 견해와 일본을 종주국으로 보는 견해가 상치된다. 그러나 대개 중국에서 출현해서 일본을 거쳐 인스턴트화 됐고 한국이 세계화에 성공시켰다는 견해가 일반적이다. 라면이란 단어의 어원은 중국어 라멘(拉麵, 랍면)에서 유래됐다고 한다. '랍면'은 송나라 때 수타 기술이 개발되면서 나타난 국수로 '당겨서 만든 국수'라는 뜻이다. 보통 알려진 '수타면'이 라면의 원형인 셈이다.

우리가 일반적으로 떠올리는 라면은 건조 상태로 포장된 인스턴트 라면이다. 이 인스턴트 라면은 일본 닛신식품이 시판한 '치킨라멘'이 최초로 알려져 있다. 일본식 인스턴트 라면은 중일전쟁 당시 중국군이 건면을 튀겨서 휴대하고 다니던 것에서 유래되었다고 한다. 이렇게 면을 기름에 튀겨 건조하는 방법에 착안해서 1958년 일본의 기업인 닛신식품이 닭뼈로 육수맛을 낸 '치킨라멘'을 시판하면서 인스턴트 라면의 시대가 열린 것이다. 이렇듯 중국군이 개발의 동기부여를 했고, 일본기업이 개발과 시판에 성공하면서 라면은 세상에 모습을 드러내기 시작했다. 이때까지만 해도 한국의 라면의 변방이었다.

일본에서 라면이 개발된 1958년보다 2년 뒤인 1960년 삼양식품이 '삼양라면'을 만들어 시판하면서 한국 땅에 최초로 라면이 보급되었다. 당시까지도 심각한 식량부족을 겪고 있던 한국은 고질적인 쌀 부족 문제를 해결하기 위해 적극적으로 라면 보급을 확대했다고 한다. 하지만 라면이 대중에게 널리 보급된 것은 그보다 한참 후의 일이다. 내가 초등학교에 다니던 1970년대 중반까지만 해도 라면은 그리 흔한 음식이 아니었다. 대가족제도가 일반적이었던 당시에는 큰 솥에 라면 서너 봉지를 넣고 소면 국수를 잔뜩 넣고 함께 끓여야 많은 식구들이 한끼 식사를 해결할 수 있었다. 국수 없이 끓인 온전한 라면을 먹는 것이 당시 어린이들의 한결같은 바람이었다.

생각해보면 참으로 오랜 세월 동안 엄청난 양의 라면을 먹었다. 평상시에도 라면을 즐겨 먹었고, 집 밖으로 나가 하루나 이틀 혹은 며칠간 머무를 때도 반드시 챙겨갔다. 밥맛을 잃었을 때 가장 먼저 떠올리는 대체 식사는 누가 뭐래도 라면이다. 식사할 인원수에 비해 남은 밥이 부족할 때도 라면을 통해 문제를 해결한다. 그래서 라면은 찬밥과 환상의 궁합이다. 더불어 김치와는 최고의 찰떡궁합이다. 한국이 라면의 종주국을 제치고 세계 라면시장의 주인이 된 것은 김치와의 궁합이 뒷받침이 됐기 때문이다.

시골에서 나서 자란 나는 고등학교 때부터 집을 떠나 하숙과 자취생활을 이어갔다. 하숙은 2년 남짓 했을 뿐 결혼을 하기 전까지 학생과 직장인 신분일 때를 합해 10년이 훨씬 넘는 기간 자취를 했다. 연탄불과 석유풍로를 거쳐 가스레인지에 이르는 시대까지 망라했으니 퍽이나 오랜 시간 자취생활을 했다. 그러니 오죽이나 많은 라면을 먹었겠는가. 흔히 하는 표현으로 내가 먹은 라면의 면발을 한 가닥으로 길게 늘어뜨리면 지구와 달을 오가고도 남을 길이일 것이라고 생각된다. 서울서 부산을 수십 번 오고갈 길이일 것이다.

그토록 오랜 세월에 걸쳐 그리도 많은 라면을 먹었지만 아직도 나는 라면을 좋아한다. 그래서 지금도 라면을 즐겨 먹는다. 이런 저런 이유를 대며 라면이 건강에 이롭지 못한 음식이라는 사실에 대해 하는 말을 전해 들었지만 아랑곳하지 않는다. 적당히 익은 김치만 곁들여 준다면 라면만한 음식도 없을 것이란 생각을 한다. 다만 면발 익은 정도의 선호도는 몇 차례 바뀌었던 것 같다. 생라면에 가까운 덜 익은 면발을 좋아하던 때도 있었고, 제대로 익은 면발을 좋아하던 때도 있었다. 다양한 라면 중 특정 제품을 좋아하다가 다른 제품으로 입맛이 변한 적은 있지만 라면 자체를 싫어한 적은 없다. 참으로 대단한 라면 애호가이다.

아비의 이런 식성을 닮았는지 두 아들의 라면 사랑도 대단한 지경이다. 마트에 장을 보러 가면 빠짐없이 사오는 품목이 라면이고, 적지 않은 라면을 구매해 집안에 두면 금세 없어질 정도이다. 특정 제품을 한 박스 사다두어도 그러하고, 여러 제품을 고르게 사다두어도 그러하고, 아비를 능가하는 두 아들의 라면 사랑 때문에 집안에 사다 둔 라면은 이내 종적을 감춘다. 평소 매운 음식에 대해 거부감을 보이지만 라면을 먹을 때만큼은 아무리 매운 맛도 투정하는 법이 없다. 그러니 라면을 좋아하는 것만큼은 영락없는 부전자전이다.

어린 시절 라면을 몹시도 먹고 싶어 했던 기억이 떠오른다. 자취방에서 친구들과 어울려 라면으로 허기를 달래던 시절이 생각난다. 세계 각국 주요도시의 마트 진열장에 자리 잡고 있는 한국라면을 보고 가슴 뿌듯함을 느낀 기억이 난다. 기인들을 소개하는 '순간포착 세상에 이런 일이'라는 TV프로그램에서 세끼 라면만 먹고사는 사람이야기를 시청하고 신기하게 여겼던 기억도 난다. 그동안 각종 매체를 통해 소개된 수많은 라면 광고들이 머릿속을 스쳐간다. 참으로 많은 사연을 간직하고 있는 음식이다. 간편하고 맛이 좋아 특별한 일이 없는 한 앞으로도 계속 애용할 것 같다.

라면은 중국인들이 처음 만들었고, 일본인들이 인스턴트화 시켜 제품으로 탄생시켰고, 한국인들이 특유의 맛을 통해 세계화를 실현했다. 그래서 라면의 진정한 강자는 대한민국이다. 가스레인지 위에서 끓고 있는 라면을 바라보며 라면에 얽힌 많은 추억들을 하나 둘 떠올린다. 모방에 창의력을 보태 세계시장을 휘어잡은 한국인들의 저력을 생각해본다. 세상 그 많은 음식 중 라면과 최고의 궁합을 이루는 김치가 있었기에 한국은 진정한 라면의 강자가 될 수 있었다는 사실을 생각해본다.

일반적으로 나이가 들면 입맛이 변해 라면을 좋아하지 않게 된다고 한다. 기름져서 느끼한 맛도 싫어지고, 쌀에 비해 밀가루 음식의 소화가 부담스럽기 때문이라고 한다. 나트륨을 많이 함유한 식품이라서 건강을 해칠까 우려해 기피하게 된다고 한다. 탈모가 심각한 수준이고, 노안이 찾아온 지도 오래고, 피부도 탄력을 잃어 몸뚱이 여기저기서 노화가 바르게 진행되고 있다. 하지만 아직도 라면을 좋아하는 걸 보면 입맛은 노화가 덜 진행된 모양이다. 미각, 시각, 청각, 후각, 촉각의 오감 가운데 으뜸인 미각이 아직 젊음을 유지하고 있으니 말이다. 탱탱한 면발에 짭조름한 국물이 좋아서 아직 라면 맛에서 헤어나지 못하고 있다. 라면을 좋아하는 입맛을 보니 난 아직도 젊다.

# 목련

음력에 익숙하지 못한 세대이다. 그래서 음력으로 날짜에 대해 이야기하면 머릿속에 개념이 쉽게 잡히지 않는다. 더구나 윤달이 개입되면 깜깜한 상태가 된다. 그래서 내가 아는 봄은 3, 4, 5월이다. 굳이 개념도 약한 음력으로 봄을 따져보면 대개 2, 3, 4월이 된다. '꽃 피는 춘삼월'이란 표현도 음력에 맞춘 것이다. 양력 3월은 계절적으로 봄이지만 꽃을 보기는 다소 성급하다. '오뉴월 삼복더위'라는 표현도 다분히 음력에 맞춰진 말이다. 양력 오뉴월은 복 더위가 시작도 하지 않은 초여름에 불과하기 때문이다.

양력에 맞춰 생활 전반이 이루어지다보니 음력에 대한 감각은 갈수록 퇴보한다. 해가 바뀌면 필히 음력으로 꼼꼼히 살펴 기억해두어야 할 것이 있으니 친가와 처가 부모님들의 생신이다. 설과 추석도 챙겨두어야 할 대상이지만 달력에 눈에 뜨이도록 표식이 돼 있고, 직장 연휴와 연결되니 굳이 정성들여 챙기지 않아도 자연스럽게 기억하게 된다. 그 나머지 날 가운데 음력을 반드시 기억해야 할 일은 딱히 없다. 농사를 짓거나 바다에 나가 조업을 하는 이들은 필히 음력 개념을 갖고 살아야 한다고 들었으나 직장인인 나는 양력이면 족하다.

네 명의 우리 가족 가운데 아내를 제외하면 모두 양력으로 생일을 쇠고 있어 이 또한 음력 감각을 더욱 무뎌지게 하는 요인이 된다. 또래 친구들 대부분은 음력으로 생일을 챙기지만 내 부모님들은 우리 형제 모두에게 어려서부터 양력으로 생일을 챙겨주셨다. 나 또한 아이들 생일을 양력으로 챙겨 기념해주고 있다. 나와 아이들이 편한 양력 생일을 챙기다보니 음력 생일을 고집하는 이유를 잘 알지 못하겠다. 양력에 맞춰 모든 생활을 하는데 굳이 음력으로 생일을 챙기는 것이 무척 비효율적이란 생각이다.

내 생일은 양력 3월 30일이다. 음력으로는 2월 23일이다. 음력 생일은 날짜만 기억하고 있을 뿐 매년 언제 지나가는지도 모르게 지나간다. 양력 3월 30일 무렵은 봄이 본격적으로 시작되는 시기이다. 대개 3월부터를 봄이라고 하나 3월 초순과 중순은 꽃샘추위가 남아있는 제법 싸늘한 날씨이다. 맹추위가 물러갔다고는 하나 여전히 냉기가 온기를 압도한다. 그러나 3월 하순이 되면 상황은 달라진다. 제법 봄기운이 느껴지고 수목들도 물을 머금고 개화를 준비한다. 그래서 진정한 봄이 시작되는 즈음이 내 생일 무렵이다.

매년 내 생일을 맞는 날이기에 확실히 기억한다. 3월 30일이면 목련이 제대로 꽃을 피운다. 대개의 봄꽃이 그러하듯이 서서히 피어오르기보다는 하루아침에 화려하게 자태를 드러낸다. 지방마다 다소의 차이는 있지만 내가 나서 자란 중부 충청지방은 3월 30일이면 목련꽃이 화사하다. 목련보다 일찍 꽃망울을 터뜨리는 수목도 있겠지만 일반적으로 우리가 흔히 접하는 수목 가운데는 목련의 개화가 가장 빠른 편이다. 그래서인지 나는 봄이라는 단어를 들으면 가장 먼저 목련이 머릿속에 연상된다. 봄꽃이라 하면 대개 온 천지를 뒤덮는 벚꽃이나 개나리를 연상하게 되지만 나에게 만큼은 목련이 주는 인상이 더욱 강하다. 내 생일에 맞춰 만개해주니 내 꽃이라는 착각을 갖게 한다.

세상에 많은 목련 가운데도 내게 유독 인상 깊은 목련이 있다. 모교인 충남대학교 인문대학(구 문과대학) 동편 출입구 바로 옆에 있는 그 목련이다. 충남대 캠퍼스는 30만 평이 넘는 규모로 전국의 대학 캠퍼스 가운데도 손꼽히는 면적이다. 규모에서 뿐만 아리나 오목조목 꾸며놓은 조경이 국내 어느 대학에도 뒤지지 않을 수준이다. 30만 평이 넘는 광활한 캠퍼스라 하지만 대개의 학생들은 제한된 공간에서 일과를 보낸다. 나도 그러했다. 가끔은 언덕 너머 농대를 가보기도 하고 도서관이나 타 단과대학에 다닐 일도 더러는 있었지만 대개의 하루를 인문대학에서 맴돌았다.

인문대학 건물 중에서도 특히 동편 출입구 인근이 내가 대학에 다니면서 대부분의 시간을 보낸 공간이다. 동편 출입구 옆에 자리 잡은 목련은 나와 내 친구들이 늘 서성거리던 곳이다. 커피를 마시며 대화를 나누거나 별일 없이 시간을 보낼 때 나와 내 친구들은 그 목련나무 아래 있을 때가 많았다. 그 나무를 배경으로 한 사진도 꽤 여러 장 가지고 있다. 그래서 나와 내 주변의 친구들은 그 목련나무를 모두 기억한다. 기억만 하는 것이 아니라 각별한 추억을 갖고 있다.

모두가 그 목련에 대한 추억을 갖고 있겠지만 내가 느끼는 추억은 유별나다. 내 생일에 즈음하여 절정의 개화를 선보이기 때문이다. 그래서 지금도 나는 내 생일을 맞으면 무의식중에 그 목련나무를 떠올린다. 매년 그러하지는 않지만 시간이 허락되는 때는 그 목련나무를 보기 위해 학교를 방문하기도 한다. 그 목련나무를 바라보노라면 자연스럽게 스무 살의 나와 만나게 된다. 성인이 됐다고 세상을 다 아는 양 착각했던 시절의 나를 만난다. 벌써 내 나이 스무살의 곱절을 한참이나 지났다. 그래도 그 나무는 그 자리에 서있다.

많은 추억을 지닌 목련나무 때문인지 나는 봄이란 단어를 들으면 자연스럽게 목련을 머릿속에 그려낸다. 많은 목련나무 중에도 꼭 그 나무를 떠올린다. 내 생일 즈음에 라디오를 들으면 가수 양희은의 '하얀 목련'이란 노래가 아주 자주 흘러나온다. '하얀 목련이 필 때면 다시 생각나는 사람. 봄비내린 거리마다 슬픈 그대 뒷모습. 하얀 눈이 내리던 어느 날 우리 따스한 기억들. 언제까지 내 사랑이어라 내 사랑이어라 거리엔 다정한 연인들 혼자서 걷는 외로운 나…' 이 노래를 듣는 나의 감정은 그래서 누구보다 애절하다.

충남대학교 교정은 내가 낯선 땅 대전에 와서 처음 정을 붙인 공간이다. 넓고 넓은 캠퍼스에서도 인문대학 건물 주변, 그 중에도 동쪽 출입문 주위는 내가 가장 편안함을 느꼈던 공간이다. 그 추억의 공간은 봄에 목련이 필 때 나의 향수를 가장 강렬하게 자극한다. 지금도 충남대학교를 방문할 때면 나는 으레 그 목련나무 주변을 배회한다. 내가 군 복무를 할 때도, 사회생활을 시작해 정신없이 바쁜 나날을 보낼 때도 목련은 그 자리를 지키고 있었다. 혼자였던 내가 아내와 두 아들을 데리고 나타났지만 목련은 여전히 그 자리에 서 있다.

95년 2월 졸업식과 함께 학교를 떠났다. 그리고 20년이 지난 2015년 3월 나는 박사과정 대학원생 신분으로 다시 학교를 찾았다. 20년 전 대학 졸업식 날 그 목련나무를 배경으로 기념사진을 찍었다. 다시 20년 만에 중년이 된 모습으로 입학식 기념사진을 그곳에서 찍는다. 며칠 후면 3월 30일 내 생일이 찾아온다. 그 무렵 목련은 절정의 개화를 뽐낼 것이다. 올해는 20년 만에 학생 신분으로 다시 캠퍼스를 찾아온 나를 반기듯 더욱 아름다운 자태를 드러낼 것이다. 목련이 있기에 나는 봄을 느낀다. 추억을 간직한 목련이 있어 나는 충남대학교 캠퍼스를 사랑한다.

# "알아야 면장을 하지"

1970년대 우리는 산업화 시대를 맞았다. 수천 년 동안 농사를 주업으로 살던 민족이 공업과 서비스업으로 주업을 이동하기 시작했다. 이런 이유로 빠르게 도시화가 진행돼 농촌인구의 이탈이 심화됐다. 단 한 순간도 먹고사는 문제에서 자유롭지 못했던 우리 민족은 산업화 이후 먹고사는 문제로부터 해방됐고, 가난의 굴레에서 서서히 벗어나기 시작했다. 단군 할아버지가 이 땅에 나라를 세우신 이후 5000년 간 지속된 농업 위주의 삶, 그로 인한 지긋한 가난이 우리 곁을 떠나기 시작한 역사적 시대가 1970년대였다.

1970년대 이전 우리 민족의 삶의 터전은 농촌이었다. 국민 대다수는 ○○군 ○○면 ○○리 체계의 주소를 갖고 있었다. 산업화 시대가 본격화되면서 농촌사람들은 더 좋은 일자리와 더 나은 삶을 찾아 도시로 떠났다. 그래서 지금 도시에 거주하는 1970년대 이전 출생자의 대부분은 출생 당시 주소가 ○○군 ○○면 ○○리이다. 나 역시 마찬가지이다. 외부로 연결되는 버스가 하루에 그저 서너 편 드나들던 시골에서 중학교까지 유소년기를 보냈다. 돌이켜보면 참으로 힘든 시절이었다. 무엇 하나 여유롭고 풍족한 것이 없었다. 보고 듣는 것이 없으니 식견이 좁은 것도 당연했다.

시골에서 자라는 동안 내 눈에 비쳐진 세상은 좁기만 했다. 그러나 그것이 좁은 줄도 모르고 살았다. 중2 수학여행을 가서 바다를 처음 봤다. 바다를 내 눈으로 직접 보기 전까지 내가 눈으로 확인한 가장 큰 물은 이웃면에 위치한 저수지였다. 어려서 내가 본 가장 큰 건물은 가수 조영남의 노래가사 그대로 내가 다니던 초등학교 교사(校舍)였다. 어려서 내가 만난 가장 학식 있고 가장 높은 지위에 있는 사람은 학교 교장과 마을 면장이었다. 특히 면장은 면 내 의전 서열 1위로 각종 행사장에서 정 중앙에 위치한 의자에 앉는 지엄한 존재였다.

그래서였는지 "알아야 면장을 하지"라는 속담을 참 많이 들었던 기억이 난다. 그 말을 들을 때마다 '뭘 알아야 면장처럼 영향력 있는 사람이 될 수 있다'는 정도의 뜻으로 받아들였다. '많은 사람들이 면장 정도를 성공의 기준으로 삼는구나'라고 생각했다. 지금이야 1개 면의 인구가 그저 3000~4000명 정도지만 1970년대 이전에는 거주 인구가 1만 명 이상인 면도 많았다. 1만 명 중에 가장 영향력 있고 높은 지위를 갖는 사람이라야 성공한 삶이라고 평가받는다고 생각했다.

그러나 수년 전 '알아야 면장을 하지'라는 속담에서 말하는 면장이 면장(面長)이 아닌 면장(免墻)이라는 사실을 알게 됐다. 아마도 지금 이 순간까지 대다수의 사람들은 '알아야 면장을 하지'에서 말하는 면장이 면장(面長)으로 알고 있을 것이다. 내가 40년 넘도록 그렇게 알았던 것처럼. 하지만 여기서 말하는 면장은 분명 면장(免墻)을 이른다. 처음에 이 속담에서 말하는 면장이 면장(面長)이 아닌 면장(免墻)

이란 사실을 알고 '그럴 수도 있겠다' 정도로 생각했는데 실제로 확인해보니 면장(免墻)이 확실히 옳았다. 이 건으로 한자 교육의 필요성을 다시금 실감했다.

이 속담은 행정기관의 면장과는 아무런 관계가 없다. 기원을 살펴보면 공자께서 아들 백어에게 해주시던 말씀에서 유래됐다. 논어(論語) 양화편(陽貨篇)에 "子謂伯魚曰 女爲周南召南矣乎아 人而不爲周南召南이면 其猶正牆面 而立也輿인저(자위백어왈 여위주남소남의호 인이불위주남소남 기유정장면 이립지여)"라는 말이 나온다. 해석해보면 공자께서 아들에게 말씀하시길 "너는 주남(周南)과 소남(召南)을 배웠느냐. 사람이 되어서 주남과 소남을 배우지 않으면 바로 담장(牆)을 정면으로 마주하고 서 있는 것과 같은 것이다"라는 정도의 풀이가 된다.

주남과 소남은 시경(詩經)의 편명으로 모두 자기 몸을 닦고 집안을 다스리는 데에 유익한 일상생활의 기본지침을 주 내용으로 한다. 공자께서는 아들에게 주남과 소남을 모르는 것이 마치 담장을 정면으로 마주하고 서서 주변의 어떠한 물건도 볼 수 없을 뿐 아니라 한 걸음도 나아갈 수 없는 상황과 같은 것이라고 빗대어 설명하신 것이다. 여기서 면장(免墻)이란 말이 생겨났다. 면장(免墻)이란 말의 낱자를 풀이하면 '면할 면'에 '담 장'으로 '벽에 얼굴을 붙이고 서있는 꼴을 면 한다'는 말이 된다.

그래서 '알아야 면장을 하지'라는 속담에서 일컫는 '앎'은 인간이 살아가면서 알아야 할 최소한의 기본적 도리를 말하는 것으로 그것을 모르면 담벼락에 이마를 붙이고 서있는 것과 같다고 공자께서 말씀하신 것이다. 이 같은 답답함에서 벗어나는 일은 책을 열심히 읽고 공부하여 세상살이에 눈을 뜨는 것이라고 공자께서는 아들을 가르치셨다. 과거 경서(經書)를 공부한 선비들은 이 구절을 통해 '알아야 면장을 하지'라는 속담을 만들어 냈고 그것이 지식이 짧은 일반인들에게 퍼지는 과정에서 와전돼 면장(免墻)이 면장(面長)으로 오인된 것이다.

고교 졸업생 80%가 대학에 진학하는 세계 역사상 유래 없는 초 고학력 국가에서 우리는 살고 있다. 그렇지만 우리가 추구하는 배움이 삶의 도리나 인간성 회복 등이 아닌 호의호식하고 출세하려는 방향으로 맞춰지고 있으니 부끄러운 일이다. 면장(免墻)은 인류의 스승으로 받드는 공자께서 우리에게 학문의 진정한 목적이자 의미로 제시하신 화두이다. 면장(免墻)을 위한 공부가 아닌 면장(面長)이 되기 위한 공부를 하고 있는 것은 아닌지 돌이켜보고 반성해볼 일이다. 더불어 우리 교육의 목표점을 재정립할 필요가 절실하다.

# 밀레니엄의 추억

사람이 태어나 살다 죽기까지 대략 70~80년이다. 그것도 시대가 좋아져 70~80년을 살지 불과 수십 년 전만해도 80년을 살다가는 인생이 그리 많지 않았다. 과거에는 70년만 살다가도 대단한 장수였다. 그래서 공자께서도 70세의 나이를 '예로부터 드물다' 하여 '고희(古稀)'라 칭하셨다. 70세는 고사하고 60세를 사는 것도 큰 기쁨으로 여겨 60갑자를 한 바퀴 돌아 다시 맞는 61세가 되면 장수를 축하하는 회갑잔치를 크게 열었다.

우리나라의 경우, 인간의 평균 수명이 성큼성큼 늘어난 것은 최근 20~30년의 일이다. 이런 속도로 늘어나면 평균수명 100세 시대의 도래가 그리 멀지 않을 것 같다. 그러나 인간의 수명이 100세로 늘어나는 것이 국민 개개인에게는 축복일지 몰라도 사회나 국가 전체의 차원에서 보면 재앙일 수 있다는 주장을 펴는 이들도 많다. 경제활동을 하는 젊은이들에게 짐이 되는 노령인구가 지속 증가함에 따라 부양의 부담은 계속 커지고 그만큼 사회의 경쟁력은 떨어질 수밖에 없다는 논리이다.

아무튼 인간의 수명은 가파른 속도로 늘어가고 있지만 실제로 평균수명 100세 시대가 다가올지는 장담하기 어려운 상황이다. 인간 수명이 100세를 넘긴다고 가정할 때 평생을 통해 최소 한 번씩 세기가 바뀌는 순간을 경험하게 된다. 물론 두 번 경험하는 경우도 생길 수 있다. 하지만 아직은 평균수명 100세 시대의 도래는 요원하기만 하니 평생에 걸쳐 세기의 변화를 겪는 이와 겪지 못하는 이로 나뉠 수 있다. 100세 이상 삶을 살게 되면 세기의 변화를 두 차례 경험하는 경우도 있을 수 있겠지만 이례적인 경우이다.

100년 단위로 바뀌는 세기의 변화를 경험하지 못하는 사람도 많겠지만 누군가는 1000년 단위로 바뀌는 밀레니엄의 변화를 경험하기도 한다. 100년 단위의 기간을 영어로는 센츄리(Century)라고 하고 한국어로는 세기라고 한다. 1000년 단위 기간의 경우 영어로는 밀레니엄(Millennium)이라 하지만 한국어로는 마땅한 표현이 없다. 그래서 굳이 달리 한국어를 만들지 않고 그냥 밀레니엄이란 표현을 사용하는 것이 일반적이다.

밀레니엄의 변화를 경험한 사람의 수는 지금까지 수만 년의 역사가 이어져 오는 동안 그리 많지 않았다. 생을 살다 떠나는 무수히 많은 사람들 가운데 밀레니엄을 겪은 이는 대단히 적은 비율에 지나지 않는다. 현재를 살아가고 있는 사람들 가운데 많은 수는 밀레니엄의 변화를 경험했다. 우리 가족의 경우 네 명 가운데 나와 아내는 밀레니엄을 경험했지만 2002년생과 2006년생인 두 아들은 경험하지 못했다. 두 아들을 포함해 내 자손들은 앞으로 30대손 이상 내려가야 새로운 1000년의 변화를 경험하는 세대가 출현할 것이다.

1999년에서 2000년으로 해가 바뀔 무렵, 지구촌은 몹시도 요란했다. 밀레니엄의 변화를 목격할 수 있는 세대로 태어난 것에 감사하는 이들이 많았고, 감격스러워 어찌할 줄 모르는 이들도 많았다. 반면 지구종말론이 등장하기도 했고, 과학자들 사이에서는 디지털 기계들이 밀레니엄의 변화를 인지하지 못해 오작동 되거나 멈춰 설 것이란 전망을 내놓으며 대혼란을 예언하는 이도 많았다. 각 기업들은 밀레니엄의 변화를 이용한 마케팅을 펼치느라 요란했고, 1년 내내 TV나 라디오를 켜도 밀레니엄에 대한 이야기가 끊이지 않았다.

엄밀히 수학적으로 따지면 2000년까지는 20세기이고 2001년부터 21세기가 열리는 것이고 밀레니엄의 변화도 2000년에서 2001년으로 바뀔 때가 맞지만 사회적 분위기는 그렇지 않았다. 천의 단위 숫자가 1에서 2로 바뀌는 것에 집착했다. 정작 새로운 21세기가 열리는 2001년 1월 1일 0시에는 세상이 그다지 요란스럽지 않았다. 1999년에서 2000년으로 넘어가는 그 순간을 너무도 요란스럽게 보낸 때문인지 이듬해는 비교적 차분한 분위기로 해를 넘겼다. 진정한 의미에서 21세기가 열리는 순간이었는데도 말이다.

나 역시도 2000년에서 2001년으로 넘어가는 순간에 어디서 무엇을 했는지는 지금도 기억나지 않는다. 다만 세상이 요란스러웠던 1999년 12월 31일부터 2000년 1월 1일 사이 나는 국토의 중심인 충북 제천 역광장에 당시 연인이던 지금의 아내와 함께 있었다. 2002년 2월에 결혼을 했으니 당시는 결혼을 2년 남짓 남겨두었을 때였다. 우리는 제천역광장에서 밀레니엄의 변화를 전국에서 몰려든 이들과 함께 겪었고, 새천년의 첫 해를 강원도 강릉의 동해바다에서 맞았다. 새천년의 시작을 나름 의미있게 보낸 것 같다.

기회는 우연히 만들어졌다. 당시 정유회사에 근무하고 있던 친구가 자신의 회사에서 진행하는 이벤트에 참여할 수 있도록 배려해주었다. 내용은 이러 했다. 서울, 대전, 광주, 대구, 부산에서 각 버스 한 대에 이벤트 참여자를 태우고 각기 밤 8시 무렵 출발해서 제천역 앞에서 모두 만나 주최 측이 마련하는 흥겨운 이벤트를 즐기며 밀레니엄의 변화를 함께 체험하는 것이었다. 그리고는 각 지역에서 집결한 버스가 다시 동해로 이동해서 밀레니엄의 첫 해맞이를 하는 행사가 준비돼 있었다. 당시의 모든 행사 진행은 정유사에서 지원해 참가자들은 돈 한 푼 쓰지 않고 멋진 이벤트를 즐겼다.

제천역 앞 광장에서 전국 각지에서 모여든 사람들이 밀레니엄이 바뀌는 순간을 앞두고 함께 카운트다운을 했고, 일제히 환호성을 지르며 역사적 순간을 공유했다. 역 광장에서 캠프파이어를 하면서 한바탕 놀고 주최 측이 준비해준 야식까지 든든히 먹고 다시 밤새 버스를 타고 동해에 다다랐다. 근처 호텔에서 이른 조식을 먹고 색소폰 연주 등 간단한 공연을 지켜본 후 바닷가로 자리를 옮겨 새천년 첫 일출을 함께 감상했다. 남들과 비교해 퍽이나 멋진 이벤트 속에서 새천년의 변경 순간을 경험했고, 새천년의 첫 해맞이를 했다. 그래서 지금도 그 순간을 또렷이 기억하고 있다.

그날 이후 지금껏 해가 바뀔 때 해맞이를 간다고 바닷가나 산 정상을 가본 일이 없다. 겨울의 절정인 시기에 멀리 다니는 것 자체가 부담스러운데다 언제부터인가 새해 해맞이를 보겠다고 집을 나서는 이들이 많아 12월 31일 전국의 고속도로는 명절 귀성행렬을 방불케 하는 차량이 몰려든다. 방값 식사값도 한탕주의 바가지요금이 기승을 부린다. 그래서 일절 안 다녔다. 더욱이 그 이후로는 결혼의 산물인 아이들을 낳았고 아이들이 어리니 추운 날씨에 함부로 어디를 다니기도 어려운 처지였다. 그래서 TV 화면을 통해 재야의 종소리를 들으며 새해를 맞는다.

언제부터인지 새해 들어 처음 떠오르는 태양을 바라보며 새로운 소원을 기원하는 의식이 하나의 전통이나 풍습처럼 자리를 잡아가고 있다. 그래서 많은 사람들은 '송구영신'이란 단어를 들으면 해맞이를 생각할지 모른다. 나는 송구영신에 대해 달리 의미를 두지 않는다. 새해 첫날이라고 소중하고 연중 평범한 하루는 별스럽지 않다고 여기지 않기 때문이다. 모두가 소중한 날이고 하루하루 의미를 찾는 일이 중요하니 특정한 날에 특정한 의미를 두려 하지 않는다. 그런 만큼 연말과 새해를 아주 차분하게 보내는 편이다. 앞으로도 그럴 것이다.

인생을 통틀어 소중하지 않은 하루가 없건만, 대개의 사람들은 유독 특별한 날에 특별한 의미를 부여하고자 집착한다. 어차피 잘 지키지도 않을 결심을 하기도 하고 뭔가 새로운 결의를 다지기도 한다. 특히 새해 첫날에는 새로운 목표를 설정하기도 한다. 그것도 양에 차지 않아 체증이 심한 고속도로를 몇 시간씩 통과해 바가지요금을 감내하면서 방을 얻어 쪽잠을 자고는 새해 해맞이를 한다. 나로서는 잘 이해가 되지 않는 행동이기도 하다. 모든 하루가 소중하기 때문에 새해 첫날이라고 더 소중할 이유는 없다는 것이 내 생각이다.

다만 밀레니엄이 바뀌는 역사적 순간을 기념하기 위해 사랑하는 이와 의미있는 이벤트성 여행을 다녀온 것은 기억에 남는다. 결혼을 목전에 두고 뜨거운 사랑을 나누던 시기였고, 주최 측이 성의 있게 마련한 행사였기에 더욱 깊이 오랫동안 기억에 남는다. 그날 무슨 소원을 빌었는지는 모르겠다. 아마 '사랑하는 사람과 꼭 결혼하게 해 달라'고 빌었을 것 같다. 하지만 소원을 빌지 않았을 수도 있다. 왜냐하면 지금껏 나는 절대자를 포함한 어떤 누구에게도 소원을 빌어본 적이 없다. 바라는 바는 내가 노력해서 쟁취하는 것이지 누군가가 이루어 주는 것이 아니라는 생각을 갖고 있기 때문이다.

그새 또 송구영신의 시간이 다가오고 있다. 또 한 살의 나이를 더 먹는 것이 서글퍼진다. 2015년은 보다 부지런히 움직여 실천해야 할 일들이 참으로 많다. 그것은 내 미래에 대한 투자가 될 것이다. 세월이 흘러가는 것을 아쉬워만 하다가 어느 순간 내게 남은 시간이 너무도 창창하다는 사실을 깨달았다. 그래서 새로운 구상을 가지고 준비하기로 결심했다. 그 준비와 구상은 새해 첫달이 아닌 한여름에 진행됐다. 새해는 구상을 직접 실현해가는 실천의 해가 될 것이다. 모두에게 제안하고 싶다. 새해 구상은 새해에 하는 것이 아니다. 구상은 미리 하는 것이고 새해는 다만 실천이 시작될 뿐이다. 새해를 맞는 구상과 설계를 새해에 하는 것은 너무도 늦는다는 것을 기억하자.

# 새우깡

대한민국 국민으로 '새우깡'을 먹어보지 못한 이가 있을까? 새우깡을 모르는 이가 있을까? 이 땅에는 일일이 셀 수조차 없을 정도로 무수히 많은 과자들이 생산되고 있지만 가히 국민과자라는 별칭을 붙여도 될 만한 전통과 대중성을 가진 과자는 몇 개나 될까? 굳이 하나를 꼽으라면 나는 주저 없이 새우깡을 선택할 것이다. 새우깡과 견줄만한 전통과 대중성을 가진 과자라면 '쵸코파이'나 '산도' 정도를 꼽을 수 있겠지만 객관적으로 새우깡과 비견할 수준은 못된다. 단맛이 지나치게 강한 과자는 남녀노소 대중의 인기를 얻기에는 한계가 있다. 새우깡은 짭쪼름 하면서 바삭한 식감까지 갖추고 있어 대중에게 오랜 세월 사랑받고 있다.

1971년 국내 최초의 스낵으로 탄생한 새우깡은 50년 가까운 세월동안 이름이나 표지 디자인을 바꾼 적이 없다. 몇 차례 불순물 파동을 겪으며 홍역을 치르기도 했지만 여전히 건재하다. 새우깡이란 독특한 이름으로 시작해 '감자깡', '고구마깡' 등 아류 제품이 출시됐지만 새우깡을 따라잡기에는 역부족으로 보인다. 과자류 맏형인 새우깡은 호프

집과 노래방도 완전 장악했다. 전국에 걸쳐 수만 곳에 달할 호프집과 노래방의 기본안주는 새우깡이 접수했다. 세월이 흘러 세상이 너무도 많이 변했지만 새우깡의 인기는 좀처럼 식을 줄을 모르고 있다.

14년 9월 27일. 새우깡의 변신을 목격했다. '문학사랑' 동인지의 마산 문학기행에 따라나섰다가 '갈매기 밥'으로 변신한 새우깡을 보았다. 마산의 자랑 '돝섬'은 마산항구에서 불과 뱃길로 10분 안에 다다를 수 있는 섬이다. 단 10분간의 항해지만 신분증을 갖춰야 승선할 수 있고 일반적인 여객선이나 유람선을 탈 때와 같은 절차를 진행해야 했다. 승선 대기 중 갈매기 밥이란 이름으로 판매되는 새우깡을 보았다. 판매 가격은 한 봉지에 1100원. 선상에서 갈매기에게 새우깡을 먹이는 재미가 솔솔하다는 것을 알기에 한 봉지 사고 싶었지만 참았다.

1,000원이었으면 샀을지 모르겠다. 당시 내 주머니에는 100원짜리가 없었다. 새우깡을 한 봉지 사게 되면 500원짜리 동전 한 개와 100원짜리 동전 4개, 혹은 100원짜리 동전 9개가 주머니에 남게 돼 묵직함 때문에 불편할 것 같다는 생각이 들었다. 더구나 아이들을 동반한 것도 아니고 동료 문인들과 함께 하는 문학기행에서 갈매기 밥을 주는 일이 품위 없어 보일지 모른다는 생각도 했다. 그래서 망설임 끝에 결국 새우깡 사는 일을 포기하고 말았다. 그러나 우리 일행을 비롯해 많은 이들이 새우깡을 구입해 배에 올랐다.

승선하니 선상에도 새우깡 무인판매대가 있었다. 그곳 역시 '갈매기밥'이란 이름으로 새우깡을 판매했다. 이윽고 배가 출발했고 불과 10분 남짓한 짧은 이동시간 이었지만 승객들은 새우깡을 풀어대기 시작했고 예상했던 대로 갈매기 떼가 그것을 먹겠다고 경쟁적으로 달려

들었다. 유람선에서 새우깡을 뿌리면 어디선가 갈매기들이 삽시간에 날아와 무리를 지어 배가 이동하며 만들어낸 포말과 뒤엉켜 달려들었다. 사람 손에 있는 새우깡을 낚아채고, 바다를 향해 던지는 새우깡을 공중에서 받아 채거나 바닷물 위에서 건져가는 모습은 보는 것 만으로도 재미를 느끼기에 충분하다. 처음 본 것도 아니지만 넋을 놓고 지켜볼만한 광경이었다.

새우깡이 세삼 정겹게 느껴졌다. 나와 비슷한 시절에 태어나 지금껏 국민적 사랑을 받아온 것이 기특하고 꽤 오래전부터는 여러 나라에 수출돼 외국인들로부터도 큰 인기를 누리고 있으니 그 또한 기특하다. 사람에게 받는 사랑도 부족해 갈매기 밥으로도 최고의 인기를 달리고 있으니 이 넘치는 인기의 끝은 도대체 어디까지인가. 지금껏 세상에 선보여진 많고 많은 과자 중에 새우깡만큼 대단한 인기를 누린 과자가 또 있을까 싶은 생각이 들었다.

40여 명의 문인들과 함께한 마산 문학기행은 새우깡 같은 여행이었다. 하루를 짭짤하게 보냈고, 하나하나의 일정은 바삭바삭했다. 세상이 빠르게 변해가도 한결같은 맛으로 세대를 초월해 입맛을 사로잡은 새우깡처럼 문학의 자취를 찾아 먼 길 마다하지 않고 나서는 문우들의 마음도 일관된다는 생각을 가졌다. 마산사람들은 참 좋겠다. 새우깡 나눠 먹을 갈매기가 있어서. 돗자리 깔고 앉아 바닷바람 맞으며 새우깡에 소주를 마실 수 있는 방파제 부두가 있어서.

# 조상이 먹여 살리는 유럽

두 차례 유럽을 다녀왔다. 현지에서 업무적으로 해야 할 일이 있기도 했지만 실상 두 차례 모두 여행 성격이 강했다. 유럽여행을 다녀오는 코스는 꽤 여러 가지가 있다. 하지만 가장 보편적인 코스는 서유럽과 동유럽, 북유럽과 남유럽 등으로 나누어 몇몇 나라를 동시에 둘러보는 것이다. 유럽여행의 많은 코스 중 가장 일반적인 동유럽과 서유럽 코스를 한 번씩 다녀왔다. 동유럽을 먼저 다녀왔고, 이후 서유럽을 다녀올 기회가 있었다.

유럽여행은 타 지역과 달리 먼 거리여서 일정도 길고 비용도 많이 드는 편이다. 그래서 돈과 시간이라는 두 가지 만만치 않은 문제를 동시에 해결해야만 갈 수 있기 때문에 나서기 쉽지 않은 여행지이다. 돈이 있어도 시간이 없으면 가기 어렵고 반대로 시간이 있어도 금전적 여유가 없으면 가기가 어려운 곳이 유럽이다. 한 가지를 덧붙인다면 같이 갈 수 있는 동반자가 필요한 곳이다.

혼자 나서기에는 부담스러운 일정이니 최소한 두 명 이상이 나서야 하고 그러다보니 비용이 곱절이고, 둘 이상의 사람이 긴 시간을 맞춰

같이 일정을 잡기가 어렵기 마련이니 더더욱 가기 어려운 곳이다. 아직은 젊은 나이거늘 그렇게 어렵다는 유럽을 두 번이나 다녀왔으니 감사히 여겨야 할 일이다. 다음에는 북유럽과 남유럽도 꼭 시간을 내 다녀오고 싶다. 아직 가보지 못한 영국도 꼭 한 번 다녀오고 싶다.

동양의 문화, 특히 한국문화에 대한 자존심이 강한 까닭에 많은 한국인들이 서양문화에 대해 동경심을 갖고 자국문화를 폄하하려는 것을 몹시 못 마땅히 여기는 편이다. 자국 문화에 대한 식견이 부족하고 자존심이 허약한 사람들이 서양문화에 동경심을 갖는 것이라고 일축하며 살았다. 특히 한국을 비롯한 동양의 문화는 정신적인 면이 강한데 반해 서양의 문화는 물질적인 문화가 발달했을 뿐이라는 생각을 가졌다.

서양의 역사는 전쟁의 역사이고, 침탈의 역사일 뿐이며 물질문명이 발달한 만큼 정신문화가 발전하지 못했다는 생각을 갖고 있었다. 그러나 막상 유럽에 가서 몇몇 나라를 돌아보며 그들이 결코 호락호락한 민족이 아니라는 것을 깨달았다. 그들이 왜 수 세기 동안 인류의 역사와 문화를 이끌어왔는지 이해할 수 있었다. 왜 음악 교과서가 온통 베토벤, 슈베르트, 모차르트 이야기로 구성돼 있고 왜 미술 교과서가 바로크, 비잔틴, 로코코를 소개하고 있는지 알 듯했다.

이탈리아를 중심으로 프랑스나 오스트리아, 체코나 헝가리 등의 나라에서 보고 들은 그들의 고대와 중세문화는 실로 탁월했다. 특히 짓는데 수백 년이 걸렸다는 초대형 석조 건축물들이 축조 후 수천 년이 지난 지금까지 원형대로 보존돼 있다는 것이 신비로울 따름이다. 목조가 주류를 이루는 동양의 건축물과 비교할 때 역시나 석조건축물은 웅장하고 견고했다. 동양의 목조 건축물들이 서정적이라면 서양의 석조건축물에서는 서사적인 기운을 느낄 수 있었다. 한편으로는 우리의 문화재가 다소 외소하고 초라하다는 생각도 들었다.

특히 고대 유럽을 제패했던 로마제국의 문화재가 남아있는 아탈리아를 관광하면서 내가 그동안 지나치게 편협한 국수주의에 빠져있었음을 마음속으로 시인하기도 했다. 특히 세계 최고의 건축물이라는 바티칸의 성베드로대성당을 직접 관람하면서 그 규모와 화려함에 입을 다물지 못했다. 유럽의 여러 국가 중에도 가장 강한 인상을 안긴 이탈리아라는 나라를 비롯해 유럽 문화권 전반에 대해 이해의 범위를 크게 넓혔다.

이탈리아는 말할 나위 없고 프랑스가 그러하고, 오스트리아나 스위스가 그러하듯 다수의 유럽 국가들은 일부러 마케팅을 하지 않아도 제 발로 찾아오는 외국인 관광객들이 연중 넘쳐난다. 넘쳐나는 외국 관광객들에게 결코 친절하지도 않고, 특별한 어떤 혜택도 주지 않지만 연중 세계 각국에서 몰려오는 관광객들로 인산인해를 이룬다. 물가도 세계 어느 곳보다 비싸 편하게 돈을 쓰는 것도 녹록치 않다. 그럼에도 불구하고 관광수요는 줄어들지 않는다.

먹고사는 문제가 절박했던 한국은 5천년 동안 유지했던 농업국가라는 틀을 벗어던지고 공장을 지어 제조업 위주의 산업국가로 변모했다. 우리의 최 근접 국가로 세계 최고의 제조업 국가인 일본의 영향까지 받았으니 불과 반백 년 만에 한국은 지구상에서 몇 번째 손가락 안에 들 제조업 국가가 됐다. 좁은 국토라지만 세계 굴지의 초대형 공장들이 곳곳에 들어섰다.

반만 년 역사동안 수백 차례의 외침을 받은 탓에 한국은 문화재 보존이 취약할 수밖에 없었다. 특히 이데올로기를 앞세운 강대국들의 패권 다툼 대리전 성격이 짙던 한국전쟁을 치르며 엄청난 문화재를 소실하고 말았다. 전후 복구를 하는 과정에서 좁은 국토 면적에 인구는 많아 주택문제를 해결하기 위해 아파트를 전 세계에서 가장 조밀하게 지었고, 먹고 살기 위해 곳곳에 공장을 지었다. 그래서 비행기를 타고 내려다본 한국 땅은 온통 공장굴뚝과 아파트 천지이다.

한국이 5천년의 역사를 자랑하는 문화강국이라는 소문을 듣고 한국을 방문한 많은 외국인들은 넘쳐나는 아파트와 공장 굴뚝만 보고 가면서 극도의 실망감을 보인다. 기원전 시대에 만든 건축물이 즐비하고 수백 년 전에 지은 건축물에서 여전히 거주하고 있는 유럽인들은 특히 많은 실망감을 보인다. 먹고사는 문제에 급급해 우리 대한민국은 너무도 쉽게 소중한 문화자원들을 포기했다. 공주나 부여 등지를 다녀보면 이곳이 문명국의 5백년 수도가 맞는지 의심스러울 정도이다.

우리는 조상들이 남겨준 값진 문화자원을 지켜내지 못한 부끄러운 후손이다. 목조문화의 한계성, 잦은 전쟁으로 인한 유실 등 핑계거리는 많지만 못난 후손인 것은 변명의 여지가 없다. 그나마 산업화 초기 막무가내 식으로 밀어붙이고 훼손했던 문화유산과 자연유산을 복원하려는 시도가 진행되고 있다는 것이 다행스러울 따름이다. 먹고사는 문제가 해결되고 나니 이제야 뒤를 돌아볼 여유가 생겼고 옛것이 소중하다는 것을 깨닫기 시작한 것이다. 늦었다고 생각할 때가 가장 빠르다고 하니 이제부터라도 지키고 복원하는데 전력해야 하겠다.

우리의 문화재가 상당수 소실된 것과 비교되게 유럽 각국의 문화재는 너무도 잘 보존돼 있다. 석조문화의 특성상 화재로 소실된 수가 적고 자연재해가 적은 지중해성 기후의 영향으로 유럽의 문화재는 원형을 잘 유지하고 있다. 대개의 건축물과 문화재들은 저마다의 스토리텔링을 간직하고 있다. 그래서 세계 각국의 관광객이 도무지 끊이지 않는다. 그만 좀 오라고 사정을 해도 떠밀려오듯 관광객은 찾아온다. 그러니 관광수입이 전체 국내 총생산에서 차지하는 비중이 절대적이다.

공장을 짓고 거기서 죽을힘을 다해 일을 해야 먹고 살 수 있는 우리의 현실과 비교하면 유럽의 각국들이 처한 상황은 부러움을 사기에 충분하다. 그들의 조상은 풍부한 대리석을 이용해 집을 짓고 교회를 짓고, 탑을 쌓았다. 유럽 전역에 걸쳐 풍부하게 매장돼 있는 대리석은 가공하기 쉬운 석재이다. 우리 국토에 매장된 대부분의 석재가 무겁고 가공하기 어려운 화강암인 것과 대조되는 부분이다. 그러니 자연스럽게 석조문화가 발달될 수밖에 없었고 그로인해 건립한지 수백 년, 수천 년 지난 건축물들이 현존하고 있는 것이다.

금상첨화로 유럽인들의 조상들은 참으로 빼어난 미적 감각을 가지고 있었다. 그들이 추구했던 아름다움이 지구 반대편 한국인이 수천, 수백 년 후에 보아도 충분히 수긍이 가는 아름다움이니 말이다. 발달된 수학과 과학을 기반으로 견고한 건축물을 축조했는데 한술 더 떠 예술성까지 곁들였으니 유럽 전역에 산재된 문화유산의 가치는 높을 수밖에 없다. 수준 높은 문화유산을 직접 관람하기 위해 세계 각국에서 언제나 관광객들이 밀려오니 유럽인들은 거칠고 힘든 일을 하지 않고도 손쉽게 윤택한 생활을 할 수 있는 구조이다.

우리도 조상을 잘 만난 민족이다. 명석한 두뇌와 세계 어느 민족도 흉내 내지 못할 근면성을 물려받았으니 말이다. 덧붙여 탁월한 손재주까지 물려받았으니 감사하고 감사할 일이다. 그래서 그 장점을 잘 개발하고 응용해 우리는 세계적 제조국가로 성장했고, 지금은 정보통신 강국으로 도약하고 있다. 더불어 늦은 감은 있지만 문화강국으로 성장해 나갈 수 있는 기반도 착실히 만들어 가고 있다. 그러니 조상들께 늘 감사하며 살아야 하겠다.

우리보다 한술 더 떠 유럽인들은 조상의 은공이 분에 넘친다. 그들의 조상은 자손만대가 큰 노력을 기울이지 않고도 풍요롭게 살 수 있도록 많은 것을 남겨주었다. 유럽인들의 조상이 남겨준 것은 비단 물질적 문화유산에 국한되지 않는다. 튼튼한 기초학문을 물려주었고, 탁월한 예술 감각을 물려주었다. 유럽 각국을 돌아볼 때마다 '이 사람들 조상을 잘 만나 굳이 땀 흘리지 않고 편하게 잘 먹고 잘 살고 있구나.'라고 생각하곤 했다. 그렇다. 개인도 그러하지만 민족도 조상을 잘 만나는 것이 복 중의 큰 복인 것 같다. 조상 잘 만난 유럽인들이 참으로 부럽구나.

# 이참에 다 버려라

8년 하고도 5개월을 살았다. 새집 입주하면서 얼마나 좋아했던지 기억이 생생하다. 전망도 좋았고, 내부 구조도 내가 지금껏 가본 아파트 중 최고였다. 앞뒤 베란다가 다른 아파트에 비해 월등히 넓었고, 출입구도 환하고 넓었다. 대개의 아파트에 없는 큼직한 창고형 공간이 있어서 선풍기며 난로며 등등의 세간 잡동사니를 보관해두기도 좋았다. 지하 두 개 층을 주차장으로 조성해 새벽에 들어가도 주차공간이 남아돌았다. 아이들 학교도 가까웠고 멀지않은 곳에 대형마트가 있어 생활이 편리했다. 정말 나무랄 데 없는 아파트였다.

그러나 이사하기로 결정했다. 새로운 삶을 찾을 필요가 있다고 생각했다. 우리 가족 모두에게 뭔가 변화가 필요하다고 생각했다. 한 곳에서 너무 오래 머물며 긴장감이 없어졌다고 판단했다. 그러나 변화가 필요하다는 것은 허울이고 이사를 하고자 하는 이유는 따로 있었다. 우리가 사는 동네가 도심과 너무 멀리 떨어져 있다는 점이었다. 흔히 대덕테크노밸리라고 알려진 관평동은 대전 둔산 신도심이나 은행·선화동 구도심과 격리된 외딴 섬 같은 마을이다. 퇴근하고 한 번

동네로 들어서면 다시 나갈 일이 엄두가 나지 않았다. 보다 교통 여건이 좋은 곳으로 이사하고 싶었다.

또 아들만 둘이다 보니 고등학교 진학을 생각하지 않을 수 없었다. 어떤 부모처럼 외국어고, 과학고 보내고 싶은 것도 아니고 자율형사립고니 마이스터고니 그런 특수학교를 보내고 싶은 것도 아니었다. 그냥 평범한 고등학교에 진학시키고 싶었다. 단, 신도시에 새로 세워진 짧은 역사의 남녀공학 고등학교로 진학하는 것이 내키지 않았다. 관평동에는 남녀공학 고등학교 두 곳이 있을 뿐이다. 전통 있는 남자고등학교를 보내고 싶다고 오래전부터 생각했다. 본래부터 고등학교를 공학화 하는 것이 못마땅했다. 그래도 사내들의 끈끈한 우정이 묻어있는 학교, 선후배간 전통이 있는 학교를 보내고 싶다는 생각을 오래전부터 가져왔다. 교통 좋은 동네라면 대전 시내 어느 학교라도 갈 수 있다고 생각했다.

이사하고 싶은 이유를 한 가지 덧붙인다면 대전에서 마지막 남은 신대륙으로 향후 투자가치가 있는 곳으로 옮겨가야 한다는 마음도 있었다. 대도시에 거주하는 샐러리맨이 합법적으로 재테크를 할 수 있는 거의 유일한 방법은 적당한 시기에 아파트를 옮겨 이사하는 일이라는 사실을 잘 알고 있다. 안정된 정림동에 살다가 기반시설이 턱없이 부족한 신개발지였던 관평동으로 이주한 것도 미래 가치에 투자한다는 이유가 가장 컸다. 8년 넘게 살고도 서운치 않은 웃돈을 얹어 매도했으니 재테크에 성공한 것이 아닌가. 새로 이사가는 도안지구는 대전사람 모두가 살고 싶어 하는 신도시이니 투자가치가 있을 것이란 판단을 했다.

이런 저런 이유로 이사를 하게 됐다. 30개월 간의 공사를 거쳐 입주가 시작된 시점은 6월부터 8월 사이였다. 아이들 방학기간이어서 오히려 잘 됐다 싶기도 했지만 삼복더위가 한창일 때 이사를 한다는 것은 여간 힘든 일이 아니었다. 8년 반 동안 늘어난 살림살이는 온 집안 여유 공간을 잠식할 만한 수준이었다. 무엇부터 어떻게 해야 할지 몰라 한숨만 쉬다가 이삿짐센터에 문의하니 아무 걱정 말고 있으란다. 업체에서 모든 살림을 감쪽같이 이동시켜 준단다. 그래서 정말 아무런 준비도 하지 않고 업체에 이사를 맡겼다. 많은 것을 버려야 한다고 생각했지만 엄두가 나지 않았다. 일단은 새집으로 모두 가져가 살림을 배치해보고 거기서 버릴 것을 버리겠다고 마음먹었다.

이사 당일 자그마치 대형 트럭 두 대분의 짐을 실었다. 남자 네 명, 여자 한 명, 모두 다섯 명의 전문요원이 집에 도착해 민첩하게 짐을 싸기 시작했고, 4시간 만에 짐을 모두 차에 실었다. 점심식사 후 다시 4시간에 걸쳐 짐을 풀기 시작했다. 새로 이사한 집은 살던 집에 비해 여유 공간이 턱없이 부족하다. 창고도 없고, 수납장도 적다. 방의 크기도 훨씬 작다. 필수 살림살이만 배치하고 나머지는 모두 엘리베이터 앞 빈 공간에 쌓았다. 쌓아놓고 보니 그 양을 알겠다. 방도 거실도 정리하지 못한 짐으로 가득하다. 이사 첫날 거실에 이부자리를 겨우 하고 네 식구가 졸망졸망 붙어 잠을 잤다.

이튿날부터 본격적인 짐 정리에 들어갔다. 짐 정리를 하면서 늘어난 짐의 양을 실감하고 놀라지 않을 수 없었다. '몇년 째 쓰지 않고 쌓아만 둔 물건이 이렇게 많았던가' '이 많은 살림을 어디다 보관하나' '버린다면 어디다 어떻게 버려야 하나' 등등을 생각하니 여간 심란하지 않았다. 그러나 불필요한 살림을 둘 공간도 없고, 보관할 필요도 없다고 판단해 가능하면 많이 폐기하기로 결정했다. 그러나 버리는 일도 만만하지는 않았다. 품목마다 재활용이 가능한지 여부가 관건이고, 크기에 따라 배출하는 방법도 달랐다. 더구나 멀쩡한 가전제품이나 가구 등은 아까운 마음에 함부로 버릴 수도 없어 그 또한 문제였다.

안방을 시작으로 하나하나 짐을 정리하기 시작하니 엄청나게 많은 물건들이 쏟아져 나왔다. 예상했던 것보다 훨씬 많은 폐기물을 버렸지만 표시가 나지 않았다. 대형 쓰레기봉투에 쓰레기가 삽시간에 쌓였고, 재활용이 가능한 플라스틱이나 고철, 종이류 등도 어마어마하게 배출됐다. 가전이나 가구는 여기저기 전화를 걸어 사용할 사람을 찾아 친히 배달해 주었다. 가져다주면 사용하겠는데 굳이 가지러 오지는 않겠다니 어쩔 수 없는 노릇이었다. 이렇게 짐 정리를 하는데 꼬박 일주일이 걸렸다. 소형 용달트럭 짐칸에 가득 쌓일 만큼의 살림살이가 집안을 빠져나갔다.

불필요한 것은 다 버리겠다고 거듭 결심을 했지만 지난 시절의 추억이 담긴 소품이나 비싼 돈을 주고 구입했는데 정작 사용해보지도 못한 물건 등은 버리는데도 한참의 고민이 뒤따랐다. 차마 버릴 수가 없어 서랍에 넣어두었다가 이튿날 다시 마음이 바뀌어 버린 물건도 수없이 많다. 반대로 재활용품 수집 장소까지 가져갔다가 다시 집으로 가지고 들어온 물건도 있었다. 아내가 혼수로 장만해온 오디오는 몇 번 사용도 하지 않았지만 결국 폐기하기로 결정했다. 첫아이를 낳았을 때 어머니가 손자 녀석 따듯하게 재우라며 사다주신 전자옥매트도 실제로 작동한 것이 열 번도 안 되겠지만 폐기하기로 했다. 누군가 필요하다고 달라면 주고 싶지만 주인을 못 만나면 그냥 버려야 할 처지이다. 군 복무를 마치고 전역하면서 월급을 모아 마련한 워쿼스틱 기타도 30년 전 30만 원이란 거액을 주고 샀지만 버리기로 했다.

이삿짐을 정리하면서 내가 그동안 얼마나 많은 물욕에 파묻혀 살았는지 깨달았다. 당장 필요치 않은 물건도 남 주기가 아까워 내가 움켜쥔 것이 너무도 많았음을 알게 됐다. 그토록 많이 버렸는데도 나는 아직 너무 많은 것을 갖고 있다는 사실도 깨달았다. 다시는 필요치 않은 물건을 더 구매하지 않겠다고, 쓰지도 않은 물건을 쌓아두지 않겠다고 거듭 다짐을 한다. 하지만 내 물욕에 못 이겨 살림은 또 늘어날 것이고, 다시 집안은 창고처럼 물건들로 넘쳐날 것이다. 물건은 시나브로 늘어나고 하루하루를 별 생각 없이 살아갈 것이다.

몇 년마다 주기적으로 이사를 할 수도 없고, 그렇다고 제한된 아파트 공간에 창고를 지을 수도 없고… 결국은 스스로가 물욕에서 벗어나는 것이 내 가 실제 활용할 공간을 넓힐 수 있는 유일한 방법이다. 다시 채워질 때 채워지더라도 우선은 버려보자. 과감하게 버리고 내 공간을 확보하자. 거의 마무리 단계라고는 하지만 아직은 이삿짐 정리가 모두 끝나지 않았다. 그래 이참에 버릴 수 있는 것은 다 버려보자. 나를 피곤하게 만드는 헛된 욕심까지도.

# 2부

# 통 큰 부조(扶助)

# 대전, 이곳은

내 고향은 대전에서 서울까지 가는 길의 정확히 중간 지점이다. 내 고향에서 서울도 한 시간, 대전도 한 시간이 걸린다. 고속도로 통행요금도 같다. 정확히 중간지점인 것이다. 얼마 전까지 음성톨게이트라는 이름으로 불리다 지금은 대소톨게이트라고 개명한 중부고속도로 나들목이 있는 동네가 내 고향이다. 고향에서 서울로 가는 교통편은 아주 좋은 편이다. 대략 20분 간격으로 서울 가는 버스가 있다. 그러나 대전을 직접 오갈 수 있는 대중교통편은 없다. 청주까지 나와서 버스를 갈아타야 한다. 지금도 그렇다. 승용차를 이용하면 같은 시간, 같은 거리이지만 대중교통을 이용하면 서울까지 한 시간이면 이동할 수 있지만 대전까지는 두 시간 이상이 걸린다.

이러한 지리적 여건상 우리 고향 사람들은 서울과 경기지역으로 일자리를 찾아 떠나는 경우가 많다. 일찌감치 상경해 자리를 잡고 출세한 사람들도 많다. 그래서 그들이 조카며 사촌동생이며 친구며 고향 사람들을 불러올린다. 그러다보니 서울로 일자리를 찾아 가는 사람이 더 늘 수밖에 없는 구조이다. 지리적으로 가까운데다 아는 사람의 신세를 질 수도 있으니 서울로 많은 사람들이 올라 간 것은 당연한 일이다. 내 고향에서 경기도 안성시 접경까지의 거리는 불과 20여리 남짓이다.

서울은 북쪽인데 반해 대전은 남쪽이다. 남쪽으로 대전을 향해 가다보면 청주를 거치게 된다. 청주로 학교에 진학하거나 일자리를 찾아 나서는 이들도 많았다. 서울만큼은 못 돼도 청주로 터전을 옮기는 사람들도 무척 많았다. 대전은 청주와 비교할 때 두 배 이상 큰 도시지만 서울과 비교할 규모는 못 된다. 청주는 대전의 절반에 그치는 도시지만 그래도 도청소재지로 웬만한 교육, 문화, 경제적 기반을 갖추고 있다. 국립대학교도 있고, 지방명문 사립대도 있고, 제법 큰 산업단지도 있고, 상권도 발달돼 있다.

지금껏 내 고향의 지리적, 역사적, 사회적 배경을 설명한 것은 내 고향사람들이 대전에 많지 않다는 이야기를 하고자 함이다. 북으로 가고자 하면 서울로 가고 남으로 가고자 하면 청주로 가서 터를 잡았다. 청주라는 만만치 않은 도시가 중간에 위치하고 있으니 대전까지 내려오는 이들이 없었다. 88년 이후 4반세기를 대전에서 살고 있지만 고향사람 만난 수가 손가락으로 헤아릴 정도이다. 대전은 그만큼 내게 낯선 도시였다. 처음 이곳 대전에 왔을 때 친구도 친척도 단 한명이 없었다.

그러나 지금 돌이켜보면 나는 대전을 떠나서 아무 것도 할 수 없는 완벽한 대전 사람이 됐다. 고향에는 몇 안 되는 친구와 친인척, 어려서 알고 지내던 많지 않은 마을사람들이 있을 뿐이지만 대전에는 너무도 많은 친구와 지인들이 있다. 지구상의 많은 나라, 많은 지역 가운데 지금 내게 대전보다 편한 곳은 없다. 나는 대전에 대해 너무도 많은 정보를 갖고 있다. 맛있는 음식이 먹고 싶을 때 어느 식당으로 달려가야 하는지, 몸이 아플 때 어느 병원 어떤 의사를 찾아가야 하는지, 어느 시장에 가야 어떤 물건을 싸게 구입할 수 있는지를 너무도 잘 알고 있다. 어디가 아름답고, 어디가 명소인지도 누구보다 잘 알고 있다. 그러니 대전은 내게 너무도 편한 도시이다.

만나는 많은 사람들 가운데 상당수는 정년 후 고향으로 돌아가 여생을 보내고 싶다고 말한다. 목가적 생활을 하며 조용히 지내고 싶다고 말한다. 하지만 나는 그런 생각을 해보지 않았다. 앞서 밝힌 대로 대전보다 편한 곳이 내게는 없기 때문이다. 나는 현업을 떠나도 대전에서 살 것이다. 그렇다고 내가 고향을 등지고 살아갈 이유는 없다. 내 고향은 대전에서 한 시간이면 다다를 수 있는 곳이다. 언제든지 마음만 먹으면 단숨에 달려갈 수 있는 곳이다. 친구를 만나고 싶고 누군가가 그리우면 달려갈 것이다. 더 나이가 들어 생각이 바뀔지는 모르겠지만 대전에서 계속 살겠다는 것이 지금의 구상이다.

대전에 발을 디딘 이후 줄곧 서구와 유성구에 살았다. 서구에서는 도마동, 내동, 갈마동, 정림동에서 살아봤다. 유성구에서는 장대동, 궁동, 관평동에서 살아봤다. 관평동에서 8년 반을 살다가 최근에 다시 봉명동으로 터전을 옮겼다. 살았던 모든 곳이 편하고 좋았다. 외지에서 거처를 대전으로 옮겨 살고 있는 내게 지금껏 누구 하나 불편하게 하는 일이 없었다. 모두가 고향사람처럼 푸근하게 대해줬다. 어찌 생각하면 무척 특색 없는 도시이고, 개성 없는 도시일 수 있지만 타지인이라고 해서 어떤 불필요한 서러움과 어려움이 없는 곳이 바로 대전이다.

정부대전청사가 둔산동에 자리를 잡고 외청 직원들이 서울에서 대전으로 떠밀려 이주해온 일이 있었다. 이들은 이주 초기에 좀처럼 대전에 정을 두지 않았다. 그저 재수가 없어 시골로 직장이 옮겨가 마음에도 없는 대전에서 일하게 됐다고 생각했다. 그래서 1년 넘게, 혹은 2년 넘게 서울에서 대전을 오가며 출퇴근 하는 공무원들을 무수히 많이 봤다. 이제는 사정이 정반대가 됐다. 대부분의 공무원들이 대전으로 거처를 옮겨왔고, 지금은 대전을 떠나 살 수 없다는 '대전바보'가 됐다. 3군 본부나 군수사령부, 코레일, 한국철도시설공단 등이 이전해오면서 대전에 정착한 많은 이주자들도 같은 반응을 보였다.

누구나 자신이 살고 있는 지역이 가장 편하고 익숙하다. 그래서 남다른 애정을 갖게 된다. 나야 대전에 적(籍)을 갖고 대전에 정을 붙였으니 대전이 가장 살기 좋은 곳이라고 하지만 타 지역에서 거주하는 이들은 저마다 자신이 정 붙이고 살고 있는 지역이 가장 편하고, 가장 좋은 곳이라고 말한다. 같은 대전 지역 내에서도 저마다 자신이 살고 있는 동네가 좋다고 말하는 것을 들은 것이 한 두 번이 아니다. 대전에 26년 사는 동안 여덟 번의 이사를 했고, 아홉 동네에서 살아봤다. 동네 저마다 특색이 있고, 장단점이 있었다. 굳이 각 마을마다 순위나 서열을 매길 수는 없는 일. 그래도 정이 가는 동네는 정림동이었다. 적당히 시골스럽고, 적당히 정비돼 있는 동네면서 내가 살던 아파트에서 내려다보면 갑천이 은빛 물보라를 치며 황홀하게 반짝였다. 갑천변을 산책하기도 좋았다. 물론 다른 동네도 좋았다.

대전에서 청춘을 보냈고, 대전에서 중년을 보내고 있다. 대전에서 인생을 배웠다. 그래서 대전은 내게 스승 같은 도시이다. 한편으로는 고향처럼 푸근한 도시이다. 나의 분신인 두 명의 아들은 대전에서 태어나 줄곧 대전에서 교육을 받고 자라고 있다. 아비 고향이 충청북도 음성이고, 할아버지, 증조할아버지도 그곳에 묻혀 계시니 너희 고향도 충청북도 음성이라고 가르친다. 하지만 아들들은 입으로만 알았다고 대답할 뿐 자신들은 철저히 대전사람이라고 생각하고 있다. 살아보지도 않은 곳이 고향이라고 우기는 아버지 말이 머리가 굵어지면 더욱 이해하기 어려울 것이다. 그래! 아무려면 어떤가. 다른 곳도 아니고 아비가 그토록 정을 붙인 대전이라면 아들 녀석들이 고향이라고 우겨도 너그러이 받아주겠다.

# 가을운동회, 그 씁쓸한 추억

대개의 사람들은 학교생활 중 가장 즐거웠던 날을 꼽으라면 소풍과 운동회를 지목한다. 하지만 나는 아니다. 즐겁기는커녕 고통스러운 추억이다. 소풍에 대해서는 크게 고통스러울 것이 없었으나 운동회는 씁쓸한 기억으로 가득하다. 지금은 얼마나 달라졌는지 잘 모르겠으나 내가 학교 다닐 때 대부분의 학교는 1년 중 가장 좋은 계절인 봄과 가을을 맞아 한 차례씩 소풍과 운동회를 열었다. 소풍이라 해봐야 인근 산에 가서 점심 먹고 오는 게 전부였다. 경험해보지 못한 새로운 세계를 만나는 것도 아니었고, 엄청난 절경을 구경하는 일도 없었다. 그저 수업을 안 한다는 점, 평소 맛 볼 수 없던 김밥이라는 아주 귀한 음식을 맛볼 수 있다는 점이 소풍을 기다리는 이유였다. 삶은 계란과 사이다도 먹을 수 있는 1년 중 몇 안 되는 날이었다. 용돈도 몇 푼 받을 수 있는 날이었다. 지금은 관광버스를 대절해 먼 거리 여행을 다녀오기도 하고 체험학습을 다녀오기도 하지만 내가 학생 때 경험한 소풍은 그저 소나무, 참나무가 많은 평범한 산에 가는 것이 고작이었다. 그래서 소풍을 설레어 기다리지는 않았다.

운동회의 경우도 마찬가지였다. 봄에는 향리(鄕里)별로 편을 갈라 몇 종목 경기를 했고, 가을에는 마을이나 학급과 무관하게 전체 학생을 청군과 백군으로 나눠 대항전을 펼쳤다. 볼거리가 없던 시골마을은 학교운동회가 그나마 볼거리였던지 그래도 꽤 많은 사람들이 구경을 왔다. 운동회도 소풍과 마찬가지로 김밥을 먹을 수 있는 날이라는 의미가 컸다. 운동장 구석에 돗자리를 깔고 형제들이 모두 모여 김밥을 비롯한 별식을 먹을 수 있는 날이었다. 특별한 날이라고 준 몇 푼의 용돈으로 화약총이나 종이인형 등을 사거나 평소 마음속에 점찍어 두었던 과자나 사탕을 사서 군것질을 할 수 있는 것도 운동회의 즐거움이었다. 봄 운동회는 대개 외부 손님 초청 없이 소규모로 치러졌다. 하지만 가을운동회는 운동장 곳곳에 만국기를 걸고 면민 모두를 초청하는 형태로 이루어졌다. 번데기나 칡뿌리, 각종 불량식품을 판매하는 장사꾼들도 몰려들어 분위기를 띄웠다.

하지만 난 어릴 적에 운동회를 썩 좋아하지 않았다. 아니 싫어했다. 어릴 적에도 싫었지만 지금 생각하면 싫은 감정을 넘어서 끔찍하다. 많은 이들이 어릴 적 운동회를 즐거웠던 추억으로 떠올리는 경우가 많지만 나는 운동회가 몹시도 싫었다. 운동회를 싫어한 이유는 꽤 여러 가지이다. 학교에서 아주 가까운 면소재지 내에 살았던 나는 운동회 때 부모님이 학교를 오신 적도 없었고, 도시락을 싸 가져간 적도 거의 없었다. 부모님이 장사를 하신 탓에 학교에 올 수 없었고, 점심은 집에 가서 먹고 오는 것이 당연했다. 주머니에 용돈 몇 푼이 주어지긴 했어도 온가족이 운동장에서 도시락을 먹는 일은 없었다. 그러니 운동회라고 특별히 기다려지지 않았다. 그러나 점심을 집에 가서 먹고 오느라 운동회 기분을 낼 수 없었다는 사실은 운동회를 싫어하는 이유 중의 지극히 미약한 한 가지였을 뿐이었다.

대개 시골학교 운동회는 추석을 전후해서 열렸다. 추석 연휴에 운동회를 개최하면 추석을 쇠러 고향에 방문한 많은 출향인사들이 참석할 수 있었기 때문이었던 것 같다. 어른이 돼서야 안 일이지만 시골학교 운동회가 열리면 마을 유지들과 출향인 졸업생들이 학교에 격려금조로 돈 봉투를 내밀고 가는 일이 상례화 돼 있었다. 그 돈의 사용처는 지금도 알 수가 없다. 지금 생각해보면 재주는 곰이 부리고 돈은 왕 서방이 챙긴다는 말이 딱이다. 하지만 그런 일도 역시 내가 운동회를 싫어하는 직접적 이유는 아니었다. 돈 푼 꽤나 있는 집 자모들이 이것저것 음식을 풍성하게 차려와 교사들에게 제공하며 치맛바람을 피우는 일도 어린 시절 내 눈에도 꼴불견이었다. 하지만 그 역시도 내가 운동회를 싫어하는 직접적인 이유는 못 됐다. 내가 운동회를 싫어한 이유는 즐기는 운동회가 아니라 남에게 보이기 위한 운동회, 군대문화로 얼룩진 고달픈 운동회였다는 점이다.

그 시절 시골마을의 운동회는 당일 하루 웃고 즐기는 개념이 아니었다. 학교를 방문하는 학부형과 졸업생, 출향인사 등에게 뭔가 볼거리를 제공해주어야 하는 날이었다. 그래서 여름방학이 끝나고 나면 곧바로 운동회 연습에 돌입했다. 대략 한 달가량의 연습 기간을 거쳐 방문객들에게 선보일 볼거리를 준비했다. 남학생들의 경우, 곤봉체조와 기마전, 차전놀이, 덤블링 등을 준비했다. 여학생들은 고전무용과 현대무용을 스파르타식으로 연습했다. 이 외에 학년별로 청백전 게임을 준비해야 했고, 피리나 아코디언 등 장난감 수준의 악기를 마련해 고

적대를 만들어 연습했다. 마스게임도 빠지지 않는 프로그램이었다. 이 외에도 전교생은 모두 오(伍)와 열(列)을 맞추어 팔을 높이 흔들며 군대식으로 행진하는 입장식을 매일 반복해 연습했다.

여름방학 이후부터 운동회까지 학교의 모든 일과는 운동회에 맞춰졌다. 연습을 하는 동안 느슨한 행동을 보이면 교사들에게 폭행을 당하기 일쑤였고, 단체로 얼차려를 받는 일도 부지기수였다. 모든 동작은 일사불란한 군대식을 강요받았다. 늦여름 뙤약볕 아래서 어린 학생들은 혹사를 당했다. 먼지가 가득한 운동장에서 바짝 얼어붙은 자세로 연습이라기보다는 훈련에 가까운 노역을 했던 기억이 지금도 생생하다. 절도 있는 행동과 큰 목소리의 구령과 함성을 요구받는 운동회 준비는 몹시 고통스러웠다. 행사 진행에 필요한 온갖 소품들을 준비하는 것도 학생 각자의 몫이었다. 남학생은 곤봉, 머리 띠, 악기 등을 준비해야 했고 여학생들은 무용에 필요한 의상이나 부채 등을 갖추고 학교에 가야했다. 할당된 준비물을 갖추지 못하면 호된 꾸지람을 당했던 것은 불문가지이다. 매년 되풀이 되는 어린 학생들의 마스게임이며 곤봉체조, 기마전, 차전놀이, 부채춤이 뭐 그리 대단한 볼거리였다고 그리들 호들갑을 떨었는지 지금 생각하면 어처구니가 없다.

기성인들은 세월이 흘러 운동회 준비로 호되게 혹사당했던 일들을 까맣게 잊고 당일 김밥을 먹고 달리기에서 등위에 올라 노트 한권을 받은 기억만 떠올리며 그 때가 즐거웠다고 말한다. 난 아니다. 지금 생각해보면 몹시도 인격을 유린당한 것이다. 요즘 세상 같으면 말도 안 될 일이다. 어린 아이들을 먼지 나는 뙤약볕에서 몇 시간씩 연습이라는 이름으로 훈련시키고 체벌을 가하는 일이 지금 벌어진다면 학부모들은 가만히 지켜보지 않을 것이다. 교장실 전화통에 불이 날 것이다. 교육청 전화기도 역시 불이 났을 것이다. 아이들도 그 고통을 감당해 내지 못할 것이다. 세월이 흘러 그 불합리한 모순 덩어리였던 운동회를 즐거웠다고만 생각하는 건 망각이 안긴 선물일 것이다.

과거의 학교에는 제식문화가 곳곳에 배어 있었다. 교사들에 의한 학생 구타와 가혹행위가 비일비재했고, 사소한 일에도 단체 기합을 받는 일이 많았다. 평소에도 그러했거니와 운동회를 준비하는 기간에는 그러한 군사문화가 더 두드러지게 나타났다. 운동회 입장식을 할 때의 기억이 지금도 생생하다. 올림피아마치 음악에 맞춰 기수단, 태극기, 스카우트, 고적대를 앞세워 학년별로 줄을 맞춰 운동장을 한 바퀴 돌아 자리를 잡는 열병식을 가졌다. 행진을 하는 동안 팔과 다리를 높게 들어 절도 있게 움직여야 했고, 좌우를 살피거나 허튼 짓을 하면 안 됐다. 본부석 앞을 지나갈 때면 "우로봐" 하는 구령에 맞춰 고개를 돌리며 큰 소리로 인사를 해야 했고, 운동장 가운데 자리를 잡고 개막식을 하는 동안에도 부동자세로 지루한 교장선생님과 육성회장의 훈화 말씀을 장시간에 걸쳐 들어야 했다. 지금 생각하면 학교가 아닌 군대에 가까웠다.

성인이 돼 우리 집 아이들의 운동회를 보기 위해 학교를 방문해보고 격세지감을 느꼈다. 학생들은 반별로 예쁜 티셔츠를 맞춰 입고 너무도 자연스럽고 행복한 분위기에서 운동회를 즐겼다. 입장식도 줄을 맞춰 서거나 큰 소리로 구령을 붙이는 등의 강압적인 행동을 하지 않는 아주 자연스러운 모습이었다. 진행되는 프로그램도 획일성이나 경직성을 요구하지 않는 즐거운 놀이 위주였다. 내가 어려서 경험한 군사문화 잔재의 운동회와 너무도 비교됐다. 반별로 음료수나 아이스크림을 단체 구매해 나눠 먹는 모습도 보기 좋았다. 다만 맞벌이 가정이 많아 외부 손님은 고사하고 부모조차도 참석 못하는 아이가 많이 눈에 띄었다는 점은 과거와 크게 달라진 모습이었다. 학부모에게 부담을 줄 수 있다하여 도시락을 준비하지 못하게 하고 평상시와 같이 학교 구내식당에서 식사를 하는 모습은 다소 안타까워 보였다.

다소의 안타가운 모습도 있지만 과거와 비교해 요즘의 운동회는 무척 즐겁고 세련된 모습으로 변했다. 볼거리를 준비하기 위해 뙤약볕에서 한 달 넘게 흙먼지를 마셔가며 고생하는 일도 없어졌고, 학생인지 군인인지 모를 지경으로 군사문화를 강요받는 일도 사라졌다. 그만큼 사회가 성숙하고 안정화 됐다는 의미가 아닌가 싶다. 그 때는 왜 그랬는지 지금 생각하면 도저히 이해가 되지 않는다. 아마도 자연스러운 것을 흐트러진 것과 동일시하는 의식이 사회 전반에 팽배해 있었기 때문이 아니었을까 싶다. 동서 냉전시대이다 보니 무엇을 해도 사회주의 체제의 국가들에게 뒤져서는 안 되고, 더 절도 있고, 정신력 강한 인간으로 육성해야 한다는 의식이 만연했던 것 같다. 늘 북한을 의식하는 사회 분위기 탓이 아니었을까 싶다.

내가 어린 시절 경험한 세상과 비교하면 지금은 전혀 다른 세상이다. 더불어 우리 아이들도 전혀 다른 세상에서 살아가고 있다. 내가 경험한 학교 속의 경직된 군사문화를 아이들이 겪지 않게 돼 좋다. 보다 풍요롭고 자유로워진 세상에서 내 아이들이 자라고 있어 얼마나 다행스러운지 모른다. 어린 시절의 운동회를 생각하면 코웃음이 나온다. 그 때는 그런 운동회 준비가 잘못됐다는 생각을 하지 않았다. 학생들

뿐만 아니라 모든 부모들도 "왜 어린 것들에게 그런 가혹한 연습과 훈련을 시키느냐"고 따져 묻지 않았다. 운동회를 구경 온 마을 사람들도 별스럽지 않은 볼거리를 위해 그 많은 아이들이 혹사당한 것에 대해서는 큰 의미를 두지 않았다. 그래서 내게 가을운동회는 불편하고 힘들었던 기억으로 가득하다. 그것도 추억이라면 추억인걸까.

# 밤의 나라 대한민국

여행 삼아 일 삼아 꽤 여러 나라를 다녀봤다. 가까운 일본과 중국은 손가락을 구부려가며 헤아려야 정확한 횟수를 기억할 만큼 여러 번을 다녀왔고, 기타 아시아권 나라들도 꽤 여러 차례 다녀봤다. 그것도 부족해 10시간 이상 비행기를 타고 날아가야 하는 나라들도 여럿 다녀봤다. 대략 따져보니 25개국 여행 경험이 있다. 누구와 비교해도 뒤지지 않을 해외여행 경험일 것 같다. 여행을 다니며 참으로 많은 것을 느끼고 배우게 된다. 해외여행을 다녀본 이들이라면 누구나 일성으로 하는 말이 "역시 우리나라 대한민국이 최고야"이다. 나 역시 그렇게 생각한다. 물론 불합리한 구석도 많고 불평등이 존재하기도 하지만 여러 가지를 종합해 고려해보면 대한민국만한 나라도 드물다. 웬만한 것은 누릴 수 있고, 노력하면 성취할 수 있는 여건을 갖춘 자랑스러운 나라 대한민국이다.

우리나라와 비교해 사정이 열악한 후진 국가들을 다녀오면 대한민국이 얼마나 훌륭한 나라인가를 실감할 수 있다. 우리가 부러워 할 것이 많은 여러 선진국을 다녀오면 우리 사회의 부족한 점도 많이 느끼게 되지만 여러가지 상황을 고려해보면 그래도 대한민국이 낫다는 생각을 갖게 된다. 그래서 외국 여행을 많이 하면 누구랄 것 없이 애국자가 된다고 말하는 것 같다. 나 역시도 해외여행 횟수가 늘어나면 늘어날수록 내 나라 대한민국에 대한 애정이 커지고 깊어지는 것을 느낀다. 생활에 대한 만족도는 상대적인 것이어서 저마다 느끼는 바가 다르겠지만 그래도 객관적으로 삶의 질을 비교해보면 우리는 세계 어느 나라와 견주어도 크게 꿀릴 것이 없다. 지리적 여건이나 자연환경도 모자람이 없다. 치안과 민생도 안정적이고 물가도 저렴한 편이다. 생활수준이나 교육 수준도 뒤지지 않는다. 내 나라가 살기 좋은 여건을 갖추고 있다는 사실은 해외여행을 통해 여러 나라의 환경과 비교해보면 가장 정확하게 인식할 수 있다.

각 나라를 여행하다보면 저절로 문화의 차이를 느끼게 되고 자연스럽게 우리의 것과 상대의 것을 비교하게 된다. 문화는 우열이 있을 수 없으니 어느 것이 우수하거나 어느 것이 미개하다고 섣불리 평가할 수는 없다. 다만 주어진 환경에 따라 각기 독특한 문화를 형성해 가며 각 나라가 살아간다는 것을 깨닫게 된다. 문화는 환경의 지배를 받게 되는 것이니 그 환경을 이해하지 못하면 문화를 이해할 수 없게 된다. 섬나라는 섬나라 특유의 환경에 적응하며 살면서 만든 문화가 있고, 산악 국가는 산악국가로의 문화가 존재한다. 자연환경 뿐 아니라 지리적 여건, 종교적 특성 등등의 요소에 따라 문화는 다양성을 드러낸다.

다른 나라와 비교해볼 때 우리나라에서만 나타나는 독특한 문화도 참 많다. 나는 개인적으로 화려한 밤 문화, 전 국민의 절반 이상이 거주하고 있는 아파트 문화, 주 메뉴를 제외한 모든 음식과 식수를 무한 리

필해주는 식당 문화 등이 대한민국의 독특한 생활문화 형태라고 생각한다. 그 가운데도 24시간 밤낮이 따로 없게 하는 밤 문화는 가장 독특한 문화의 단면이라고 여긴다. 많은 나라를 다녀봤지만 대한민국처럼 밤 문화가 발달한 나라는 아직 보지 못했다. 한국에서는 24시간 생활에 필요한 물건을 살 수가 있고, 먹고 싶은 음식을 먹을 수 있다. 늦은 밤이나 새벽까지도 교통수단을 이용하는 일이 가능하고 목욕이나 이발 등을 할 수도 있다. 외국에서는 상상도 할 수 없는 일이다. 24시간 어느 때라도 배달을 통해 음식을 주문해 먹을 수 있는 나라도 지구상에 대한민국이 거의 유일하다. 심야택시, 심야버스를 이용할 수 있고 기차도 밤샘 운행을 한다. 24시간 운영하는 식당도 전국 어디에나 즐비하다.

내가 다녀본 다수의 나라는 저녁 시간 이후 모든 상점과 식당이 문을 닫아 밤 시간에는 소비활동을 할 수가 없었다. 365일 24시간 자동화기기에서 현금을 인출할 수 있는 나라도 보지 못했다. 한국에 처음 와보는 외국인이라면 이 같은 한국의 밤 문화를 보고 깜짝 놀랄 것이 분명하다. 대도시 도심거리의 경우, 늦은 밤과 새벽 시간에는 한낮 보다 더 많은 사람들이 거리를 활보하는 것을 볼 수 있다. 늦은 밤 시간 각 음식점과 유흥업소에서 밝히는 네온사인 간판 자체가 엄청난 볼거리가 된다. 그래서 서울 동대문은 외국인들이 한국에 와서 가장 찾고 싶어 하는 명소가 됐다.

다른 나라에는 없는 화려한 밤 문화가 왜 유독 한국에서 성행할까에 대해 생각해보았다. 그 원인은 다양한 각도에서 발견된다. 우선은 한국인의 열정에서 답을 찾아야 할 것 같다. 항상 정열적인 한국인은 무료한 것을 참지 못한다. 한국인은 언제나 누군가를 만나야 하고 뭔가를 해야 한다. 그냥 조용히 휴식을 취하는 것이 한국인에게는 참으로 어려운 과제이다. 낮 시간에는 생업에 매진하거나 공부를 하는 등 본연의 역할에 충실하다보니 자신만의 시간을 갖지 못하는 경우가 많아 시간을 쪼개 밤에 움직임이 많아지는 것 같다. 외국인들에게는 누군가 만나고 어딘가 가야 하는 일이 고역일지 몰라도 우리 한국인들에게는 그것이 스트레스를 푸는 일이 된다.

좁은 국토면적, 많은 인구, 심한 경쟁, 높은 부동산 임대료 등도 원인이 될 것 같다. 한국에는 무수히 많은 음식점과 주점이 있다. 다수의 직장인들이 퇴직하면 우선적으로 음식점이나 주점 창업을 고려하고 실제로 실행에 옮기는 경우가 많다. 마땅한 일자리를 찾지 못해 자영업을 결심하는 이들의 상당수도 음식점이나 주점을 창업하는 일이 많다. 그러다보니 해당 분야의 경쟁이 어느 나라보다 심하다. 설상가상 부동산 임대료가 높으니 수익을 발생시키기 위해서는 밤낮없이 영업을 해야 하는 상황을 맞게 된다. 밤 시간에 일할 수 있는 사람을 찾는 일도 어렵지 않으니 문제될 것은 없다. 이러한 조건들이 어우러지니 밤을 새워 음식이나 술을 파는 업소들이 많은 것은 어쩌면 당연하다. 음식점과 술집이 밤샘 영업을 하니 부수적인 밤 문화가 발달할 수밖에 없다는 생각이 든다.

특히 24시간 전화 주문을 통해 원하는 음식을 먹을 수 있는 야식배달은 한국에만 존재하는 아주 독특한 문화이다. 다수의 외국인들은 한국에 와서 꼭 해보고 싶은 많은 일 중 하나가 밤에 야식을 배달시켜 보는 일이라고 한다. 우리에게는 지극히 당연한 일일 수 있지만 외국인들에게는 상상을 초월하는 쇼킹한 일이라고 한다. 치킨과 피자, 족발과 보쌈을 필두로 감자탕, 해장국, 중국음식 등등 한국에서는 낮에 맛 볼 수 있는 대부분의 음식을 밤 시간에도 맛 볼 수 있다. 참으로 독특한 한국의 야식배달 문화는 전 세계인들에게 입소문이 나 있다.

밤 문화가 성행하다보니 부작용이 많은 것도 사실이다. 범죄 발생이 높아지고 낮 시간의 근로 효율이 떨어지기도 한다. 늦은 시간 음식을 먹는 습관 때문에 국민 건강에도 적지 않은 나쁜 영향을 끼치게 된다. 특히 언제 어느 때고 술을 마실 수 있는 환경이 되다보니 사회적 폐해는 참으로 크다. 이런 부작용이 많다고 해서 하루아침에 이 같은 밤 문화가 사라질 리는 만무하다. 이미 뿌리 깊게 우리의 문화로 자리를 잡았기 때문이다. 물론 밤 문화의 긍정적 효과도 많을 것이다. 많은 이들에게 일자리를 제공해주기도 하고 끊임 없이 부가가치를 발생시켜 국부의 밑거름을 만들어 주는 일 등은 매우 긍정적인 측면일 수 있다.

외국인들은 경복궁, 남대문, 불국사, 석굴암 등의 우리의 문화유산에도 많은 관심을 갖지만 어쩌면 밤 문화와 같은 독특한 생활양식에 더 많은 관심을 갖고 있다. 그래서 밤새 한국 거리를 거닐며 다양한 밤 문화를 즐겨보고 싶어 하는 이들이 참으로 많다. 이 같은 사실을 현실에 잘 반영하면 한국의 밤 문화는 세계인들의 주목을 받는 관광 아이콘으로 부상할 수 있다.

인간은 누구나 경험해보지 못한 일을 해보고 싶은 욕구를 가지고 있다. 세계 어느 나라와도 비교할 수 없는 역동적이고 화려한 한국의 밤 문화는 관광자원으로서 무궁한 가능성을 갖고 있다. 24시간 원하는 것을 얻을 수 있는 한국의 밤 문화는 상품성이 뛰어난 우리의 자원이다. 우리의 환경이 자연스럽게 만들어낸 밤 문화는 결코 저급하지도 부끄럽지도 않은 생활문화일 뿐이다.

# 중년

인생은 결코 짧지 않다. 인생을 짧다고 말하는 것은 욕심이다. 10장생을 포함해 어떤 동물도 인간처럼 오래 살지 못한다. 더욱이 인간의 수명은 하루가 다르게 길어지고 있다. 그래서 요즘은 100세 시대가 축복이 아닌 재앙이라는 말도 회자된다. 언젠가 신문 기사를 읽다 보니 내 또래들의 절반이 수명 백세를 누릴 것이라고 예측한다. 나도 인간인지라 오래 살고 싶은 본능적 욕구가 있지만 이성적으로 곰곰이 생각해보면 오래 사는 것이 그리 축복만은 아닐 듯싶다.

최근 100년 사이 한국인의 수명은 하루가 다르게 길어졌다. 과거에는 60세를 사는 것이 어렵다 하여 나이 60을 맞으면 환갑잔치를 크게 벌였고, 70세는 고희(古稀 : 70세를 사는 사람이 예부터 드물다는 뜻)라 불릴 정도로 희귀한 나이였다. 그러던 것이 이제는 평균수명이 80세가 넘는 나라가 됐으니 실로 놀라운 변화이다. 지구상에 많은 나라 가운데도 이렇듯 평균수명이 가파르게 상승하는 나라는 일찍이 없었을 것이다. 더불어 앞으로도 나타나기 어려워 보인다.

우리 집안은 수명이 짧은 편이다. 할아버지와 할머니께서 11남매를 두셨다고 하는데 대부분 어려서 병으로 세상을 뜨거나 한국전쟁 때 목숨을 잃었다고 들었다. 11남매 중 자손을 남긴 이는 내 아버지를 비롯해 모두 셋뿐이었다. 그나마 큰아버지는 40대에 병으로 돌아가셨고, 내 아버지도 56세의 나이에 역시 병으로 세상을 등지셨다. 지난해 환갑을 맞은 작은아버지가 살아계신 유일한 집안 어른이시다. 웬만한 사람들이 들으면 깜짝 놀랄 정도로 요새 세상과 맞지 않는 짧은 수명 집안이다. 그래서 허망하게 목숨을 잃지 않기 위해 각별히 조심하고 있다.

귀찮지만 몸을 움직여 조금이라도 운동을 하려고 애쓰고 있고, 꼬박꼬박 정기적으로 병원도 찾아간다. 몸에 조금만 이상이 생겨도 즉시 병원을 찾는다. 세상사 스트레스의 연속이지만 가급적 스트레스를 받지 않으려고 부단히 노력하고 있다. 내 목숨은 내 것이지만 내 마음대로 소홀히 다루어서는 안 된다. 아이를 낳아 키워보니 내가 왜 오래 살아야 하는지를 알겠다. 오래 살고자 하는 것이 인간의 욕심에서 비롯되는 것만은 아니라는 사실을 알게 됐다. 나를 위해서라기보다는 내 가족을 비롯한 주변인을 위해 건강을 유지하면서 장수해야 한다는 것을 뒤늦게 알았다.

내 나이 어느덧 40대 중반이다. 자연스럽게 중년이란 말을 듣는다. 중년 맞다. 그런데 중년이란 단어가 왜 이리도 어색한지 모르겠다. 중년이 아니라고 어깃장을 부리는 친구들도 많지만 가는 세월을 지팡이로 막으려는 어리석은 행동에 불과하다. 중년의 '중'자는 '가운데'를 의미한다. 인생을 일직선상에 놓고 볼 때 가운데에 해당되는 나이라는 것이다. 생을 오래 누리고 싶어 하는 인간의 욕망을 앞세우다보면 중간까지 온 것이 너무도 아쉬울 수 있다. 하지만 나는 상황을 달게 받아들이려 한다. 호의호식하고 부귀영화를 누리지 못한 것이 아쉬울 수도 있지만 그럭저럭 의미 있게 살아왔다고 생각하기 때문이다.

사람은 나이가 들면서 심상이 관상으로 나타난다고 한다. 마음에 여유를 갖고 베풀고 살면 그만큼 후덕한 인상을 갖게 되고, 반대로 자기 욕심만 챙기기 바쁜 사람은 박덕한 인상을 갖게 된다. 노년이 되면 더 말할 나위가 없겠고, 그 같은 인상은 대개 중년부터 서서히 나타나기 시작한다. 그래서 가끔은 내 얼굴이 어떻게 변해가는지 거울을 보며 한참 살펴보기도 한다. 아직 후덕이나 박덕은 보이지 않으나 분명 삶의 무게와 각종 스트레스로 찌든 모습은 확연히 나타난다. 이대로 가다간 박덕한 인상으로 갈 확률이 높아 보인다. 마음의 여유를 찾아야 한다고 생각은 하지만 잘 되려는지…

중년을 보내는 마음가짐이 무겁다. 이루어 놓은 것도 없는 것 같고, 노년을 걱정 없이 보낼 재산도 모아두지 못했고… 세상의 속된 평가를 잣대로 들이대니 조바심이 난다. 속된 기준에 맞추지 않고 내 나름의 자유를 만끽하며 살겠노라고 거듭 다짐하지만 말 같이 쉽지는 않다. 이제 삶의 반환점을 돌고 있다는 생각이 더욱 여유를 잃게 하여 마음을 초조하게 만드는 것 같다. 남과 비교하는 마음이 초조함을 자초하는 것 같다. 아직도 남과 비교하고 그로인해 초조한 것을 보니 아직 중년다운 인격 수양이 못됐다.

까마득한 나이로만 여겼던 중년. 내가 어느덧 중년의 자리를 지키고 서있다. 아직도 어머니의 품을 그리워하고, 무슨 일을 당하면 겁도 많이 먹는 성숙하지 못한 내가 중년이란다. 어느덧 아이들은 자라 중

년에 이른 아비를 바라본다. 녀석들은 중년의 제 아비가 뭐든 할 수 있는 능력자라고 믿고 있다. 내가 어려서 중년의 아버지를 바라봤을 때처럼 말이다. 그래서 중년이란 참으로 무거운 나이이다. '가운데 중(中)'이 아닌 '무거울 중(重)'의 중년으로 여겨진다.

반환점을 돌아가고 있는 내게 몇 가지 주문해본다. 결코 남을 경쟁상대로 의식하지 말 것이며, 잡히지 않을 무지개를 쫓지 말라고. 욕심을 버리고 진정한 자유와 멋을 만끽하며 인간 냄새나는 삶을 살라고. 인생 초년은 준비운동이었다. 중년이 진정한 자기 모습이다. 중년 삶의 모습은 고스란히 노년의 인상으로 나타난다. 후덕해서 너그럽고 여유 있는 인상을 가진 노년을 살고 싶다. 노년에 어떤 인상을 갖는가는 전적으로 내 몫이다. 그래서 '무거울 중'자의 중년을 거부한다. 그저 '가운데 중'자 중년을 살고 싶을 뿐이다.

# 대전 100년

1988년 3월 대전에 왔다. 2014년 3월 여전히 대전에 살고 있다. 무려 26년을 대전에서 살고 있다. 군 복무 3년을 제외한다 해도 23년이란 적지 않은 세월을 대전에서 살았다. 만나는 사람 다수가 정년 후 고향으로 가겠다고 한다. 그러나 나는 대전을 떠날 생각이 없다. 대전에서 끝까지 살고 싶다. 그만큼 내게는 대전이 매력 있는 도시이다.

청주에서 고등학교를 졸업한 후 아무런 연고도 없는 대전으로 대학 진학을 했다. 충남대학교가 대전 어디에 위치하는 지도 모른 채 그저 학교 이름만 보고 진학했다. 입학해 학교에 와보니 유성이란 외곽지역에 자리 잡고 있었다. 말이 대전이지 과거 시골에 불과했던 대덕군 정서가 고스란히 배어 있는 유성은 내 눈에 무척 촌스러워 보였다.

대전생활 1년을 마치고 나서 이듬해인 1989년, 대전이 직할시로 승격됐다. 신탄진을 비롯한 대덕군 지역을 모두 흡수하며 인구 100만 명을 채웠다. 그렇지만 여전히 대도시다운 면모가 부족했다. 특히 나의 생활무대였던 유성 일대는 그저 시골에 불과했다. 5일장이 서는 날이면 시골 장터의 모습이 그대로 재현됐다.

1990년부터 1992년까지 군 목부를 마치고 1993년 다시 대전으로 돌아왔다. 그해는 대전에서 세계적 규모의 행사인 엑스포가 열렸다. 이 무렵부터 대전은 놀라운 변신을 시작했다. 둔산 신시가지가 조성됐고, 도로망이 놀라보게 확충됐다. 곳곳에 지하차도가 생겨나 도시가 입체화되기 시작했다. 주요 관공서가 둔산으로 이전하기 시작했고 고층 건물이 즐비하게 들어서기 시작했다. 초현대식 백화점도 생겨났다.

둔산지구에 이어 송촌지구, 관저지구, 노은지구 등이 연속적으로 개발되기 시작했다. 그러면서 완전히 새로운 도시로 거듭났다. 정부대전청사가 들어서며 도시성장은 더욱 속도를 냈다. 시골스러웠던 유성지역도 봉명지구, 노은지구, 도안지구가 차례로 개발되며 대전 최고의 주거지역으로 부상하기 시작했다. 20여 년 만에 인구도 150만 명으로 대폭 늘었다.

대전이 완전히 중도시의 틀을 벗어던지고 대도시로 변모해가는 과정을 직접 목격했다. 고향에서는 청소년기까지 15년을 살았다. 중학교를 졸업한 후 고등학교 진학을 위해 청주로 나갔고, 청주에서 3년 생활한 이후 줄곧 대전에서 살았다. 고향에서는 15년을 살았지만 대전에서는 23년을 살았다. 고향에는 학교를 같이 다닌 친구들과 몇 안 되는 마을 이웃을 알 뿐이지만 대전에는 지인들이 무수히 많다.

이제 나는 누가 뭐래도 대전 사람이 됐다. 이 곳 대전에서 결혼을 해 가정을 꾸렸고, 두 아들을 낳았다. 대전이란 도시에서 처음으로 내 명의의 자동차를 구입했고, 내 명의의 아파트도 샀다. 대전시에 자동차

세와 재산세를 내고 있다. 대전의 구석구석 안 가본 곳이 거의 없다. 대전을 떠날 생각이 전혀 없으니 이 곳 대전은 내가 꾸준히 사랑해야 할 도시이다.

그런 대전이 시 개청 100주년을 맞았다. 시골마을에 불과하던 대전은 경부선 철도가 개통하면서 일약 교통도시로 부상했고, 삽시간에 성장해 대한민국에서 다섯 번째로 큰 도시가 되었다. 대전시 100년 역사 중 내가 지켜본 세월은 불과 20여 년이다. 고향이 아니므로 대전은 내게 타향이고 객지이다. 그러나 단 한 번도 내게 객지 서러움을 주지 않은 도시이다. 토호세력들의 텃새가 없는 도시이니 나처럼 외지에서 정착한 이들이 불편할 것이 없었다.

외지에 며칠 간 여행을 갔다 올 때 대전진입 푯말을 보면 마음이 갑자기 편안해진다. 외지에서 대전 사람을 만나면 고향 사람보다 더 반갑다. 대전은 이제 내게 그런 도시가 됐다. 너무도 푸근하고 사랑스러운 도시가 됐다. 그래서 정년 이후에도 고향으로 돌아가지 않고 대전에서 살겠다고 다짐했다. 누구를 만나도 난 대전에서 계속 살아갈 것이라고 말한다. '정 들면 고향'이란 말을 대전에 살면서 실감한다. 내게 대전 이상 가는 도시는 어디에도 없다.

이름 없는 작은 마을에 불과하던 대전이 시 승격 100주년을 맞았다. 예부터 한국인이 몹시도 상서로운 숫자로 여겨온 100. 100은 완전을 의미하고, 더불어 장수를 의미한다. 100년을 채운 대전은 여러모로 완전한 도시가 됐다. 국제적 대도시가 됐고, 한국의 과학기술 요람으로 성장했다. 각종 조사에서도 '대한민국에서 가장 살기 좋은 도시'의 한 곳으로 빠짐없이 선정된다.

누구나 자신이 정 붙인 곳이 최고라고 말한다. 대개의 사람들은 자신이 거주하고 있는 고장이 가장 살기 좋은 곳이라고 여기고 있다. 그렇기 때문에 그곳에서 살고 있는 것이다. 나 역시 대전에 정 붙이고 살고 있으니 대전이 최고의 도시라고 말할 수밖에. 대전의 장점에 대해 누구는 교통이 좋아서 좋다하고 누구는 천재지변이 없는 평온한 곳이어서 좋다고 한다. 다 옳은 이야기다. 여기에 덧붙여 나는 텃새가 없어 누구라도 적응하고 살 수 있는 도시라는 점을 부각시키고 싶다.

시 승격 100년을 맞은 대전. 엑스포 개최 이후 비약적인 발전을 이루고 이어 고속 성장을 계속한 대전은 국제적 도시로 성장해가고 있다. 그러면서도 도심 한 가운데서 차량으로 불과 20분만 이동하면 멋스러운 자연 풍광을 만날 수 있는 도시이다. 첨단과 자연이 묘합하며 발전하는 도시, 전국 각지에서 모인 이들이 조화롭게 살아가는 도시, 그곳이 대전이다. 대전에 살고 있어 나는 행복하다.

# 사라진 위인전기

결혼 후 아내의 뱃속에 첫 아이를 갖게 됐을 때 어느 집이나 그러했듯 반갑고 기쁜 마음에 태어날 아이를 위한 이것저것을 준비하기 시작했다. 아기용품점을 찾아가 신기한 듯 이것저것을 사들이며 태어날 아이가 사용할 물품들을 하나둘 장만했다. 아이가 태어나기도 전부터 아이를 위한 갖가지 용품들을 준비하는 것 자체가 예비 엄마와 아빠에겐 큰 즐거움이었다.

아이가 사용할 물품들은 하나같이 앙증맞고 귀여웠다. 우리 아이가 그 용품들을 사용하는 모습을 상상하는 일은 경험해본 사람들만 알 수 있는 즐거움이었다. 그래서 아이가 태어나기 몇 달 전부터 집안에는 아이용품들이 쌓이기 시작했다. 옷가지며, 장난감이며, 목욕용품에 이르기까지 셀 수도 없을 만큼 많은 물건들이 차곡차곡 집안 곳곳에 채워졌다. 그러면서 혹여 뭔가 빠진 것이 있을까 수시로 점검하며 손꼽아 아이의 탄생을 기다렸다.

이 무렵 아내에게 한 가지를 당부했다. 그 당부는 아이 용품을 무엇이든 사는 것은 좋으나 전집도서는 절대 사지 말라는 것이었다. 아이 책을 전질로 구입해서 쌓아놓고 정작 제대로 활용하지 못하는 가정을 무수히도 많이 보았기 때문에 그런 당부를 했다. 신생아 단계를 넘어서 아이가 그림과 글을 깨우쳐 갈 때도 절대 전질 도서는 구입하지 말라고 아내에게 당부했다.

나 역시 많은 전집 도서를 구입해봤지만 알뜰하게 책을 읽은 적은 손으로 꼽을 정도였다. 정말 읽고 싶은 책이 있으면 한 권씩 구입해야 알차게 읽을 수 있다는 사실을 경험을 통해 습득했기 때문이었다. 특히 아동 도서는 소장 가치가 없고 짐만 된다는 생각을 갖고 있었기에 아내에게 각별히 전집을 구매하지 않도록 당부했다. 아내 역시 내 말에 동감해 아이를 위한 전집 도서를 구입하지 않았다. 우리 내외는 쌓아놓고 읽지 않는 책이 전집이란 공통된 생각을 가졌던 것이다.

내가 어린 시절 학교에 가지 않는 휴일에 집에 머물면서 수시로 월부 전집 도서 판매원이 집을 방문했던 기억이 있다. 내가 자란 고향은 시골 중에도 시골이었지만 꽤나 자주 월부책 판매원이 드나들었다. 그러니 도시지역은 훨씬 더 월부 책 판매원의 가가호호 방문이 많았을 것으로 생각된다. 판매원들은 온갖 교태를 부려가며 부모들을 설득해 전집 도서를 판매했다. 한 집에서 사면 옆집도 옆집도 덩달아 전집도서를 구입했던 기억이 난다.

그런 덕에 거의 모든 집에는 몇 질의 전집도서가 구비돼 있었다. 그 대표적인 것이 '세계위인전기전집' '소년소녀문학전집' '세계문학전집' '한국문학전집' 등이었다. 그래서 우리 집에도 몇 질의 전집 도서가 있었다. 아무리 심지가 굳은 부모라도 월부책 판매원들의 끈질긴 영업에 넘어가지 않을 수 없던 것 같다. 실제로 어린 시절 기억을 되짚어 보면 대개의 가정에는 기본적인 전집 도서가 갖춰져 있었다.

그 가운데도 어린 아이를 둔 가정에서 '위인전기전집'을 갖추는 것은 필수 중의 필수였다. 위인전집은 세종대왕, 이순신, 강감찬, 을지문덕, 류관순, 안중근, 이황과 이이 등 한국 위인을 비롯해 워싱턴, 링컨, 노벨, 나이팅게일, 간디, 아인슈타인 등등의 세계 각국이 내로라하는 위인들의 일대기가 기록돼 있었다. 그래서 당시에 유년기를 보낸 이들은 누구랄 것 없이 대부분 위인전기를 필독하며 자랐다.

나 역시도 열거한 많은 위인들의 전기를 읽었던 기억이 있다. 전기의 기록에 따르면 위인들은 하나같이 태몽부터 비범했고, 탄생의 배경도 남달랐다. 어린 시절의 모습은 강직하고 정의로웠고, 나이에 걸맞지 않게 큰 꿈을 가졌다. 그런 위인들의 전기를 읽으며 소년소녀들은 위인의 꿈을 키우며 자랐다. 지금 생각하면 몹시도 포장되고 각색된 부분이 많을 터인데 당시에는 그런 생각 없이 그들의 비범함을 무조건적으로 흠모했다.

'톰소여의 모험' '몬테크리스토백작' '안데르센 동화집' '이상한 나라의 엘리스' '피터팬' '십오소년 표류기' '로빈슨크루소' 등등으로 구성된 소년소녀문학전집과 '좁은 문' '대위의 딸' '안네의 일기' '백경' '대지' '쉘록 홈즈' '로미오와 쥴리엣' 등등이 주를 이루는 세계문학전집도 소년소녀들의 감성을 자극하기에 충분한 책들이었다. '메밀꽃 필 무렵' '소나기' '운수좋은 날' '상록수' '봄봄' 'B 사감과 러브레터' 등등이 필수인 한국문학전집도 마찬가지였다.

대개 위인전 전집이 가장 필수로 꼽혔고, 다음이 소년소녀세계문학전집, 그 다음이 '세계문학전집' 그 다음이 '한국문학전집' 등의 순으로 갖춰졌던 것으로 기억된다. 그러니 위인전 전집은 당시 극빈 가정이 아니라면 어느 집에 가더라도 갖춰져 있었다고 보면 될 것 같다. 우리 집에도 앞서 열거한 전집류가 모두 갖춰져 있었다. 모두를 읽은 것은 아니지만 거의 대부분의 책을 읽었던 것으로 기억된다.

언제 무슨 일로 그 많은 책들이 사라졌는지는 기억이 나지 않는다. 아마 내가 중학교에 다닐 무렵까지만 해도 그 책들이 거의 다 있던 것으로 기억된다. 우리집에서 전집류 책이 자취를 감추던 무렵 대개의 가정도 비슷하게 전집류 책들이 사라졌던 것 같다. 굳이 정확한 시점을 때져본다면 1980년대까지 유행했던 전집류 책들이 1990년대 들어서면서 각 가정의 책꽂이에서 사라진 것 같다.

전집류가 사라진 것은 여러 이유가 있을 것이다. 이 무렵 TV 오전 방송이 시작되면서 전체 방영 시간이 크게 늘었고, 가정마다 VTR이 보급되며 비디오 테이프가 크게 유행한 것은 다수의 출판사에게 큰 경영위기를 안겼고, 특히 전집류 책을 주로 출간하는 출판사에게는 직격탄이었던 것 같다. 전집류 책보다는 단행본을 선호하는 경향이 나타난 것도 이 무렵이 아닌가 생각해 본다.

이런 저런 이유로 전집류 책들은 서서히 역사 속으로 사라져 갔다. 하지만 그 때 살아남았고, 지금도 근근이 살아남아 명맥을 유지해 가는 전집류 책은 어린이 그림책이다. 어린이 그림책은 지금까지 살아남은 거의 유일한 전집류 도서이다. 아이를 둘이나 낳아 길렀지만 우리집은 그림책 전집조차 구입하지 않았다. 그저 다른 집에서 얻어온 몇 종류의 그림책을 아이들이 보았을 뿐이다. 그림책 외에도 아이의 인지능력 향상을 위한 교재가 너무도 많았으니 굳이 그림책으로 눈을 돌리지 않았다.

그림책부터 사지 않았으니 역사 속으로 사라진 위인전기 전집을 샀을 리는 만무하다. 그래서 내가 자라던 시절 필독서였던 위인전을 우리 아이들은 읽지 않고 자랐다. 우리 아이뿐 아니라 또래의 대부분 아이들도 아빠와 엄마 세대 때는 필독서였던 위인전을 읽지 않고 자랐다. 그래서 아이들은 위인들에 대한 환상을 갖고 있지 않은 것 같다. 하지만 객관적 역사 사실에 대해서는 대체로 잘 이해하고 있는 것으로 보인다. 그래서 자칫 위인의 삶을 업적 위주로 암기만 하고 있는 것 아닌가 싶은 우려감이 든다.

나이가 들고 세상을 알게 되면서 역사에 대한 이해의 폭이 넓어지면서 어렸을 때와는 조금 다른 위인에 대한 시각을 갖게 되는 부분도 있다. 하지만 다소 과장되고 편협한 시각에 의해 기술된 내용이었을지 몰라도 어린 시절의 나는 분명 전기에 기록된 위인들의 삶에 대한 비범한 기록들을 읽고 가슴 벅찬 감동을 느꼈던 것이 사실이다. 나도 이 같은 삶을 살아보겠노라고 나름의 각오를 다졌던 기억도 난다.

한참 세상을 알아가고 있는 두 아들에게 위인전을 읽을 기회를 주지 못한 것이 이내 아쉬움으로 남는다. 또 한참 감수성을 키워갈 무렵 국내외 굴지의 문학작품을 읽을 기회를 주지 못한 것도 후회스럽다. 물론 각종 첨단 미디어가 즐비한 요즘 세상에 굳이 전집류 책이 아니어도 아이들이 지식을 얻을 수 있는 방법은 무수하다. 그러나 아무래도 책을 선물하지 못한 것은 여전히 아쉬움으로 남는다. 책으로 또박또박 한자 한자 읽어 내려가면서 얻는 감동이 첨단 영상 미디어를 통해 얻는 지식이나 정보를 얻는 것과 분명 다른 점이 있다는 것을 누구보다 잘 알고 있기 때문이다.

앞서 나 나름대로 위인전이 사라지게 된 배경을 추측해 적어보았지만 실제 그런 이유 때문인지는 모르겠다. 그저 우리집 두 아이를 비롯해 많은 이 나라의 어린이들이 과거에는 필독으로 여겼던 위인전기를 읽지 않게 된 것이 내심 많이 서운하다. 더불어 전집류 도서를 절대 사지 말라고 아내를 만류했던 사실도 후회스럽다. 물론 위인전은 학교도서관에도 많고, 공공도서관 어디를 가도 넘쳐난다. 마음만 먹으면 손쉽게 구해 읽을 수 있다. 그러나 내방 내 책꽂이에 꽂혀있는 것과는 분명 다르다. 마음의 거리가 그만큼 가깝기 때문이다.

백범 김구의 위인전을 읽고 나라와 민족에 대한 남다른 감정을 느꼈던 내 어린 시절 감동을 아이에게 전해주지 못한 것이 아쉽다. 조지워싱턴의 전기를 읽고 거짓말을 하면 안 된다는 가르침을 얻은 순진하기 짝이 없는 어린 시절 내 감정을 아이들이 느낄 기회를 만들어주지 못했다는 점이 미안스럽다. 초등학생 필독서인 위인전기를 접할 기회를 만들어주지 못했으니 중학교 입학 선물로 아빠가 읽었던 세계소년소녀문학전집을 준비해줄까 생각 중이다.

더 나이가 들어 소년소녀문학전집을 읽을 수도 있겠지만 소년소녀문학전집은 말 그대로 소년소녀 시절에 읽어야 제 맛이다. 그래서 굳이 소년소녀문학이란 이름이 붙었다. 그 나이에 읽어야 저자가 안겨주려는 감동을 제대로 받아들일 수 있다. 어린이는 어린이 책, 성인은 성인 책을 읽어야 하듯 청소년들은 청소년 도서를 읽어야 한다. 청소년 도서를 성인이 돼 읽으면 절대 그 감동을 느낄 수 없다. 성인이 돼 위인전기를 읽고 별다른 감흥을 느끼지 못하는 것과 같다.

이제껏 두 아들에게 공부하라고 강요한 적이 없다. 오히려 아이 때는 노는 것이 공부라면서 놀라고 권했다. 거기까지는 좋았는데 나이에 합당한 독서조차 권하지 않았다. 철저한 나의 불찰이다. 나이에 걸맞은 적절한 수준의 독서를 통해 사고를 키우고 감정의 깊이를 더한다는 사실을 알면서도 아이에게 독서를 권하지 못했다. 어쩌면 위인전기를 비롯한 전집류 도서가 자취를 감추어버린 것은 나를 포함한 부모들의 무지함 때문일 수 있다.

인터넷이 연결되는 컴퓨터 한 대만 있으면 책 수백 수천 권 분량의 정보를 얻을 수 있고, 백과사전을 비롯해 세계 각국의 사전까지 갖는 셈이니 무겁고 공간을 많이 차지하는 전집류 책들을 집에 비치하는 것은 구시대적일 수 있다. 더욱이 스마트폰을 통해 컴퓨터의 모든 기능도 활용할 수 있으니 각 가정에서의 도서류 퇴출은 당연한 일일지 모른다. 공공도서관도 날로 확충돼 마음만 먹으면 손쉽게 책을 접할 수 있는 공간이 있으니 책을 집에 두지 않으려는 것은 어쩌면 시대적 상황인 듯하다.

어린 시절 왜 부모와 선생님과 선배들이 책을 읽으라고 그토록 권하는지 알지 못했다. 모든 일이 그러하듯 세월이 한참 흐른 뒤에야 스스로 깨달을 수 있었다. 이제야 독서를 왜 해야 하는지 마음으로 이해하고 있다. 식물이 자라며 적정한 시기에 비료를 주고, 김을 매주어야 하듯 성장기인 아동기와 청소년기에는 적절한 수준의 독서가 절대 필요하다. 위인전기와 문학전집이 가정에서 사라지게 한 것은 이 시대를 살아가는 모든 부모들이 함께 반성해야 할 일이다. 나도 반성하고 있다.

# 유부우동

내가 어려서 자랄 때는 외식이란 문화가 없었다. 일년 내내 집에서 식사를 해결했을 뿐, 식구들이 모두 나가 뭔가 별미를 찾아 식당에서 끼니를 해결한다는 것은 상상 밖의 일이었다. 아버지는 가끔 친구들을 만나고 모임을 가지시며 바깥 식사를 하실 일이 더러 있었을지 몰라도 나머지 식구들은 여간해 집 밥 이외의 식사를 할 일이 없었다. 이웃집에서 가끔 밥을 먹을 일이 있지만 외식과는 다른 차원이었다. 그나마 식당에서 밥 이외의 음식을 맛보는 것은 졸업식 날 짜장면을 한 그릇 먹는 것이 전부였다. 나만 그랬던 것이 아니라 내 또래들이 모두 같은 모습으로 살았다. 우리 집만 그랬던 것이 아니라 당시 가정은 대부분 그러했다.

내가 직장생활을 시작할 무렵, 한국에 마이카 바람이 불었다. 웬만한 직장인들은 자신의 차를 갖게 됐다. 이 무렵부터 식구들끼리 음식점을 찾아가 외식을 하는 일도 새로운 문화의 트렌드로 자리를 잡아가기 시작했다. 집집마다 자동차가 생기며 자연스럽게 외식을 하는 문화도 덩달아 자리를 잡기 시작한 것이다. 이때가 한국이 1인당 국민소득 1만 달러를 돌파할 때였다. 역시나 1인당 국민소득 1만 달러 시대는 많은 전문가들이 예측했던 대로 국민 개개인의 생활이 변화하기 시작했다.

95년 사회생활을 시작한 나는 입사 3개월 만에 스물일곱 살 나이에 중고차 한 대를 구입했다. 내가 차를 구입하겠다고 구상했던 것은 30대 중반쯤이었지만 입사 직후 차를 살 수밖에 없는 상황이 왔다. 차를 구입하고 나서 내 생활도 바뀌기 시작했다. 직장이 있는 대전에서 음성 시골집까지는 대중교통을 이용할 경우, 시내버스를 타고 터미널로 가서 다시 두 번의 시외버스를 시간 맞춰 갈아타며 3~4시간을 가야 하는 여정이었지만 차를 직접 몰고 가면 한 시간에 다다를 수 있었다. 오고 가는데 큰 불편함이 없던 까닭에 미혼이던 나는 시골에 부모님을 뵈러 가는 일이 잦았다.

시골에 갈 때마다 부모님을 모시고 외식을 하고 싶은 마음에 여러 번 보챘지만 두 분 모두 요지부동이셨다. 두 분은 약속이라도 하신 듯 "집에 밥 놔두고 뭐 하러 비싼 돈 내고 식당에서 밥을 사 먹느냐"며 꿈쩍도 않으셨다. 아무리 달래도 소용이 없을 지경이었다. 평생 외식이란 걸 안 해보신 분들이어서 돈을 지불하고 밥을 사먹는 일이 용납되지 않으셨던 것 같다. 시대가 변했다고 아무리 설명해도 소용없는 일이었다. 매번 집에 갈 때마다 두 분을 상대로 설득도 하고 부탁도 했지만 좀처럼 마음을 바꾸시지 않았다. 평생 살아온 습관을 바꾸는 일이 어디 그리 쉬웠겠는가.

얼마가 지나 부모님은 한두 번씩 따라 나서기 시작하셨고 서서히 외식에 대한 생각을 바꾸시게 됐다. 식당에 가보면 다른 집 식구들이 외식하는 모습을 자주 보게 되고, 그러면서 조금씩 생각을 바꾸셨던 것 같다. 그러나 결코 비싼 음식을 드시지 않았다. 그저 검박한 외식을 원하셨다. 아무튼 1년이 지나고 2년이 지나며 부모님들의 외식에 대한 생각은 많이 유연해졌고, 조금씩 개방됐다. 아버지는 내가 직장생활 1년 반 남짓 했을 때 50대 중반의 나이로 세상을 등 지셨다. '지금 같으면 돌아가실만한 병은 아닌데…' 싶은 마음이 아직도 간절하다.

내가 직장생활을 시작한 지 20년이 됐고, 결혼을 해서 아이들도 낳고 처음 직장생활을 시작할 때와 비교하면 가정 형편도 나아졌다. 1인당 국민소득도 2만 달러를 뛰어넘어 3만 달러 시대로 돌진하고 있다. 지금도 시골집에 가면 어머니를 모시고 외식을 하자고 권한다. 여전히 "집에 있는 반찬하고 먹지 뭘 또 나가서 먹니?" 하시지만 전처럼 애를 먹이시는 일 없이 잘 따라 나서신다. 때로는 '어느 집에 무슨 음식이 맛있다고 하더라' 하시며 외식 메뉴를 알선하시기도 한다. 20년 전 요지부동 하실 때와 비교하면 참 많이 변하셨다는 생각을 혼자 해본다. 처가 장인 장모님도 마찬가지이시다. 처음에는 그렇게 마다하시더니 이제는 주저 없이 따라 나서시는 편이다.

어머니를 모시고 가끔 승용차로 이동하는 일이 있다. 서울 큰 누이 집에 가고 싶어 하시거나 이모들을 만나고 싶어 하시거나 하면 내가 주로 모시고 다닌다. 그럴 때는 주로 고속도로를 이용하게 된다. 그러니 휴게소를 들를 때도 많다. 한 번은 어머니가 한 휴게소에 내리시더니 "애비야, 여기서 유부우동 한 그릇 먹고 가자" 하신다. 여간해 무엇이 먹고 싶다는 얘기를 좀처럼 하시지 않는 분이 구체적으로 메뉴를 대며 드시고 싶다고 하시니 반가운 노릇이다. 그래서 한 그릇을 사 드렸더니 국물 한 방울 남기지 않고 아주 맛있게 모두 드신다. 그 뒤로도 언젠가 다른 휴게소에서 또 "유부우동 한 그릇 먹고 가자" 하신다.

그런 일이 있은 후로부터 나는 어머니를 모시고 차를 운전하다가 고속도로 휴게소를 들르게 되면 곧 "유부유동 한 그릇 하실래요?" 라고 묻기 시작했다. 목적지가 임박하거나 식사를 마치고 출발한지 얼마 되지 않았거나 하는 등의 특별한 경우를 제외하고 어머니는 유부우동을 드셨다. 나는 처음으로 '어머니에게도 좋아하는 음식이 있구나' 하는 생각을 했다. 지금껏 좋은 음식을 많이 대접해 드리지 못한 것이 못내 죄송스러웠다. 늦게라도 어머니가 좋아하시는 음식이 무엇인지를 알게 된 것은 다행스러운 일이다. '그저 값싼 우동 한 그릇인데 평소에 혼자는 사드시지 않겠지' 하는 생각도 들었다.

난 요즘 어디를 가서 유부우동을 비롯한 일본식 우동을 보면 어머니가 생각난다. 할머니 입맛을 닮았는지 두 아들도 일본식 우동을 아주 좋아한다. 그래서 가끔 우동을 집에서 조리해 먹기도 하고, 외식을 할 때 메뉴로 선택하기도 한다. 우동을 먹을 때마다 어머니가 생각난다. 그러면서 혼자 '훗날 어머니가 돌아가시고 나서 우동을 보면 어머니 생각이 얼마나 간절할까' 싶은 생각을 하며 울컥 하기도 했다. 왠지 가슴이 뭉클해온다. 평생 맛있는 음식 한 번 제대로 사 드셔보지 못했을 것을 생각하니 서글프고 애처롭다. 시대가 변하여 대개의 가정은 한 주에도 몇 번씩 외식을 한다. 어머니가 집 밖에서 돈을 내고 식사를 한 것은 불과 몇 년 전부터이다. 노인들 대개가 그런 생활을 하셨다.

언젠가부터 나도 고속도로 휴게소에 들르면 유부우동을 한 그릇 사 먹는다. 유부우동을 먹을 때마다 어머니를 생각하는 것은 당연하다.

무척이나 시원하고 끌끔한 국물 맛이 유부의 고소한 맛과 제대로 어울리는 유부우동. 맛이 비슷한 어묵우동이나 튀김우동 등도 있지만 유독 어머니는 유부우동을 좋아하신다. 유부우동은 나도 좋아하는 음식이지만 일부러 찾는 메뉴는 아니었다. 하지만 이제는 우동을 먹을 일이 생기면 유부우동을 먹으려 한다. 유부유동을 먹을 때마다 어머니에 대한 감정이 새롭게 다가오기 때문이다. 어머니가 자식, 손자들과 더불어 유부우동을 드실 날이 얼마나 남았을까를 생각하니 서글프기 짝이 없다.

오늘 저녁에 막내 영연이와 둘이서 동네 마트 푸드 코트에서 우동을 먹고 왔다. 엄마와 형이 나들이를 떠나고 집에 아빠와 둘이 남게 된 영연이에게 저녁에 무엇을 먹겠느냐고 물으니 우동을 사달란다. 아직 어린 영연이는 먹는데 충실했지만 나는 같은 우동을 먹으며 어머니 생각이 간절했다. 당장이라도 달려가 우동 한 그릇을 사드리고 싶은 생각이 들었다. 어쩌면 아이들이 우동을 그토록 좋아하는 것도 할머니 입맛을 닮은 까닭이 아닐까 싶다. 아이들이 우동을 좋아하니 앞으로도 우동을 먹을 일은 많을 것이다. 그 때마다 나는 늘 어머니를 생각하게 될 것이다. 어머니가 아들에게 처음 사달라고 말씀 하셨던 음식이 바로 유부우동이다. 그래서 잊을 수가 없다.

# 축구와 족구

사람마다 체력의 차이가 있고 운동신경의 발달 정도가 확연히 다르니 우열이 나뉘게 마련이다. 무슨 운동을 해도 만능인 사람이 있는가 하면 반대로 아무리 배우고 익혀도 타고난 재주가 모자라 운동을 하는데 민첩하지 못한 사람이 있다. 체력도 큰 차이가 있어 오랜 시간 운동을 해도 지칠 줄 모르는 사람이 있는가 하면 금세 체력이 고갈돼 헐떡거리며 주저앉는 사람도 있다. 배우고 익히기를 꾸준히 하고 체력을 기른다면 차이는 좁혀지겠지만 그 또한 말처럼 쉽지는 않다.

여성이라면 운동을 잘 하고 못하는 것이 함께 어울려 집단생활을 하는데 큰 불편을 초래하지 않지만 남성은 사정이 다르다. 특히 중장년이 되기 이전 유소년기나 청년기를 거치는 동안, 남성들은 수시로 어울려 운동을 함께 해야 하는 일이 생기고 이 상황을 피해가기란 쉽지 않다. 여럿이 모인 자리에서 운동을 할 때 빠지지 않는 종목이 축구와 족구이다. 농구와 배구를 하는 경우도 있지만 골대나 네트 등이 갖추어져야 한다는 한계점 때문에 쉽게 접근하지 못한다. 반면 축구와 족구는 골대와 네트가 없더라도 약식으로 금세 만들 수가 있어 쉽게 경기에 임할 수가 있다. 그래서 축구와 족구를 하는 모습은 어디서든 쉽게 목격된다.

남자의 경우, 연령별로 체육활동이 이루어지는 모습을 지켜보면 초등학교 때는 그저 잘 달리고 줄넘기, 훌라후프 등을 잘 이용하면 무난하다. 중학생이나 고등학생 쯤 되면 농구를 잘 해야 친구들 사이에서 인기가 있다. 대학생 이상이 되면 족구를 함께 즐기는 일이 잦아진다. 특히 군 복무를 마치고 사회에 돌아오면 족구를 하는 횟수가 더욱 늘어나게 된다. 사회인이 된 후에도 족구는 계속된다. 직장 야유회든, 동문회든 사람이 모이는 자리에서는 으레 족구경기가 펼쳐진다. 40대 초반이 되면 골프를 하는 부류와 안 하는 부류가 나눠진다. 이 모든 과정과 무관하게 계속되는 운동이 있으니 바로 축구이다. 축구는 언제나 가장 기본종목이면서 가장 중요한 종목으로 취급받고 있다.

이래저래 가장 보편적으로 많이 즐기는 운동이 바로 공을 이용한 축구와 족구이다. 그런데 공교롭게도 내가 가장 못 하는 운동이 바로 축구와 족구이다. 학교생활을 하고, 군 복무를 하고, 사회생활을 하고 동안 축구와 족구는 무던히도 나를 괴롭혔다. 할 줄도 모르고, 좋아하지도 않는데 사람들은 모이기만 하면 공을 가지고 와서는 축구와 족구 경기를 하기 위한 편을 가른다. 인원수가 여유가 있으면 모를까 겨우 팀을 꾸릴 정도가 되면 본인의 참여 의지가 상관없이 선수 명단에 이름이 올라가고 포지션이 주어지는 경우가 허다하다. 그러나 즐기지 않는 사람에게 축구나 족구가 진행되는 시간은 참으로 고통스러운 시간이다.

가뜩이나 재주가 없어 기가 죽어 있는데, 실수라도 저지르면 면박을 주기 일쑤이고, 상대의 속도 모른 채 수준 높은 경기를 요구한다. 나 역시 이런 상황을 한두 번 겪은 것이 아니다. 비슷한 상황을 겪을 때마다 얼마나 고역스러웠는지 모른다. 발 재주가 없어 축구나 족구를 잘 못하는 것만으로도 스트레스가 심한데 주위에서 면박까지 주면 고통지수는 더욱 커진다. 이런 일이 잦아지면서 축구나 족구 경기를 할 것으로 예상되는 모임에 나가는 것조차를 꺼리는 일이 생기게 됐다.

축구와 족구를 못 하는 내가 다른 운동을 잘 한다는 얘기는 절대 아니다. 타고나기를 운동에 소질이 없게 태어났으니 다른 운동이라고 잘 할리는 만무하다. 모든 운동을 잘 못한다. 체력도 많이 떨어지는 편이다. 대개 사람들은 자신이 잘 할 수 있는 일에 흥미를 갖게 되고 그것을 하면서 즐거움을 얻는다. 운동을 잘 하는 사람은 모두가 운동을 좋아한다. 반대로 운동에 소질이 없는 사람은 운동하는 일을 괴로워한다. 술을 즐기지 않는 사람에게 술자리는 고역이고, 노래 부르기를 못하는 이에게는 노래방이 지옥이다.

운동을 잘 못하는 것이 내 인생의 큰 콤플렉스이다. 특히 축구와 족구를 못하는 것은 크나큰 괴로움이었다. 그렇다고 농구나 배구를 잘하지도 못한다. 골프를 배웠지만 그도 소질이 없다. 공으로 하는 운동은 모두 바닥 수준이다. 내가 평소 즐기는 운동은 걷기와 등산 정도이다. 누구와 경쟁하고 스코어를 매기는 운동을 그다지 좋아하지 않는다. 그냥 혼자 이런저런 생각을 하면서 걷고 산에 오르면서 운동하기를 좋아한다. 특히 경치 좋은 산을 찾아가 온힘을 다해 정상에 오르는 등산은 인간이 할 수 있는 최고의 운동이라고 극찬하고 싶다. 정상에 올랐을 때의 쾌감이 좋고, 산을 오르는 동안 펼쳐지는 아름다운 자연의 모습을 감상하는 일이 너무도 좋다.

여럿이 만나면 으레 하게 되는 축구와 족구로 인해 많은 스트레스를 받았다. 이제 나이 마흔을 훌쩍 넘어 쉰을 향해 가다보니 축구나 족구를 하자고 제안을 받는 일이 많이 줄었다. 오히려 좋은 산에 등산 한 번 같이 가자고 하는 제안을 받는 경우가 많아지고 있다. 누군가 등산을 하자고 제안할 때 스트레스를 받는 일이 없다. 시간이 허락되면 흔쾌히 응하는 편이다. 등산은 일부러 날을 잡고 준비를 해야 하는 부담이 있지만 걷기는 그런 부담조차 없다. 그래서 시간이 되면 혼자서 한 시간 남짓 걷기를 즐기는 일이 많다.

중년이상의 연령에 가장 적합한 운동이 걷기와 등산이라고 들었다. 나 역시도 내가 직접 하면서 걷기와 등산이 얼마나 좋은 운동인지를 몸으로 느낀다. 이제 축구와 족구를 의무적으로 해야 하는 상황을 피할 수 있는 나이가 된 것이 기쁘다. 내가 내 의지대로 내 시간에 맞게 운동을 할 수 있게 돼 참으로 좋다. 아직 내 또래들 가운데는 걷기와 등산의 맛을 느끼는 이들이 많지 않다. 하지만 그들도 머지않아 다른 무슨 운동보다도 걷기와 등산을 좋아하게 될 것이라고 확신한다. 걷기와 등산은 노인들의 운동이 아니다. 모든 연령에 가장 좋은 운동이라고 생각한다. 걷자. 그리고 산에 오르자. 나만의 진정한 즐거움을 찾기 위해. 그동안 나를 무던히도 괴롭혔던 축구여, 족구여 이젠 이별을 고해도 될 것 같다.

# 서점 유감

내 스스로를 평가하건데 책 읽기를 즐기고 공부를 좋아하는 학구적인 사람은 못된다. 하지만 책 사기를 좋아하고 한 번 산 책을 함부로 버리지 않는다. 그래서 작은 서재를 갖고 있고, 그 곳에 족히 수백 권은 될 책을 갖고 있다. 갖고 있는 책을 모두 읽은 것도 아니고, 모든 책을 값을 지불하고 산 것도 아니다. 하지만 내가 갖고 있는 모든 책들이 내겐 소중하다. 그래서 나름 애지중지 하며 아낀다. 함부로 낙서를 하지도 않고 험하게 다루지도 않는다. 이사할 때마다 책 때문에 고역을 치르지만 그래도 절대 버리지 않는다.

자주도 못 가고 일부러 찾기도 어렵지만 기회가 되면 서점을 자주 찾는다. 약속과 약속 사이 한두 시간 여유가 생길 때 서점을 찾는 경우가 많다. 그곳만큼 분위기 있고, 재미있는 곳이 없다. 돈 한 푼 없이 들어가서 몇 시간을 보낼 수 있는 곳이 서점 말고 또 있을까 싶다. 책은 냄새도 좋다. 종이냄새와 잉크냄새가 섞인 야릇한 냄새이다. 참 괜찮은 냄새이다. 수십권 수백 권의 책을 뒤적거려도 주인이나 점원이 핀잔하거나 나무라지 않는다. 서점을 찾는 사람들은 하나같이 인상이

유순하고 차림새도 단정하다. 그래서 더욱 좋다.

대개는 '잠시 둘러나 보다 가야지' 마음먹었다가 서너 시간을 보내기도 하고, '그냥 구경이나 하다 와야지' 생각하고 갔다가 여지없이 한두 권을 들고 나오게 된다. 때로는 시간을 빼앗는 곳이고, 때로는 주머니를 털어가는 곳이지만 서점은 즐거운 공간이다. 누군가를 만나야 할 때 서점에서 만나기로 하면 왠지 상대에게 신뢰가 간다. 서점에 가려면 왠지 지적이고 청순함이 물씬한 아름다운 여인을 만날 것 같은 기대감도 생긴다. 그런 기대감을 갖는 것도 서점을 찾는 재미 중의 하나이다.

하지만 서점에 가면 마음이 불편해지는 일이 있다. 갈 때마다 서운함을 크게 느끼고 오는 경우가 많다. 즐거운 마음으로 잔뜩 기대에 부풀어 들어갔다가 기대감이 실망으로 변질되는 때가 있다. 서점에서 팔지 않았으면 좋겠다고 생각하는 서적류나 책과 무관한 문구류들이 판매되고 있기 때문이다. 시대가 변해 책을 읽는 인구가 줄어들고, 서점들의 경영이 최악으로 치달아 어쩔 수 없는 일이라고는 하지만 서운한 것은 어쩔 수 없다.

서점에서 팔지 않기를 바라는 책이란 학습 참고서류와 자기계발서류를 지칭하는 것이다. 적어도 참고서는 서점이 아닌 학교 앞 문방구에서 판매되었으면 좋겠다. 초등학생의 중간고사, 기말고사 대비 문제집이나 중고생의 반편성고사 대비 문제집 등이 서점에서 판매되는 것은 왠지 내키지 않는다. 그래도 문제집이나 참고서는 이해할 만하다. 팬시류라 불리는 노트와 수첩, 필기류, 사무용품 등이 판매되는 경우도 허다하다. 그건 아니라고 본다. 들리는 말로는 대개의 서점이 참고서나 문제집 등의 판매를 주 수입원으로 하고 일반 교양서적이나 전공서적 등의 판매는 오히려 부수적인 취급을 받는다고 하니 서글픈 일이다.

자기계발서도 문제이다. 서점 베스트셀러 판매대를 가득 메운 자기계발서는 참고서류와 더불어 서점 매출고에서 절대액을 차지한다고 한다. 나는 개인적으로 자기계발서는 책이 아니라고 생각한다. 어쩌면 현대인들에게 가장 필요하고 가장 도움이 되는 책이 자기계발서라고 할 수 있지만 내 생각은 다르다. 말장난에 불과한 책이 많고, 내용도 대동소이하다고 보고 있기 때문이다. 실제로 자기계발서를 살펴보면 공통적으로 나타나는 특징은 겉표지가 화려하고 제목이 지극히 직설적이면서 과장이 심해 구매자들의 구미를 자극하는데 치중한다는 점이다. 내용은 부실하고 여백과 삽화가 많아 성의 없이 제작됐다는 점도 자기계발서의 공통점이다.

특히 자기계발서도 아닌 재테크 서적류나 다이어트 지침서 등은 과장의 정도가 자기계발서보다 한 수 위이다. 그 책을 집필한 사람이 그렇게 돈을 많이 벌었는지, 많이 먹고도 체중을 감량했는지 모르겠다. 재테크나 다이어트 등 관련 책들은 그저 판매를 위해 제작됐을 뿐 저자의 영혼이 녹아 있지 않다는 생각이 든다. 이 보다 더 한심한 책은 자녀교육서로 아이를 천재로 키우는 방법을 소개한다. 명문대 가는 법을 일러준다. 내용을 살펴보면 어이없기 짝이 없다. 그런데도 그런 부류의 책들은 날개 돋친 듯 판매된다. 반면 순수 문학서적이나 교양서적, 전공서적 등은 먼지가 쌓여간다. 안타까운 일이지만 받아들일 수밖에 없는 현실이다.

우리 한국인은 참으로 간절히 성공을 바란다. 하지만 성공이라기보다는 입신이란 표현이 맞을 것 같다. 한국인이 학구적이란 표현도 실상은 맞지 않는다. 학문을 좋아하기 보다는 그저 학벌을 쌓아 자신을 포장하는 것을 좋아하는 성향일지 모른다. 그러니 내면적 성숙을 기할 수 있는 책은 팔리지 않고 참고서나 수험서, 자기계발서 등이 서점의 매출을 쥐락펴락 하는 형국이 벌어진다. 안타까운 일이다. 어쩌면 서점과 문방구, 수험정보센터 등의 경계가 무너지고 있는 것이 현 시대의 새로운 경향 아닌가 싶다.

서점에 대해 서운한 점도 많지만 고마운 마음이 더 큰 것은 인터넷을 통한 서적 판매가 일반화 되면서 매장을 갖춘 서점들이 하루가 멀다고 폐점하는 일이 이어지고 있는 가운데 일부 서점들이 굳건히 전통적인 서점을 운영하고 있다는 점이다. 인터넷 서점을 이용하면 시간을 절약할 수 있는 것은 물론이고, 직접 나서는 불편에서 벗어날 수 있고, 가격도 저렴하게 책을 구입할 수 있다. 그러니 온라인을 통한 책 거래가 앞으로 더욱 확산될 것은 당연하다. 이런 가운데 척박한 환경을 극복해가며 매장을 갖춘 서점을 운영하는 이들에게 얼마나 감사한지 모른다.

서점이 과거와 달리 잡지류나 만화, 수험서, 참고서, 자기계발서, 재테크 및 다이어트 관련 서적 등의 판매를 통해 명맥을 유지해 가고 있다는 사실은 가슴 아픈 일이다. 하지만 현실이다. 그런 서적류의 판매가 뒷받침되지 않는다면 이 땅에서 서점은 영영 사라질 지도 모른다. 불과 수년 사이에 비디오테이프 대여점이 사라지고, 쌀가게가 자취를 감춰버렸듯이 말이다. 그러나 화려하지만 별 실속이 없는 자기계발서류가 서점의 중심부에서 사람들의 발걸음을 가장 많이 불러 모으는 현실이 달갑지 않은 것은 사실이다. 입신하지 않아도 성공할 수 있다는 사실을 믿는 내가 어리석은 것인가. 학벌이 남만 못해도 즐거운 삶을 살아갈 수 있다는 나의 소신은 이상에 불과한 것인가. 서점에 들를 때마다 스스로 물어 본다.

# 대전과 칼국수

전주에 가면 비빔밥이 있고, 마산에 가면 아귀찜이 있다. 춘천에 가면 막국수와 닭갈비가 있고, 대구에 가면 막창이 있다. 이뿐인가 각 지역을 대표하는 향토음식의 종류와 수는 일일이 열거하지 못할 정도로 많고 다양하다. 그래서 내가 살고 있는 대전의 대표적 향토음식이 무엇인가를 생각해봤다. 외지인들은 대전의 전통음식이 없다고 말한다. 혹자는 대전역 가락국수를 이야기 하곤 한다. 대전 시민들조차 '대전엔 대표적인 향토음식이 없다'고 말하는 이들이 많다. 외지인들이 대전을 찾으면 꼭 먹어보고 싶어 하는 음식이 딱히 없다.

전주비빔밥이나 춘천닭갈비처럼 전국에 알려지지는 않았지만 대전에도 독특한 향토음식이 있으니 다름 아닌 칼국수이다. 전국 어디를 가보아도 대전만큼 칼국수 전문식당이 많은 곳이 없다. 전국 어디를 가보아도 대전처럼 다양한 방식으로 칼국수를 조리하는 곳이 없다. 대전처럼 시민들이 칼국수를 좋아하고 즐겨먹는 지역을 보지 못했다. 전국적으로 유명세를 타지는 못하고 있지만 누가 뭐라 해도 대전의 대표적 향토음식은 칼국수이다.

몇 해 전 대전시는 전문가 집단에 의뢰해 대전의 대표적 향토음식을 선정해달라고 주문했고, 그들은 무슨 이유에서인지 '삼계탕'을 대전의 대표적 전통음식이라고 발표했다. 그러나 다수의 시민들은 이해할 수 없다는 반응을 보이며 삼계탕을 대전의 대표음식이라고 인정하지 않았다. 나 역시 전문가들이 무슨 근거로 대전의 대표적 향토음식을 삼계탕이라고 발표했는지 이해가 되지 않았다. 시민들은 대외적인 인지도는 낮지만 대내적으로는 칼국수와 더불어 두부두루치기를 대전의 대표음식이라고 여기고 있다는 사실이 여러 조사를 통해 밝혀졌다.

실제로 대전 시민들은 참으로 칼국수를 즐겨 먹는다. 그런 만큼 칼국수 전문식당이 참으로 많다. 타 지역의 경우, 일반 음식점에서 칼국수를 구색 맞추는 메뉴 정도로 갖춰 놓은 경우가 많은데 대전은 칼국수를 전문으로 판매하는 식당이 참으로 많다. 대흥동에는 칼국수 전문 거리가 조성되기도 했지만 그 일대가 개발되면서 특화거리는 명성을 잃었다. 대흥동 칼국수 골목이 아니어도 대전 시내를 두루 다니다 보면 칼국수 전문 식당을 자주 목격하게 된다. 특히 관공서 주변은 칼국수 식당이 유난히 많다.

대전의 칼국수 식당은 몇 가지 특징이 있다. 특징 중 하나는 곁들여 먹는 음식이 발달돼 있다는 점이다. 곁들이는 음식은 무척 종류가 다양하지만 크게는 돼지고기 수육, 두부두루치기 또는 오징어두루치기, 두부김치 등이 손꼽힌다. 과거에는 두루치기 종류가 대세를 이뤘지만 언제부터인가는 대세가 돼지고기 수육으로 옮겨가고 있다. 돼지고기 사태나 목살, 뱃살 등을 삶아서 수육으로 만들어 새우젓을 찍어 쌈장과 함께 고추나 마늘을 넣고 상추나 배추에 싸먹는 것을 대전 시민들은 무척 좋아한다. 소주 한 잔을 곁들이기는 것은 불문가지이다. 몇몇 식당은 주 메뉴인 칼국수보다 수육을 잘 삶아 유명세를 타고 있다. 수육을 곁들인 칼국수를 대접하면 저렴한 가격이지만 누구 하나 서운하다고 하지 않는 것이 대전의 접대문화이다.

또 다른 특징은 칼국수 종류가 무척 다양하다는 점이다. 사골국물에 끓인 칼국수가 있는가 하면 조개국물에 끓이는 경우가 있고, 또 멸치국물에 끓이기도 한다. 별도의 육수를 내지 않고 그냥 호박, 감자를 넣고 끓이기도 한다. 손으로 반죽해 쫄깃한 식감을 살린 칼국수가 있는가 하면 기계국수지만 손칼국수 못지않은 인기를 구가하는 경우도 있다. 일명 얼큰이 칼국수라 하여 고춧가루를 풀어 붉은색 국물을 내는 식당도 있고, 엄청나게 많은 바지락을 넣고 국물을 내는 집도 있다. 칼국수를 건져내 소면처럼 양념장에 버무려 비빔칼국수를 내놓은 식당도 있다.

이처럼 대전의 칼국수는 종류와 맛이 다양해 기호에 따라 선택할 수가 있다. 대전 시민들은 누군가와 만나 인사를 나눌 때 "언제 같이 칼국수나 함께 한 그릇 합시다"라고 하는 경우가 많다. 시민들 가운데도 공무원들의 칼국수 사랑은 실로 대단하다. 어느 관공서든 주변에는 칼국수집이 즐비하고 어느 집이라도 점심시간이면 빈 자리를 찾지 못할 정도로 북새통이다. 그래서 지역 내 유명한 칼국수 식당 상당수가 관공서 근처에 자리 잡고 있다. 정확한 통계는 없지만 대전 공무원들은 적어도 1주일에 서너 번 이상은 칼국수를 먹는 것으로 알려져 있다.

80년 간 대전에 위치해 있던 충남도청이 새로운 도청이전신도시를 조성해 2013년 1월 1일을 기해 홍성과 예산 일대로 이전했다. 대전에서 적게는 수년 많게는 수십 년을 근무했던 도청 공무원들은 홍성과 예산으로 이전해 온 뒤 칼국수를 제대로 먹지 못해 극심한 금단 현상을 보였다. 자신들도 그토록 칼국수를 몸에서 주기적으로 원할 것이란 생각을 미처 하지 못했던 공무원들은 신도시 근처의 칼국수 식당을 찾아다니기 시작했다. 하지만 대전처럼 다양한 맛을 내지도 못했고, 돼지고기 수육을 준비하는 곳도 거의 없었다. 그래서 공무원들은 식당을 방문할 때마다 업주들에게 칼국수를 새로운 메뉴로 추가하고, 돼지고기 수육을 준비해보라고 권했다.

일부 식당 주인은 그 말을 허투루 들었지만 일부는 실제로 칼국수 메뉴를 특화시켰고, 전에 없던 돼지고기 수육을 삶아내기 시작했다. 공무원들의 말을 귀담다 듣고 수육을 곁들인 칼국수를 메뉴로 개발한 몇몇 식당들은 자신들도 놀랄 만큼 엄청난 대박 행진을 이어가고 있다. '아니면 말고' 식으로 새로운 메뉴를 준비했는데 대박이 터졌으니 식당 주인들은 놀라움을 감추지 못하고 있다. 칼국수 대박 소문이 이어지면서 새로운 칼국수 전문점을 준비하는 식당도 나타나고 있다. 신도시에 많은 건물이 들어서고 새로운 상권이 형성되면 1천여 명의 공무원들이 몰고 온 대전의 칼국수 문화가 홍성과 예산 일대에도 정착될 것으로 보인다.

뒤늦게 칼국수가 진정한 대전의 향토음식이고 대표음식이란 사실을 인지했는지 대전시와 중구는 2013년 대대적인 칼국수 페스티벌을 개최했다. 대전의 내로라는 칼국수 식당들이 한데 모여 다채로운 칼국수를 시민들에게 선보였고, 시민들은 지역 내 곳곳에 산재한 유명 칼국수 식당을 한데서 만날 수 있다는 사실에 환호했다. 무엇보다 칼국수가 대전의 대표음식으로 인정받았다는 사실을 무척 즐거워했다. 축제장을 찾은 시민들은 저마다 "이제야 칼국수가 대전의 대표음식으로 공식 인정을 받았다"며 당연한 결과라는 반응을 보였다.

대전에는 칼국수집이 많다. 아주 다양한 종류의 칼국수가 준비되고 곁들일 수 있는 음식도 다채롭게 존재한다. 그러나 춘천 닭갈비골목이나 대구 막창골목처럼 특정 업소가 밀집된 거리가 없다. 특화거리가 조성돼있지 않다는 점은 칼국수가 대전의 대표 향토음식으로 인정받지 못하는 여러 이유 가운데 하나가 되고 있다. 재료나 조리법이 각양각색이라는 점도 향토음식으로 자리 잡는데 부담으로 작용하고 있다. 그러나 누가 뭐라 해도 대전 시민들이 가장 사랑하고 즐기는 음식, 대전을 가장 대표할 만한 음식은 칼국수라는 사실을 시민들은 잘 알고 있다. 대전시민인 나도 칼국수를 사랑한다.

# 통 큰 부조(扶助)

어느 심리학자가 그랬다고 한다. 사람들은 작은 돈에 아등바등 하면서 큰돈에 대해서는 관대해진다고. 누구에겐가 수 만 원을 빌려줬으면 어떻게 해서든 받으려고 애를 쓰지만 수백 만 원 혹은 수천 만 원을 빌려줬다 못 받으면 '내 팔자려니' 하고 체념한다고 한다. 그만큼 큰돈에 대한 감각이 무뎌서 그렇단다. 생각해보니 나의 전형적 돈 씀씀이가 그러하다. 몇 만 원에는 수전노가 따로 없을 만큼 집착하면서 수백 또는 수천 만 원에 대해서는 어디서 그런 배짱이 나왔나 싶을 정도로 관대하다. 큰돈에 대해서는 겁이 없다.

실제로 큰돈을 투자했다가 한 푼도 건지지 못한 경우도 있었고, 수백 만 원을 빌려줬다가 한 푼도 못 받은 경우도 있다. 그러나 그런 돈에 대해서는 쉽게 체념한다. 단숨에 수백 만 원을 손해 보는 일을 당해 보기도 했고, 남에게 대가 없이 수백 만 원을 건네 줘 본 적도 여러 차례 있다. 궁핍하기 짝이 없는 내 형편을 고려하면 참으로 어처구니없는 일이 아닐 수 없다. 하지만 그렇게 타고 난 걸 어찌하랴.

2009년의 일이다. 사회에서 만나 참으로 친하게 지내는 선배가 있다. 그 선배와 저녁 식사를 하면서 아이의 진학문제에 대해 이야기를 나눴다. 그 선배의 아들이 고3인데 도대체 공부를 게을리 한다는 고민을 전해 들었다. 장남인 아들이 공부를 열심히 하지 않아 마땅히 진학할 대학이 없다고 그 선배는 푸념을 늘어놓았다. 그러면서 꼭 충남대학교에 진학시키고 싶다고 말했다. 그래서 비웃듯이 "그 녀석이 어떻게 국립대를 가? 충남대가 아무나 가는 학교인가?" 제3자가 들으면 대단히 무례하게 여겼을 대화였겠지만 그 선배와 나는 그런 말을 서슴없이 나눌 정도로 가까운 사이였다.

그 선배는 "야! 너 우리 아들 무시하는 거냐? 충남대 못 갈게 뭐 있냐."라며 응수했다. 그래서 나는 "그 놈 충남대 가면 첫 학기 입학금하고 등록금은 내가 대줄게. 걱정하지마"라고 말했고, 그 선배는 "너 그 말 책임질 수 있지?"라고 반문하며 재차 확인하고 "너 때문이라도 꼭 충남대 보내겠다. 두고 봐라"라며 호언을 했다. 그렇게 웃고 즐기며 저녁 식사를 함께 했다.

그로부터 몇 달 후 입시가 시작됐고, 그 선배의 아들은 충남대학교에 입학했다. 사회체육과에 응시한 녀석은 실기에서 높은 점수를 받았고, 보결 순번을 확보하고 있다가 어렵사리 충남대학교에 합격했다. 그 선배는 아들이 원하는 학교에 진학하자 기쁨을 감추지 못했다. 그리고는 내게 전화를 걸어 "야! 우리 아들 충남대 합격했다. 너 어쩔거냐?"라고 추궁했다. 대화를 나눠 보니 실제로 합격한 것이 틀림없었다. 순간 나는 약속은 지켜야 한다는 생각을 하게 됐다. 그리고는 계좌번호를 불러 달라고 요구했다.

그 선배는 '네가 장난삼아 한 말이겠지. 무슨 돈으로 대학 입학금을 주겠느냐'는 생각을 했던 것 같다. 그러면서 자신의 부인 이름으로 개설된 통장 번호를 불러주었다. 전화를 끊고 나서 괜한 오기가 발동했다. '입금하면 하는 거지 못할 게 뭐있나'라는 생각이 들었다. 그리고 재차 '약속은 지켜야 한다'는 생각을 했다. 전화 통화를 마치고 나서 곧바로 계좌이체를 통해 200만 원을 불러준 계좌번호로 입금했다. 통장에 '축! 충남대 입학'이라는 문구까지 넣어서 말이다. 여윳돈이 없던 터라 마이너스 통장에서 계좌이체를 했다.

다음 날 그 선배는 놀란 목소리로 다시 전화를 걸어왔다. 그 선배는 "야! 너 진짜 입금했더라. 애 엄마가 깜짝 놀라 통장을 몇 번이고 다시 확인하더라"라고 놀라움을 표시했다. 나는 의기양양하게 "그럼 사나이가 거짓말을 하나? 진심으로 축하하는 마음을 담았으니 꼭 그 돈으로 입학금 내시오"라고 호기를 부렸다. 이미 내 수중을 떠난 돈이니 미련을 두지 말자는 생각을 하면서 실컷 호기라도 부리자는 심보였다.

그로부터 며칠 후 선배 내외는 우리 가족을 초대해 식사자리를 마련했고, 화기애애한 시간을 가졌다. 아들이 원하는 대학에 진학한 것만으로도 기뻐서 어쩔 줄 모를 상황에 피 한 방울 섞이지 않은 후배가 200만 원이나 되는 등록금을 쾌척해 주었으니 그 부부가 느낄 기쁨은 실로 컸을 것이다. 당시 국립대 등록금은 입학금을 포함해 220만 원 정도였던 것으로 기억한다. 선배 부부는 등록금을 쾌척 해준 것에 대한 답례 겸 큰아들의 대학합격 자축연으로 근사하게 저녁식사를 대접했다.

자녀가 대학에 진학을 하면 친인척들이 축하의 의미로 20~30만 원, 많게는 50만 원 정도를 주는 것이 일반적 모습일 테고 여유가 있는 조

부모라면 100만 원 혹은 등록금 전액을 내주는 것이 상례인데 일가친척이 아닌 사회 후배가 200만 원을 선뜻 건네주니 그 부부가 감동했을 것은 자명하다. 역지사지로 내가 그런 상황을 겪었어도 큰 감동을 받았을 것이란 생각을 했다. 그러니 200만 원을 건넨 것이 전혀 아깝게 여겨지지 않았다.

내가 그 선배의 아들 입학금을 쾌척했다는 소문은 그를 알고 나를 아는 모든 사람들 사이에 삽시간에 퍼져갔다. 만나는 사람마다 "000씨 아들 입학금 내줬다며?"라고 놀랍다는 반응을 보였다. 그러면서 나는 자신이 한 약속을 지키는 사람, 의리 있는 사람, 통 큰 사람이란 평가를 받았다. 여기저기서 칭찬을 해주니 200만 원이 전혀 아깝지 않다는 생각이 들었다. 나뿐 아니라 그 선배도 '사회생활 잘 했네' '참 좋은 후배를 두었네' 등등의 평가를 받으며 덩달아 좋은 평을 들었다. 나의 등록금 쾌척 건은 우리 둘 모두에게 엄청난 긍정의 이미지를 안겼다. 지금도 그 얘기는 그를 알고 나를 아는 사람들의 술자리에서 심심찮게 회자되고 있다.

그 선배는 아이가 원하는 대학에 입학했고, 후배로부터 등록금까지 받았으니 한 동안 구름에 떠다니는 기분이었던가 보다. 항상 보면 싱글벙글 하고 다녔다. 그러면서 내게 "언제든지 네게 어려운 일이 생기면 내가 가장 앞장서서 도와줄게"라고 말하곤 했다. 또 "나를 생각하는 너의 마음을 알았으니 나도 너에게 어떤 수를 써서라도 보답 하겠다"고 말했다. 선배는 나를 만날 때마다 자신이 비용을 부담할 테니 무엇이라도 좋으니 잔치를 열라고 했다. 자신이 보답할 수 있는 기회를 만들어 달라고 했다.

그 무렵 나는 칠순을 맞은 어머니의 잔치를 구상하고 있었다. 하지만 문제는 불과 수년 사이에 칠순을 맞아 잔치를 하는 문화가 급속히 사라지고 있었다는 점이었다. 당시를 기준으로 불과 20여 년 전만해도 집안 어른이 갑년을 맞아 61세가 되면 성대하게 회갑잔치를 여는 일이 일반적이었으나 의료분야의 비약적 발전에 힘입어 나이 예순에 이르는 일이 더 이상 잔치를 열어 축하할 일이 못되는 세상이 됐다. 언젠가부터 회갑잔치를 대신해 칠순잔치를 여는 것이 일반화 됐다. 그러다가 불과 수년 만에 칠순잔치 조차도 열지 않는 문화가 자리를 잡아갔다.

내가 칠순잔치를 준비했던 시기는 바로 그 과도기쯤 된다. 더러는 잔치를 하기도 하지만 점차 하지 않는 문화가 확산됐다. 하더라도 외부인들을 초대하지 않고 가족과 친지끼리 하는 형태가 일반화 됐다. 그래서 나는 고민을 하지 않을 수 없었다. 잔치를 하자니 시대에 뒤떨어지는 것 같고 지인들에게 부담을 줄 수 있다는 생각 때문이었다. 그러나 평생 힘들고 외롭게 살아오신 어머니를 위해 멋진 잔치를 베풀어드리고 싶었다. 그러던 중 그 선배가 적극 권유해 잔치를 하기로 결정했다.

때마침 그 무렵 나는 수필집을 출간하기 위한 준비를 하고 있었다. 평소 틈틈이 써 모아두었던 수필과 칼럼을 엮어 책을 내기로 한 것이다. 그래서 책을 출간하는 일과 어머니 칠순잔치를 하는 일을 하나의 고리로 묶어내기로 했다. 친척들에게는 어머니 칠순잔치를 하는 자리에 나의 출판기념회를 부대행사로 치를 것이라고 알리고, 그 밖의 지인들에게는 반대로 내가 몇 권의 책을 출간한 끝에 처음으로 출판기념회를 갖는다고 알리면서 겸사 어미니 칠순잔치를 열 것이라고 안내했다.

그래서 대형 호텔 대연회실에서 성대하게 출판기념회 겸 칠순잔치가 열리게 됐다. 나와 어머니가 동시에 주인공이 되는 의미 있는 잔치가 벌여졌다. 물론 내가 아들 대학등록금을 납부해준 선배는 부부가 함께 호텔을 찾아왔다. 그 선배는 내가 자식 등록금으로 마련해 주었던 금액과 동일한 200만 원을 봉투에 들고 와서 내게 건넸다. 나는 출판기념회 인사말을 하는 자리에서 오늘의 잔치가 열리게 된 배경을 설명했고, 그 중심에 선배와 나의 통 큰 부조 사건이 있음을 방문객들에게 밝혔다. 그래서 그 선배와 나는 그날 다시 한 번 참석자들로부터 박수갈채를 받았다.

술자리에서 건넨 말 한마디를 지키기 위해 나는 실제로 200만 원이라는 적지 않은 금액을 선배의 아들 대학등록금으로 전달했다. 그 선배는 어머니 칠순잔치를 할까 말까 고민하던 내게 명분을 만들어 잔치를 열도록 하고 그 역시 200만 원이란 큰돈을 축하금으로 내게 주었다. 수학적으로 계산하면 둘 사이의 거래는 득도 실도 없는 제로섬이다. 그러나 우리는 서로 엄청나게 많은 것을 얻었다. 서로의 마음과 신뢰를 얻은 것이 가장 큰 선물이다. 더불어 많은 사람들 사이에서 우리 둘은 약속을 지킨 사람, 의리 있는 사람, 형제보다 친한 관계라는 긍정적 평가를 얻었다.

이 건 외에도 나는 밝히지 않겠지만 500만 원을 부조했다가 500만 원을 부조 받은 일이 있었다. 물론 내가 먼저 건넸고, 건넬 당시에는 되돌려 받고 싶은 마음보다는 진심으로 감사하고 축하하는 마음으로 전달했다. 그 돈도 수년 후 내게 되돌아 왔다. 신뢰가 있는 사이라면 세상에 공짜는 없다. 세상은 베푼 만큼 돌려받게 돼 있다. 세상을 믿는다면 누군가에게 통 큰 기부나 부조를 한 번 해보라고 권하고 싶다. 믿음이 확인되면 둘 사이는 전에 없는 돈독한 사이가 될 것이다. 통 큰 부조를 통해 누군가를 믿는 일이 얼마나 뿌듯하고 아름다운 일인지 체험해보라고 권하고 싶다.

# 상추

상추는 언제부터인가 고기를 싸 먹는 재료로 인식되기 시작했다. 하지만 내가 어렸을 때, 30년 전인 중학생 시절만 해도 상추가 고기를 싸먹는 채소라는 생각은 해보지 못했다. 그냥 여름에 쌈장과 함께 찬밥을 싸서 먹는 채소였다. 상추를 겨울에 먹을 수 있다는 생각도 해보지 못했고, 더구나 거기에 고기를 싸서 먹는다는 생각은 언감생심이었다. 한술 더 뜨자면 상추를 돈 주고 사먹는다는 생각도 해보지 못했다. 그러나 불과 4반세기 만에 상추에 대한 인식은 너무도 많이 변했다.

어렸을 적 여름 식탁에 자주 올라오던 것이 상추쌈이었다. 집 앞 텃밭에서 바로 따서 샘에서 찬물에 씻은 상추를 소쿠리에 담아 상에 올리면 식구들은 상추를 한 장씩 골라 물기를 털어내고 넓게 펴서 거기에 찬밥을 한 덩이 올려 놓은 뒤 쌈장을 한 움큼 넣어 싸서 먹었다. 난 초등학교 저학년 때까지 상추를 먹지 못했다. 소도 아니고 토끼도 아닌 사람이 생풀을 먹는다는 게 받아들여지지 않았다. 아버지와 어머니는 몇 번이고 먹어보라고 권유하셨지만 아무래도 내키지 않았다.

그래서 고학년이 돼서야 겨우 상추를 먹기 시작했다.

우리집을 포함해 시골의 모든 가정은 텃밭에 상추를 심었다. 별다른 농약을 치지 않아도, 농사에 대한 특별한 기술이 없어도 상추는 잘 자랐다. 밑에서부터, 겉으로부터 잎사귀를 뜯어내고 불과 며칠만 지나면 수북이 자랐다. 워낙 흔하고 값도 싼 채소여서 그것을 비닐하우스에서 난방을 하며 키울 것이란 생각도 해보지 못했다. 그래서 그저 여름 한철 먹을 수 있는 흔한 채소가 상추라고 생각했다. 간혹 양념을 해서 먹는 경우도 있었지만, 대개는 쌈의 재료로 먹는 것이 일반적이었고, 잘게 썰어서 비비밥의 재료로 넣는 것 정도가 고작이었다.

불과 30년의 세월이 흘렀을 뿐인데, 불과 한 세대가 지났을 뿐인데 상추에 대한 인식은 너무도 크게 바뀌었다. 우리 아이들을 비롯한 20세 이하의 어린이와 청소년들은 상추에 고기 이외의 것을 사먹는 것 자체를 생각하지 않는다. 상추는 그저 고기를 싸먹기 위한 쌈채소라고 인식한다. 돈을 주고 사먹는 것이란 생각도 한결 같다. 굳이 길러먹는 채소가 아니라 마트에 가면 언제라도 살 수 있는 채소라고 여긴다. 계절성도 크게 인식하지 못한다. 봄, 여름, 가을, 겨울 할 것 없이 언제라도 먹을 수 있는 채소라고 생각한다. 내가 어렸을 때 가졌던 생각과 비교하면 여러모로 상당한 차이를 갖고 있음이 분명하다.

본래 상추로 쌈을 해먹는 것은 몽고족의 식습관이라고 한다. 한반도에 상추쌈이 전래된 것은 몽고에 맞서 항쟁하고 원나라 문화가 물밀 듯이 밀려온 고려시대였다고 한다. 몽고문화인 상추쌈은 그후 한반도에서 뿌리 깊게 정착해 마치 한국의 고유 문화인양 인식됐다. 그만큼 한민족의 문화에 깊이 흡수된 식문화 중 하나이다. 고려말에 한반도에 들어와 조선왕조 5백년을 거쳤고, 구한말과 대한민국 개국까지 줄잡아 700년은 됐을 국내의 상추쌈 문화가 불과 30년 사이에 완전히 다른 모습으로 정착했다. 앞서 밝힌 대로 4계절 채소가 됐고, 전문 재배자가 키우고 다수의 소비자는 그것을 사먹는 구조로 바뀌었다. 700년 동안 밥을 싸먹던 채소가 불과 30년 동안 고기를 싸먹는 채소로 완전히 인식이 바뀌었다.

적어도 하나의 문화가 바뀌는 데는 짧게는 수십 년에서 길게는 수백 년의 세월이 흐르게 마련이다. 하지만 급변하는 최근의 사회는 불과 수년 만에 수백 년의 문화를 뒤바꿔 버린다. 흔적도 없이 옛 문화를 집어 삼킨다. 참으로 무서운 세상이다. 하나하나 따져보면 급변하는 시대가 삼켜버린 과거의 문화가 어디 상추 하나뿐이겠는가. 문화는 상대적인 것이어서 무엇이 옳고 무엇이 그르다고 함부로 평가할 수 없다고 전해 들었고, 그렇게 알고 있다. 여름철에 밥을 싸먹던 상추와 4계절 고기를 싸먹는 상추는 분명 같은 상추이다. 하지만 우리의 삶이 바뀌고 그에 따라 용도가 바뀌었을 뿐이다.

무엇이 정답도 아니고 무엇이 오답도 아니다. 그저 생활의 변화가 인식의 변화를 몰고 온 것뿐이다. 내가 초등학교에 다닐 때의 교육환경과 내 아버지가 초등학교에 다니실 때의 교육환경은 별 차이가 없었다. 그러나 나의 아이들이 다니는 초등학교와 내가 다니던 시절의 초등학교는 확연한 교육환경의 차이가 발생한다. 모든 것이 이리도 빠르게 변화해가고 변화에 적응하라고 주문하니 현대인들은 언제나 다급하다. 변화에 따르지 못해 뒤처지지 않을까 늘 불안해 한다. 한 발 늦는다고 큰 일 나는 것도 아닌데 말이다. 오늘은 집에 가서 고기 없이 전통방식대로 상추쌈을 먹어야겠다. 상추에 대해 당연히 고기를 싸먹는 채소로만 알고 있는 아이들에게도 새로운 문화의 일면을 맛보게 해주어야겠다. 아빠가 자란 시골 얘기를 해주어야겠다.

# 대한민국의 세계 1위

이 나라 대한민국이 세계에서 1위를 달리고 있는 항목 19가지가 발표됐다. 공식적인 발표는 아니지만 강용석 전 국회의원이 케이블 TV방송 tvN에서 자신이 진행하는 '강용석의 고소한 19' 프로그램에서 소개한 내용이다. 19가지 발표된 내용 가운데는 자부심을 가질 만한 내용도 많지만 부끄러운 내용도 많다. 자랑할 것도 아니고 그렇다고 부끄러울 것도 없지만 심히 걱정스러운 내용도 포함돼 있다. 이 프로그램에서 발표된 항목은 19가지에 그치지만 조목조목 따져보면 수백 가지는 족히 될 듯하다. 생각하기에 따라 자랑스럽다고 여길 만한 항목이 사실은 부끄러운 항목일 수도 있다. 이번에 발표된 '대한민국 세계 1위' 19가지를 살펴보면 우리들의 생활 모습을 돌이켜 볼 수 있다.

대한민국이 세계 1위 자리를 지키고 있는는 항목 중에는 자랑스러운 것들도 많다. 전통적인 IT 강국 대한민국은 인터넷 속도가 세계에서 가장 빠른 나라이다. 아울러 Wi-Fi 이용률이 세계 1위이고, 모바일 뱅킹을 이용하는 비율도 역시 세계 1위이다. 서울의 지하철은 세계 무수한 도시 가운데 시스템이 가장 잘 돼 있는 것으로 평가받았다. 인천공항 면세점은 최고의 시설, 최고의 서비스로 판매실적 역시 세계 공항 중 1위를 기록했다. 면세점 뿐 아니라 인천공항은 고객만족도 면에서도 세계 각국의 유수한 공항을 제치고 1위에 등극해 있다. 가수 싸이의 '강남스타일' 뮤직비디오는 세계에서 가장 많이 시청한 유튜브 파일로 등록돼 있는 것도 눈여겨 볼만한 사항이다.

자랑스럽다고도 할 수 있지만 따지고 보면 염려스러운 세계 1위도 있다. 한국은 고령화 속도 세계 1위를 달리고 있다. 전 세계에서 고령화가 가장 빠르게 진행되고 있어 오는 2020년에는 일본과 유럽 국가들을 제치고 세계 최고의 고령사회가 될 것으로 전망됐다. 2050년에는 노동자 1명이 1.65명의 고령자를 부양해야 하는 기형적인 사회구조가 될 수 있다고 한다. 대학진학률도 한국은 세계 1위 국가이다. 2008년 84%까지 치솟았던 것이 10%포인트 이상 떨어졌다고는 하지만 여전히 한국의 대학진학률은 세계 1위를 굳건히 지키고 있다. 더불어 본인은 물론 부모가 자식을 대학에 진학시키려는 희망을 갖는 비율도 여전히 세계 1위를 달리고 있다. 대학 졸업자들의 구직난이 계속되고 있는 것은 심각한 사회문제가 되고 있다.

부끄러운 1등도 참 많다. 교통사고로 인한 사망률이 부동의 1위 자리를 지키고 있다. 엄청난 사회적 비용을 들여 계몽을 하고 운전습관을 바꾸기 위한 노력을 기울이고 있지만 교통사고 사망률 1위 자리는 좀처럼 한국을 떠나지 않고 있다. 자살률과 이혼율도 세계 1위는 계속되고 있다. 인구 10만 명당 33.5명이 자살하는 대한민국은 2위 헝가리, 3위 일본과도 아주 큰 격차를 보이고 있다. 한국에서는 30분 당 한

명꼴로 스스로 목숨을 끊고 있다. 이혼율도 수년째 1위를 질주하고 있다. 인구 1천 명당 이혼자는 4.7명으로 결혼자의 1/3에 해당하는 수가 이혼을 하고 있다. 자살률과 이혼율이 높은 것은 그만큼 삶이 건조하고 국민성이 감정적이라는 사실을 방증하기도 한다. 청소년의 불행지수도 세계 1위이다. 불행지수가 세계 최고이니 당연히 행복지수는 세계 최저수준이다. 정말 가슴 아픈 1등이 아닐 수 없다.

불행한 1위와 염려스러운 1위도 많다. 외국인들이 한국인에 대해 갖는 첫 번째 이미지는 여전히 근면성실이다. 일 하지 않는 것을 죄악으로 여기고 일 하는 것을 절대 선(善)으로 여기는 문화는 한국인을 일중독에 빠뜨렸고, 한국은 타 국가의 추종을 불허하는 노동시간 1위를 이어가고 있다. 연간 노동시간이 2193시간으로 세계 여러 나라 가운데 가장 많다. 법정 근로시간을 단축하고 휴식을 유도하는 다양한 의식계몽이 진행되고 있지만 한국인은 일중독에서 벗어나지 못하고 있다. 그러나 노동 생산성은 23위에 머물고 있어, 많은 근로시간이 효율적이지 못하다는 사실이 입증되고 있다. 항생제 소비량이 세계에서 가장 높다는 사실도 염려스럽다. 바이러스성 질환인 감기에 조차 항생제를 처방하는 일이 일반적이란 사실은 지극히 염려스러운 통계이다.

술과 담배 부분에서도 한국은 세계 1위를 기록하고 있다. 한국은 세계에서 담뱃값이 가장 저렴한 나라이다. 보편적인 담배의 가격이 4천5백 원으로 영국과 아일랜드의 1만 5천 원, 프랑스의 9천 4백 원과 비교하면 형편없이 낮은 가격이다. 흡연율은 그리스가 한국을 제치고 1위를 기록하고 있지만 한국은 첫 흡연 시작 연령, 청소년 흡연율 등에서 세계 1위를 기록 중이다. 술 부문에서는 소주가 한국에 세계 1위를 안겨주었다. 한국의 소주는 증류주 부문에서 세계 최고의 판매고를 올리고 있다. 독한 술과 약한 술의 중간 단계인 소주는 한국인이 가장 좋아하는 술로 점차 세계화 되고 있다. 한국의 40대 사망률이 세계에서 가장 높은 것은 소주 · 담배의 영향과 무관치 않다는 것이 일반적 시각이다.

미모를 중시하는 풍토와 연관돼 성형수술비율과 남성의 화장품 구매율이 세계 1위로 기록돼 있다. 이미 성형공화국이라는 별칭이 붙어 있는 한국은 1천 명 중 16명이 성형을 경험한 것으로 조사됐다. 2위 그리스, 3위 이탈리아 등과 비교도 안 될 현격한 차이를 보이며 부동의 1위 자리를 지키고 있다. 다수의 외국인들은 한국인 가운데 자연 미인이 없다는 오해를 하고 있다고 한다. 아직도 한국의 성형은 계속되고 있고, 더불어 성형 중독자들도 점차 늘어가고 있다. 남성의 화장품 구매도 세계에서 가장 높은 것으로 조사됐다. 전 세계에서 판매되는 남성화장품 전체 매출의 21%를 한국이 차지한다고 하니 인구를 대비해 살펴보면 대단한 기록이다. 기초화장품이나 썬 크림, BB크림 등이 포함되지만 군인용 위장크림의 판매도 남성화장품 매출에 크게 기여한다고 한다.

끝으로 세계 1위를 기록하는 것 중 독특한 통계도 하나 있다. 그것은 바로 간 기증자의 숫자이다. 2010년 기준 전 세계에서는 3116명이 간을 기증했고, 이 가운데 26%인 824명이 한국인이었다. 특히 주목할 것은 뇌사상태의 간 이식이 아닌 생체의 간 이식이 많다는 점이다. 한국의 생체 간 기증은 77%로 다른 나라가 15% 안팎을 보이는 것과 비교된다. 뇌사자의 장기 기증이 활성화 돼 있지 않은데다 혈연 간 간을 기증하는 일이 다른 나라에 비해 유난히 많기 때문이다. 특히 미성년자가 부모 등을 위해 간을 기증하는 사례가 많다는 것은 눈 여겨 볼만한 사항이다. 이 같은 현상은 효를 중시하는 문화와 무관치 않아 보인다. 부모를 위해 기꺼이 장기를 기증하는 것이 한국사회의 전통적 가치관 차원에서 볼 때 그리 어려운 일은 아닌 것으로 평가받고 있다.

최근 발표된 한국의 세계 1위는 한국과 한국인에 대해 많은 생각을 갖게 한다. 우리 문화의 독특한 면을 이해하는 근거가 되기도 한다. 다수의 항목은 오래전부터 한국이 부동의 1위 자리를 지키고 있는 것들이다. 독특한 한국인의 의식구조와 맞물려 있기 때문에 쉽사리 1위 자리를 내주지 못하는 것들이 많다. 자랑스러운 것도 많고 부끄러운 것도 많은 게 사실이다. 교통사고 사망률, 근로시간, 자살률, 이혼율 등은 우리 사회가 갖고 있는 심각한 문제점들을 방증하는 것들이다. 불명예스러운 1위 자리는 하루 속히 벗어나야 한다. 자랑스러운 1등 자리는 지켜내기 위해 더 많은 노력을 기울여야 한다. 한국은 더 이상 변방의 작은 나라가 아니다. 세계인의 주목을 받는 주요 국가로 부상해 있다. 이제 후진국형 1위 자리는 과감하게 내려놓아야 하지 않을까.

# 3부

# 고양이 세수

# 얼굴

얼굴 크기가 작아야 미인이란다. 미남자도 마찬가지란다. 얼굴이 크면 아무리 이목구비가 뚜렷해도 잘 생긴 게 아니란다. 얼굴 크기를 줄이는 수술도 있단다. 네모난 얼굴도, 동그란 얼굴도 미인이나 미남자 대열에 끼지 못한단다. 소위 말하는 갸름한 얼굴이 최고의 미남 미녀 조건이란다. 갸름한 얼굴을 가지고 싶어 하는 철없는 젊은 것들은 몇 차례고 그토록 위험하다는 얼굴형 바꾸기 수술을 거침없이 시도한다. 치아교정은 기본 중의 기본이다.

어린 시절 나의 얼굴은 갸름한 편이었다. 아버지와 어머니의 얼굴은 네모난 얼굴형인데다 두상 자체가 컸다. 하관(下顴)이 발달해 얼굴 아랫부분이 넓었다. 친가 식구들보다 외가 식구들의 얼굴 크기가 유난히 컸다. 어머니의 6남매는 모두 얼굴이 넓고 네모난 모양이다. 일부는 하관이 지나치게 발달돼 사다리꼴 모양을 하고 있다. 나와 다른 얼굴을 가진 가족들의 모습이 신기했다.

그런데 더 신기한 것은 나이를 먹어가면서 내 얼굴이 넓어지기 시작했다는 점이다. 일정 시점이 되면서 아래턱이 발달하며 얼굴이 네모난 모양으로 바뀌기 시작했다. 30대 후반이 되면서 나는 완전히 넓은 얼굴을 가진 사람이 됐다. 신기했다. 내가 이상하다고 여겼던 그 얼굴형으로 내가 바뀌고 있었다. 아버지의 젊은 시절 사진을 보니 아버지 또한 갸름한 얼굴형이셨다. 아버지가 그러했고, 내가 그러했고… 나이가 차면서 얼굴이 넓어지게 된 것이다. 볼 살까지 보태지면서 말이다.

속담에 '씨 도둑질은 못 한다'고 했던가. 한 살이라도 더 나이가 먹으면서 아버지의 얼굴을 닮아가고 있는 나를 느낀다. 어디 얼굴뿐인가. 식성도, 체질도 닮아가고 있다. 어머니는 내 글씨체를 보면서 아버지 글씨체를 닮았다고 말씀 하신다. 내가 봐도 많이 닮았다. 아버지는 식사를 하실 때 곁에 수건을 두고 수시로 땀을 닦았다. 특히 매운 음식이나 뜨거운 음식을 드실 때는 심각할 정도로 땀을 흘리셨다. 어려서 그 모습을 보면서 이해가 되지 않았다. '밥 먹는 게 힘든 일도 아닌데 왜 땀을 흘리실까' 생각했다. 마흔 살을 넘기면서 내가 수건 없이 밥을 못 먹는 사람이 됐다. 아버지도 30대까지는 안 그러셨다고 한다.

아내의 얼굴은 작고 갸름한 편이다. 전형적인 미인형 얼굴이다. 아내를 닮았는지 두 아들 녀석도 모두 얼굴이 갸름한 미남자 형이다. 다행스럽다. 그렇지만 좀 더 두고 볼 일이다. 녀석들도 서른이 넘고, 마흔이 넘으면 별 수 없이 제 할아버지처럼, 제 아버지처럼 결국 네모 형 얼굴이 될지도 모른다는 생각이 든다. 녀석들도 어차피 얼굴 넓은 전형적인 한민족의 얼굴 모양을 갖춘 집안의 자식이니 말이다. 외가 식구들을 많이 닮는다면 사정은 조금 달라지겠지만 그래도 별 수 없을 것 같다.

어려서 모습을 그대로 간직하고 사는 사람도 일부 있지만 대개는 자라면서 얼굴모양이 바뀐다. 이목구비가 변하기도 하지만 얼굴형이 바뀌는 경우가 더 많다. 그래서 동창 모임에 나가면 도저히 얼굴을 알아볼 수 없는 친구들이 가끔 나타난다. 대개는 얼굴을 전혀 못 알아볼 정도는 아니지만 가끔은 한 명씩은 어릴 적 모습이 온 데 간 데 없는 전혀 새롭게 바뀐 모습으로 나타나기도 한다. 동창회에서 친구들을 만나 느끼는 또 한 가지는 대부분의 친구들이 나이가 들어가면서 제 부모의 모습과 닮아가고 있다는 점이다. 어떤 친구는 내가 어릴 적 봤던 제 아버지나 어머니의 얼굴 모습을 판박이로 닮는다. 신비한 자연의 조화이다.

한국은 지구상의 많은 나라 가운데 성형수술 세계 1위의 나라이다. 성인 여성 5명 중 1명이 성형수술을 했다고 하니 참으로 대단한 나라이다. 그것도 2위, 3위인 그리스, 이탈리아와의 차이는 참으로 크다고 한다. 그러니 이제 나이가 들수록 제 아버지나 어머니를 닮아가는 모습을 찾아보기란 참으로 쉽지 않을 것 같다. 더욱이 식생활이 서구화되며 한국인의 체형은 하루가 다르게 변하고 있다. 외국인들과의 국제결혼도 매년 큰 폭으로 늘어가고 있다. 이제 우리 얼굴을 점점 잃어가게 되는 건 아닐지 염려스럽기까지 하다. 5천 년을 지켜온 얼굴인데 말이다.

서산 처가에 갔다가 마애삼존불을 보러 갔던 일이 있다. 수 없이 서산을 다녔지만 마애삼존불을 볼 기회는 없었다. 하루는 마음먹고 나서 마애삼존불을 직접 볼 수 있었다. '백제의 미소'라는 별칭이 붙어있는 서산매애삼존불은 널찍한 얼굴형을 가진 백제인이 환하게 웃는 모습으로 소박한 멋이 일품이다. 2천여 년 전 사람 얼굴이 지금의 사람 얼굴과 크게 다르지 않다. 그렇게 한국인의 얼굴은 면면히 이어져 왔다. 문화유산으로 남아있는 조각이나 그림 등을 통해 한민족의 얼굴 형태는 오랜 세월 지켜졌음이 확인된다.

그러나 누천년 지켜온 식생활이 바뀌고, 귀화하는 외국인이 늘어나면서, 또 성형수술 공화국이 돼 가면서 우리의 너그럽고 온화한 얼굴은 점차 사라져 가고 있다. 서구형 얼굴을 가진 여인이 미인의 기준이 되면서 우리의 얼굴은 점차 자취를 감춰가고 있다. 앞으로 몇 세대가 지나면 전형적인 한민족의 얼굴은 사진 속에서나 확인할 수 있을지 모른다. 박물관에 가서 확인할 수 있는 대상이 될지도 모른다. 5천 년을 지켜온 얼굴인데 말이다. 안타깝다. 조바심 난다. 그래도 우리 얼굴은 지켜야 하는데~

# 아빠의 36세 생일날 태어난 영연이

대개의 내 또래들은 음력으로 생일을 기념한다. 나이가 지긋한 어른들은 물론이고 우리 또래들만 해도 대개는 음력으로 생일을 쉰다. 생일을 기념해 덕담을 주고 선물을 주고 음식을 차려내는 이유를 몰랐다. 그 의미를 모르니 별 가치를 두지 않았던 것도 사실이다. 그저 애들이나 차려먹는 게 생일이고, 어른들이나 챙겨드리는 게 생일이라고 생각했다. 사실 나 역시 생일에 큰 의미를 두지 않는다. 그저 우리 어머니가 날 낳기 위해 고생하신 날이라고만 기억하고 있다. 그런데 요즘에 이르러는 생일의 의미를 조금씩 이해하고 있다. 요란스럽게 축하를 하고 선물을 주고받고 하는 따위는 아직도 어색하고 쑥스럽지만 의미는 이해가 된다.

과거 의학이 발달하기 전에는 1년을 연명하는 것이 얼마나 어려운 일이었겠는가를 생각해본다. 수시로 병마가 사람의 목숨을 빼앗아갔고, 때로는 추운 날씨도 사람의 목숨을 앗아갔다. 먹을 것이 부족해 굶어 죽는 사람도 허다했고, 수시로 전쟁이나 민란 등이 발생하니 난리통에 목숨을 잃는 경우도 많았다. 이 뿐이겠나, 사회안전 시스템이 허술하니 홍수가 나도, 폭설이 내려도 사람 목숨은 위협을 받았다. 맹수나 독사의 습격을 받아 생을 마감하는 일도 많았으리라. 그러니 무사히 1년을 보낸 것을 자축하는 의미로 차리는 생일상에 나름대로 큰 의미를 두었던 것 같다. 그래서 매년 태어난 날을 맞을 때마다 무사히 1년을 보낸 것에 대해 감사하는 의식을 치렀던 것 같다.

무슨 이유인지는 알 수 없으나 부모님은 우리 모든 형제들의 생일상을 어려서부터 양력으로 차려주셨다. 그래서 음력생일의 날짜조차 모르고 지내왔다. 대부분의 생일을 음력으로 지내는 주변인들과 비교해보면 양력생일을 기억하는 것이 훨씬 더 기억하기 쉽고 윤달 등으로 들쭉날쭉 하는 일이 없어 편하다. 내 생일은 양력으로 3월 30일이다. 초목들이 꽃을 피우기 위해 대지에서 수분과 영양분을 잔뜩 빨아올리며 생기가 충만한 시기이다. 추위가 완연히 가시고 봄기운이 무르익기 시작하는 무척 좋은 계절이다. 이 좋은 시절에 나의 둘째 아들 영연이가 태어났다. 아빠와 생일이 같은 것이다. 생일만 같으면 굳이 밝히지도 않겠다. 녀석은 아빠와 36년 차이나는 띠 동갑이다.

즉, 아빠가 태어난 지 정확하게 36년 되는 날에 녀석이 태어난 것이다. 1970년 3월 30일 아빠가 태어났고, 2006년 3월 30일 아들이 태어났다. 아빠가 세 번째 맞은 개띠 해 생일날 아들은 세상에 얼굴을 내밀었다. 아버지와 아들의 관계로 태어난 것만으로도 더 없는 인연인데 같은 띠에 생일까지 같게 태어났으니 생각할수록 값진 인연이다. 아빠의 주민번호 앞자리는 700330, 작은아들의 주민번호 앞자리는 060330이다. 아이의 할머니인 어머니께서는 아이의 양력생일도 좋지만 음력으로 좋은 날 태어났으니 10살이 될 때까지는 음력으로 생일상을 차려주라고 주문하셨다. 자세한 이유는 알 수 없으나 어머니가 시키는 일이니 그리하고 있다. 어려운 일도 아닌데 못할 것도 없다고 생각했다. 그래서 실상 같은 날 생일상을 차려보지는 못했다. 하지만 3년 후부터는 같은 날 생일상을 함께 차리려고 한다.

내가 알고 지내는 그 무수한 사람들 가운데 나와 생일이 같은 날인 이를 만나보지 못했다. 내가 아는 유일한 사람이 바로 내 아들 영연이다. 그러니 아들 녀석과 나의 인연은 아무리 생각해봐도 신기하기 짝이 없다. 참으로 희귀한 인연이다. 누구에게라도 이 같은 사실을 말하면 확률상 대단한 일이라고 놀란다. 영연이는 체형이 아빠와 닮았다. 식성도 비슷하고 잠버릇도 비슷하다. 부모가 자식에게 가장 큰 사랑을 느낄 때는 자신과 닮은 행동을 하거나 외모에서 비슷한 점을 발견할 때라고 한다. 띠가 같고 생일이 같은 녀석이 닮은 외모에 닮은 행동을 하는 것을 보면 어찌 마음을 빼앗기지 않을 수 있을까. 너무도 사랑스러울 뿐이다.

동양인들은 사주팔자로 인생의 길흉화복을 살피고 기본 성격을 파악하지만 서양인들은 별자리 점괘를 살펴 인생을 내다보고 성격을 살핀다. 양력 3월 30일 전후 날짜의 별자리는 양 자리이다. 실제로 양 자리 운세를 갖고 태어난 사람들의 성격은 비슷한 점이 많다. 이것은 내가 주변인들을 통해 파악한 것으로 꽤나 잘 들어맞았다. 별자리를 통해 성격과 운세를 예측하는 것에 대해 어느 정도 신뢰를 갖고 있다. 그만큼 주변인들을 샘플로 살펴보면 기본성격 등이 상당히 잘 들어맞았다. 그래서 영연이도 나와 비슷한 성격일 것이라고 생각한다. 아직은 어려서 정확한 성격을 파악하기는 어렵다. 하지만 성격도 많이 비슷한 면을 보일 것이라고 예상하고 있다. 띠 동갑 같은 생일 아들이 외모와 습관에 이어 성격까지 비슷하면 얼마나 신비로울까. 벌써부터 아이가 어떤 성격으로 자라줄 것인지가 궁금하기만 하다.

# 보를 쓰고 태어난 12삭둥이

사람은 어머니의 뱃속에서 10개월을 보내고 세상으로 나온다. 며칠의 차이를 보일지언정 잉태된 지 10개월을 전후해 태어나는 것이 자연이 이치이다. 자세히 따지고 보면 10개월이 체 안 되고 9개월 남짓하다는 사실은 결혼을 하고 직접 아이를 낳아보면서 알게 됐다. 그러나 일반적으로 사람의 임신 기간은 10개월로 알려져 있다. 다른 동물에 비해 상대적으로 수명이 긴 사람은 뱃속 임신 기간도 무척 긴 편이다.

사람은 어머니의 뱃속에서 충분한 시간을 보내고 나와야 제대로 된 골격을 갖추고 태어나게 된다. 충분한 시간을 갖추고 세상에 태어난 경우에도 개인차가 있어 갓난아이의 체구와 몸무게 등은 큰 차이를 보이게 마련이다. 남녀의 차이가 있지만 대개는 3~4kg은 돼야 건장한 모습을 갖췄다고 할 수 있다. 2kg대의 빈약한 체구로 태어나 부모의 애간장을 태우는 경우도 있고, 4kg을 훌쩍 넘는 큰 체구까지 자라 출산 때 어머니를 힘들게 하는 경우도 적지 않다.

10개월 간 어머니 뱃속에서 충분히 성장하고 세상구경을 나오는 것이 순리이지만 이런저런 이유로 급하게 세상으로 튀어나오는 아이도 있다. 이 경우 대개는 온전치 못한 모습으로 태어나는 미숙아 이기가 십상이다. 의료와 과학기술이 발달한 요즘에는 인큐베이터라는 장비가 있어 엄마 뱃속과 최대한 비슷한 환경을 만들어 놓고 일정기간 미숙아가 생활할 수 있도록 해 생존율을 높이지만 의료기술이 턱없이 부족하던 과거에는 미숙아들이 고비를 넘기지 못하고 세상과 이별하는 일도 다반사였다고 한다.

미숙아에 대해 이야기 할 때 빠지지 않는 단어가 '칠삭(七朔)둥이'이다. 잉태된 지 7개월 만에 세상에 나왔다는 칠삭둥이는 어쩌면 미숙아를 대신하는 말처럼 사용되기도 한다. 그래서 칠삭둥이라는 말은 10개월을 채우지 못하고 세상에 나온 아이들을 통칭하는 말처럼 사용되고 있다. 또 일반아에 비해 체구가 작고 체중이 모자라는 미숙아처럼 세상살이에 뭔가 모자라는 행동을 하거나 언행이 가벼운 사람을 지칭할 때 칠삭둥이라는 표현을 사용하기도 한다.

한국인들은 칠삭둥이란 말을 들으면 바로 떠올리는 인물이 있다. 바로 조선 초 세조의 최측근으로 무소불위의 권력을 행사했던 압구정 한명회이다. 세조가 단종으로부터 왕위를 빼앗고 등극하는데 가장 큰 수훈을 세웠고, 세조가 즉위하는 내내 권력의 정상에 서있던 한명회는 실제인지는 알 수 없으나 칠삭둥이였다고 알려져 있다. 한명회란 이름 앞에는 언제나 칠삭둥이란 말이 관용 수식어처럼 따라 붙는다. 압구정이란 아호를 갖고 있지만 아호보다는 칠삭둥이라는 별명이 앞에 붙는 경우가 훨씬 많다.

미숙아와 칠삭둥이에 대한 이야기는 세상에 많이 떠돌지만 10달을 훌쩍 넘겨 세상에 태어난 아이에 대한 이야기는 그리 많지 않다. 그러나 분명 10달을 넘겨 11달 또는 12달 만에 세상에 태어난 아이들도 있다. 칠삭둥이 미숙아와는 전혀 반대되는 상황이다. 이 경우 태아가 너무 커서 산모가 자연분만으로 아이를 낳을 때 산모는 무척 위험한 상황에 처할 수 있다고 한다. 의료기술이 발달한 요즘은 뱃속 아이가 출산 예정일을 넘어 나오지 않고 늦어지면 대개 수술을 통해 인위적으로 출산을 하게 된다. 시기를 넘기면 그만큼 상황이 나빠지기 때문이다.

아이를 둘 낳아보니 이런저런 상황을 조금은 알겠다. 첫째아 영유는 병원에서 말해준 예정일보다 보름 늦게 태어났다. 예정일을 지나자 병원에서는 별별 설명을 해주며 약간의 공포를 안겼다. 뱃속 양수가 말라 아이가 위험할 수 있다고도 하고, 아이가 뱃속에서 대변을 보기 시작해 자신이 배출한 대변을 먹을 경우, 위험한 상황에 이를 수 있다는 말을 건네기도 했다. 그러면서도 담당의사는 조금만 기다려보자며 자연분만을 유도했다. 참으로 양심 바른 의사였다는 생각이 든다.

둘째아 영연이는 병원에서 지목한 예정일 날 정확하게 태어났다. 큰아들 영유와 작은아들 영연이 모두 인위적 수술 없이 자연분만으로 태어났다. 큰 아들 영유는 새벽 2시 51분 3.75kg의 체중으로 태어났고, 작은아들 영연이는 오후 6시 무렵 3.5kg의 체중으로 태어났다. 둘 모두 사내아이로 손색없는 체형과 체중을 갖고 건장하게 태어났다. 갓난아이 시절의 둘 사진을 보면 누가 누구인지 도무지 구별할 수 없을 정도로 어린 시절 모습은 참으로 비슷했다.

칠삭둥이를 비롯해 굳이 출생과 관련된 이야기를 길게 서술한 것은 12삭둥이로 태어난 내 출생에 대해 이야기하고자 함이다. 내가 태어나던 시절만 해도 병원에서 아이를 낳는 경우는 거의 없었다. 더구나 시골에서는 아이를 낳기 위해 병원을 간다는 것은 상상하기 어려운 일이었다. 그냥 집에서 산파의 도움을 받아 아이를 낳았고 특별히 산후 조리라는 개념도 없었다고 한다. 더불어 출생에 대한 제대로 된 기록도 없던 것은 당연한 일이다. 내가 몇 시에 태어났는지, 태어날 때 몸무게는 얼마나 됐는지 전혀 기록이 없다. 다만 할머니와 어머니의 입을 통해 전해들은 것이 전부이다.

어머니께 내가 몇 시 무렵에 태어났느냐고 물으면 정확한 답을 주지 못하신다. 새벽시간에 진통이 이어졌고 해가 밝기 전에 태어났다고만 말씀 하신다. 한 가지 정확하게 기억하시는 것은 출산을 끝내고 라디오를 들었는데 한참 어업기상통보를 하고 있었다고 말씀하신다. 대략 6시가 조금 못된 시간이 아닐까 생각된다. 지금도 가끔 이른 새벽시간에 운전을 할 때 어업기상통보라는 것을 들을 때가 있다. 해상을 중심으로 전국의 일기예보를 매우 소상하게 안내해주는 방송이다. 궁금한 것은 정확하게 새벽 5시를 넘긴 시간인지 여부인데 어머니는 정확하게 기억하지 못하신다. 내가 5시를 넘겼는지 여부를 궁금해 하는 것은 5시를 기준으로 인시에서 묘시로 넘어가 사주가 바뀌기 때문이다.

밝힌 대로 나는 내 출생에 관련한 기록을 할머니와 어머니를 통해 전해들을 수밖에 없다. 할머니는 이미 돌아가셨고 어머니가 유일하게 내게 출생에 관한 이야기를 해줄 수 있는 분이다. 어머니 말씀에 따르면 나는 12삭둥이이다. 의사가 지목해준 것은 아니지만 나름의 계산법대로 산출한 예정일을 무려 2개월이나 넘겨 출생했다고 한다. 어머니는 2남2녀의 형제자매 중 맏이인 큰누이와 막내인 내가 12삭둥이라고 하신다. 큰딸을 출산하며 12삭둥이를 경험하신 어머니는 막내아들이 또 열 달 넘도록 세상에 나오지 않아도 크게 걱정하지 않으셨던 것 같다.

뱃속에서 무려 2개월을 더 머물었으니 체구가 오죽이나 컸을까. 또 체중은 얼마나 많이 늘었을까. 그 무거운 아이를 뱃속에 넣고 고생하셨을 것을 생각하니 절로 머리가 숙여지고 죄송스러운 마음이 든다. 실제로 산파 노릇을 하신 할머니께서도 내가 출생했을 때 무척 체구가 컸다고 기억하셨다. 그러나 12삭둥이란 사실과 체구가 몹시 컸다는 사실 외에 출생과 관련해 더 자주 하신 말씀이 있다. 스스로가 지금도 믿기 어려운 출생의 일화가 나에게 있다. 어쩌면 신화나 민담 같은 이야기여서 밝히기가 조심스러운 부분도 있다. 인터넷을 뒤져봤지만 떠도는 유사한 이야기는 찾지 못했다.

할머니와 어머니의 증언에 따르면 난 태어났을 당시 눈, 코, 입, 귀가 없었다고 한다. 아이를 받아내던 할머니는 막 태어난 나를 보고 소스라치게 놀라셨다고 한다. 할머니는 놀란 목소리로 "애, 며늘애야! 애기가 눈, 코, 입이 하나도 없다. 이게 어찌된 일이냐?" 라고 말씀하셨다고 한다. 깜짝 놀란 어머니는 몸을 일으켜 갓 태어난 나를 지켜봤는데 실제로 눈, 코, 입이 없었다고 한다. 깜짝 놀라 소리를 질렀는데 그 순간 할머니가 손가락으로 내 얼굴을 만지던 중 입 자리를 만지는 찰나에 눈, 코, 입이 생겨나고 그때서야 울음을 터뜨렸다고 한다.

할머니와 어머니는 내가 얼굴에 보(褓)를 쓰고 태어났다고 전해주셨다. '보'라는 표현 자체는 할머니와 어머니가 내게 해주신 말씀표현 그대로일 뿐 정확한 의학용어는 아니다. 아무튼 보자기처럼 뭔가를 얼굴에 뒤집어쓰고 나왔다는 것이다. 곰곰이 생각해봐도 그 실체를 알 수가 없다. 혼자 생각하기를 일종의 보호막 같은 형태였을 것으로 추측된다. 혼자도 아니고 두 분이 같은 증언을 하시니 무조건적으로 믿을 수밖에 없는 일이다. 생각건대 태반의 일종이 아닐까 싶다. 뱃속부터 그 보를 쓰고 있었다면 어떻게 호흡을 했을까 싶고, 할머니께서 엉겁결에 보를 잘 처리해 겨우 호흡을 할 수 있어 죽음을 면했다는 생각을 하면 그 또한 아찔하다. 언제 산부인과 전문의를 만날 기회가 있으면 내가 출생하면서 얼굴에 쓰고 나왔다는 보에 대해 소상히 질문해볼 생각이다.

내가 12삭둥이로 태어났다는 얘기, 태어날 때 얼굴에 보를 쓰고 태어났다는 얘기는 어머니를 통해 수도 없이 전해 들었다. 출생과 관련된 이야기를 전해들을 때마다 참으로 특이하다는 생각을 가졌다. 그러나 그게 싫지 않았다. 뚜렷한 이유는 없었다. 다만 어려서 독파한 여려 위인전기를 통해 위인들이 하나같이 특별한 출생의 배경을 갖고 있다는 사실을 알고 있었기 때문이다. 실제로 위인전기의 대부분은 주인공이 출생부터 유소년기를 거쳐 성장해가는 시대 순으로 나열하는 방식을 써 앞장의 대부분은 출생과 관련된 이야기가 수록돼 있었다. 위인들의 출생은 예외 없이 비범했다. 그 영향인지 내 출생이 비범하지 않았다는 사실이 막연한 자신감으로 작용하던 시절도 있었다.

평범한 삶이 가장 행복한 삶이라고 생각을 고쳐먹은 이후 꿈도 소박해졌고, 욕심도 버렸지만 한때는 비범한 내 출생이 뭔가 세상을 향해 큰일을 하라는 암시처럼 여기며 살았던 때도 있었다. 시련이 닥쳐오거나 어려움을 당할 때 평범하지 않은 출생을 생각하며 스스로를 위로

하고 마음을 다잡기도 했다. 12삭둥이란 사실만으로도 비범하기 짝이 없는데 얼굴에 보를 쓰고 태어났으니 대단히 비범한 일이라고 생각했다. 그 비범함에 걸맞게 세상에 나서야 한다고 생각하기도 했다. 실체를 알 수 없는 막연한 자신감이 솟구치기도 했다. 내 출생의 비범함은 언제나 뭔가 잘 될 것 같은 기대감, 뭔가 할 수 있을 것 같은 자신감을 갖게 해주었다.

그러나 무엇을 하고 싶다거나 무엇을 이루고 싶다는 나의 지향점은 확연히 바뀌었다. 어린 시절과 비교할 때 난 무척 소박해졌다. 그만큼 현실적인 시각을 갖게 됐고, 세상이 만만치 않다는 사실을 깨달았기 때문일 것 같다. 과거에는 정치에 투신해 수직적인 신분 상승을 이루거나 사업을 일으켜 큰돈을 버는 따위의 일이 가치 있는 일이라고 생각했던 것 같다. 치열하게 살고 경쟁에서 살아남고 하는 등등이 성공한 삶이라고 생각했던 것 같다. 하지만 지금 내가 갖고 있는 지향점은 그런 세속적인 것과는 다소 차이가 있다. 힘 있는 삶 못지않게 의미 있는 삶이 중요하다는 사실을 깨달은 것은 수년 전부터이다. 세상엔 돈이나 명예를 얻지 않고도 가치를 찾을 수 있는 일이 너무도 많다는 것을 조금씩 알아가고 있다.

그래서 아직 해야 할 일이 많다. 마흔 살이 넘어선 이후 내가 무엇을 좋아하고 무엇을 잘 할 수 있는가를 조금씩 알아가기 시작했다. 사람은 자신이 잘 할 수 있는 일, 좋아하는 일을 해야만 성취할 수 있고 즐거울 수 있다. 자신이 좋아하는지 잘 할 수 있는지 조차도 스스로 모르면서 권세나 재물만 쫓는 일이 얼마나 무모하고 가치 없는 일인지 터득했다. 불혹을 넘어섰기 때문이다. 난 내 출생의 비범함이 주는 자신감을 아직도 간직하며 살아가고 있다. 그래서 내가 좋아하는 일, 즐기면서 할 수 있는 일을 계속적으로 찾아낼 것이다. 그리고는 그 것을 실현해 나가기 위해 노력할 것이다. 얼굴에 보를 쓰고 나온 12삭둥이는 서서히 착실하게 꿈을 실현해 나아갈 것이다. 행복할 것이다.

# 음성 고추, 서산 마늘

음식을 만드는 재료는 주재료와 부재료로 나뉜다. 주재료가 그 음식의 본질이라면 부재료는 소위 양념이라 하여 음식의 맛을 내는 요소들이다. 한국 음식의 부재료인 양념은 지극히 단순한 편이다. 고추, 마늘, 파, 깨, 후추, 참기름, 간장, 물엿, 젓갈 등등 헤아려 보면 꽤 많지만 그래도 실상 자주 이용하는 양념은 몇 가지로 국한된다. 한국음식의 양념 중 가장 기본적이고 빼놓을 수 없는 것을 꼽으라 하면 당연히 고추와 마늘이다. 웬만한 한국음식 중 고추와 마늘이 들어가지 않는 음식은 없다시피 하다. 고추와 마늘이 가장 기본적인 양념이란 사실을 누구도 부정할 수 없다.

고추와 마늘은 한반도에 전래돼 재배되기 시작한 것이 불과 수백 년에 불과하지만 어느 새인가 가장 기본적인 대표 양념으로 자리를 잡았다. 한국의 대표적인 맛이 매운 맛이 된 것은 고추를 이용한 요리가 그만큼 발달됐다는 것을 방증한다. 강렬한 붉은 색은 식욕을 돋게 하는 시각적 효과까지 있어 대부분의 한국 음식 필수 양념으로 자리를 잡았다. 마늘도 마찬가지이다. 독특한 색깔을 내는 것은 아니지만 마늘이 가진 향은 음식의 잡냄새를 없애줄 뿐 아니라 감칠맛을 돌게 해 국, 찌개, 무침, 볶음 등 어느 음식이든 빠지는 법이 없다.

하지만 고추와 마늘은 제사음식에 사용하지 않는다는 공통점을 갖고 있다. 정확한 이유는 알 수 없으나 속설에 의하면 이 세상을 등진 저세상의 영혼들은 마늘과 고추를 싫어한다고 한다. 하지만 이는 논리적인 설득이 못된다. 제사상에 오르는 음식을 조리할 때 고추와 마늘을 사용하지 않는 것은 제사음식은 강하고 자극적인 맛을 최대한 억제해 고유의 담백한 맛을 그대로 살려 정갈하게 차려내야 한다는 의식에서 비롯된다고 한다. 일반적으로 강한 맛을 내는 고추와 마늘은 음식 고유의 맛을 잃게 하는 면이 있어 제사를 모시는 지극한 마음에서 벗어난다고 여겼던 것 같다.

또 하나의 특징은 우리 국민 모두가 고추와 마늘을 한국음식의 가장 대표적인 맛으로 인식하고 있고 외국인들조차 한국음식의 가장 두드러진 특징으로 고추와 마늘 맛을 꼽는다는 점이다. 남미대륙 북부가 원산지로 알려진 고추나 중앙아시아 남부가 원산지로 알려진 마늘이나 모두 원산지보다 한국에서 더욱 애용되고 있다. 한국의 대표음식으로 자리를 굳힌 김치의 경우만 보더라도 고추와 마늘을 빼고 담근다는 것은 생각할 수 없다. 세계 어느 나라도 한국보다 고추나 마을을 많이 사용하는 경우는 없어 보인다.

굳이 글을 통해 고추와 마늘 이야기를 늘어놓는 것은 이유가 있다. 나와 아내의 인연을 강조해 말하고 싶은 욕심 때문이다. 고추의 경우 전국에 걸쳐 많은 산지가 있다. 그 중에도 유명세를 타는 주산지가 많다. 충청도 청양, 경상도 영양, 전라도 임실 등등은 익히 알려진 고추의 주산지이다. 하지만 많은 산지 가운데도 가장 품질이 좋아 유명세를 타고 있는 곳은 충청도 음성이다. 많은 이들은 음성이라는 지명을 들으면 대뜸 고추부터 떠올린다. 마늘은 충청도 단양, 경상도 의성, 전라도 고흥 등지가 주산지로 재배면적도 넓고 상품의 품질이 좋은 곳으로 이름이 알려져 있다. 하지만 역시 으뜸은 충청도 서산이다. 서산의 대표적 생산품인 육쪽마늘은 최고의 품질을 인정받는다.

음성과 서산을 강조하고자 하는 이유는 다소 억지스러울지 몰라도 음성 출신인 나와 서산 출신인 아내의 인연을 강조하고 싶어서이다. 한국 음식의 가장 대표적인 양념인 고추와 마늘. 고추와 마늘의 국내 최고 산지인 음성과 서산 출신이 만나 가정을 꾸린 것이 나름의 의미가 있다고 오래전부터 혼자 생각해 왔다. 어느 고장은 사과가 유명하고 어느 고장은 고구마가 유명하고 또 어느 고장은 양파나 참외가 유명하다. 그 많은 특산품 중 대한민국의 필수 양념인 고추와 마늘의 주산지를 고향으로 둔 남녀가 만난 인연은 예사롭지 않다고 애써 의미를 부여했다.

사람의 인연이란 참으로 오묘하다. 많고 많은 인연 중 가장 의미 있는 인연은 부부라고 생각한다. 생면부지의 남녀가 만나 가정을 꾸미고 자식을 함께 낳고, 같은 방에서 잠을 자고, 같은 상에서 밥을 먹고, 죽어서도 나란히 땅에 묻히니 세상에 이보다 더한 인연이 있을까 싶다. 생각해보면 부부의 인연은 참으로 소중하다. 세상에서 가장 친한 사이가 부부가 아닐까 생각한다. 하지만 서류 한 장만 정리하면 이내 남으로 돌아서는 관계가 부부 아닌가. 대개 헤어진 부부는 그냥 몸만 헤어지기 보다는 원한을 품고 배척하는 마음으로 헤어지기 십상이다.

그러니 마음 한 번 고쳐먹으면 세상에서 가장 편한 사이, 반대로 마음 한 번 잘못 먹으면 불구대천지원수가 되는 사이가 부부 아닌가.

매일 먹는 고추와 마늘을 통해 아내와의 인연을 새삼 되짚어 보았다. 결혼에 이르기까지의 과정이 결코 녹록치 않았고, 살아오면서 숱한 성격 차이와 생활습관 차이로 많은 갈등을 겪었지만 지금껏 온전히 가정을 지키며 살아가고 있는 사실을 돌이켜보면 다행스럽고 감사한 마음이다. 고추와 마늘은 환상의 궁합을 이루는 양념이다. 가장 필수적인 양념이다. 비슷한 특징을 갖는 양념이다. 그러면서도 확연히 다른 특성을 가져 고추는 하늘을 향해 자라지만 마늘은 땅속에서 자란다. 고추의 생김새는 양기가 넘치지만 마늘의 생김새는 음기가 넘친다.

이래저래 생각해봐도 참으로 값어치 있는 조화로운 만남이다. 고추와 마늘이 조화를 이루어 독특한 맛과 향을 내듯 아내와 더불어 조화롭게 살아가고자 다짐해본다. 전국 최고의 고추와 전국 최고의 마늘이 만난 것은 결코 만만한 인연이 아니다. 전국의 수많은 부부 중에 음성 남자와 서산 여자가 만나 결혼에 이른 부부가 과연 몇이나 될까도 생각해보았다. 같은 위도 상에 놓여있지만 동서 간 교류가 원활하지 못한 대한민국의 실정을 감안하면 동서로 2백 5십리 떨어진 곳에서 나고 자란 사람이 만나 결혼하는 일이 그리 흔하지 않을 것 같다. 해안과 내륙이라는 특성을 가진 곳에서 각기 태어나서 생활한 우리 부부. 이 소중한 인연을 가슴 깊이 새기면서 오래도록 행복하게 살고 싶다는 생각이 오늘따라 간절하다.

# 김장

11월 중순 어머니가 김장을 하셨다. 김치 가지러 오라 하시기에 주말 시간을 이용해 다녀왔다. 11월 하순 처가가 김장을 했다. 주말 시간 시골집에 다녀온 처남이 김치를 가져다주었다. 양쪽 집에서 가져온 김장이 10여 포기는 되는 것 같다. 가깝게 지내는 집에서 맛이나 보라고 보낸 김치도 한두 포기가 된다. 이 정도면 겨울을 보내는데 부족함이 없다. 대개 10포기 남짓이면 우리 4식구 겨울을 보낼 수 있다.

시골 계신 어머니도 10포기 남짓, 서울 사는 큰딸도 10여 포기, 대전 사는 작은딸도 10여 포기, 서울 사는 동생들에게도 서너 포기씩. 이래저래 겨울 준비로 어머니가 마련하는 김장이 배추 50여 포기는 되는 듯하다. 50포기 김장을 하려면 이웃 아주머니들이 품앗이로 거들어 주어야 가능하다. 다듬고, 쪼개고, 절이고, 씻는데 하루가 걸리고, 버무리고 포장하는데 또 하루가 소요된다.

시골 사는 어머니와 장모님은 김장 안하면 큰일 나는 줄 알고 지극정성 겨울맞이를 하신다. 1년에 한 번 하는 김장을 위해 배추를 절이는 큰 통도 창고에 보관해 두어야 하고, 건져서 물을 빼는데 쓸 소쿠리도 잘 두어야 한다. 버무리는 대야와 김치를 담을 통도 늘 준비해 두어야 한다. 그러니 시골살림 도시 며느리들이 볼 때 구질구질 할 수밖에. 나이 일흔을 훌쩍 넘긴 어머니도, 장모님도 매년 김장을 하신다.

하지만 아파트에 사는 젊은 여인네들은 김장을 할 엄두를 내지도 못하거니와 김장에 필요한 도구를 집에 비치해 두려 하지도 않고, 김장하는 법을 배우려 하지도 않는다. 그때그때 필요한 김치도 담그지 않는 마당에 김장하기를 기대하는 것 자체가 무리이기는 하겠다. 그래서 당장 우리 집만 해도 시골에 계신 어머니와 장모님이 살림을 손 놓게 되면 그때부터 연중 김치를 사다 먹어야 할 판이다. 매년 김장 김치를 가져와 냉장고에 보관하면서 '언제까지 시골에서 김치를 가져다 먹는 일이 가능할까'를 생각하곤 한다.

세상은 참으로 많이 변했다. 나 어릴 적만 해도 김장은 연중 치러야 하는 엄청나게 큰 행사였다. 김장을 하고 담근 김장김치를 담은 항아리를 땅에 묻을 구덩이를 파고 주변에 엉성하게나마 움막을 지어 김치를 추위와 눈보라에서 보호하기 위한 김치 광을 만드는 일은 피해갈 수 없는 중요한 연중행사이었다. 살림을 크게 하는 집의 김장하는 날은 동네가 들썩들썩 한 날이 되기도 했다. 눈을 감고 시계를 열심히 역으로 돌리면 어릴 적 요란스럽게 김장을 하던 날의 모습이 머릿속에 그려진다.

지금이야 핵가족화 돼 가족 구성원 수가 3~4명인데다 김치 외에도 먹을 것이 많아 겨우 10여 포기 안팎을 김장이라고 준비하지만 내가 어려서 지켜본 시절은 그렇지 않았다. 웬만한 가정은 1백 포기 정도가 기본이었다. 큰살림 하는 집, 음식점이라도 하는 집은 5백 포기, 1천 포기를 담그는 것이 예사였다. 그러니 그 것이 보통 큰일이었겠는가. 그렇게 많이 담아야 겨우내 김치를 먹을 수 있었고 신 김치를 만들어 찌개나 국을 끓여 먹을 수 있었다.

김장을 담그는 방식은 지역마다 다르고, 집집마다 다르다. 지역마다 기후가 다르고 토질이 다르니 우선 배추 맛이 다르다. 지역마다 생산되는 농작물의 품질이나 종류가 다르니 속을 채우는 재료도 다르다. 그러니 김장김치 맛이 틀린 것은 당연한 일이다. 국토의 중심부에 위치한 전형적인 내륙지역인 본가와 서해안 지역인 처가의 김치 맛이 다른 것은 당연하다. 맛이 비슷하다면 오히려 이상한 일이다. 같은 충청도 땅이지만 내륙과 해안이라는 지리적 특성 때문에 양 집안의 김치 맛은 확연히 차이가 난다.

김치 맛을 좌우하는 첫 번째 요인은 젓갈이다. 무슨 젓갈을 얼마나 사용하느냐에 따라 김치 맛은 확연히 달라진다. 내륙인 우리 고향 동네는 김치를 담글 때 새우젓 외에는 별다른 젓갈을 넣지 않는다. 김장 때는 동태 살을 발라내 김치 양념에 넣는 경우도 있다. 어떤 집은 아예 젓갈을 넣지 않고 김치를 담그는 경우도 있다. 그래서 전체적으로 칼칼하고 개운한 것이 특징이다. 양념도 비교적 많이 넣지 않는다. 어려서부터 이런 김치를 맛보고 자란 나는 역시나 젓갈을 많이 넣지 않고 시원한 맛을 살려낸 김치를 좋아하는 편이다.

반면 서해안 지역인 처가의 김장 맛은 확연히 다르다. 우선 젓갈 자체가 다르다. 장모님을 김장을 위해 실치(뱅어)를 구입해서 직접 젓갈을 담그신다. 그래서 그 실치젓으로 김치를 담근다. 김치 속을 만들 때

젓갈을 아주 많이 넣는 편이다. 어려서부터 실치젓을 맛보지 못하고 자란 나는 처음 처가 김치를 맛보았을 때 실치젓의 향이 적응이 잘 안 됐다. 그래서 처가의 김치 맛이 익숙해지는 데까지는 수년의 시간이 필요했다. 본가 김치는 양념을 최소화 시켜 담그지만 처가 김치는 비교적 많은 양념을 넣는 것이 특징이다. 무채를 비롯해 양념을 아주 많이 넣어 담그는 김치 맛을 길들이는데도 제법 오랜 시간이 필요했다.

이제 양가의 김치 맛이 모두 익숙해졌지만 중요한 것은 음성김치도 서산김치도 맛 볼 수 있는 날이 앞으로 그리 많지 않다는 점이다. 일흔 나이를 훌쩍 넘기신 양가의 어머니가 담가주시는 김장김치 맛을 볼 날이 이제는 그리 많이 남지 않았다. 내 아내도 누이들이나 처형들도 굳이 김장을 할 필요성을 느끼지 못하며 살아가고 있다. 모두들 공장 김치를 사먹을 생각들을 하고 있는 것 같다. 된장이며 고추장이며 간장을 마트에서 구입해 먹은 지가 벌써 오래됐다. 하물며 김치인들 못 사 먹겠나.

한국인으로 태어나 어려서부터 자연스럽게 김치를 먹고 자랐으니 앞으로도 줄기차게 김치를 먹게 될 것이다. 우리 아이들도 벌써부터 김치 맛을 알았으니 그들 역시 계속해서 김치를 먹게 될 것이다. 하지만 지역적 특색도 각 가정의 독특한 맛도 없는 그저 획일화된 맛의 공장 가공 김치를 먹게 될 것이다. 어쩔 수 없는 상황이란 것을 알지만 그래도 내 어머니가 담가주신 김치, 40년 넘게 내 입맛에 맞춰진 김치 맛을 볼 수 있는 날들이 그리 많이 남지 않았다는 사실이 너무도 서글프다.

이제 지구상 어느 곳에서도 그 김치 맛을 볼 수 없게 될 것이다. 매년 김장철이 다가오면 나는 부산하게 김장 준비를 하시던 어머니를 떠올리며 어머니의 김치 맛을 사무치게 그리워할 것이다. 공장김치 맛에 익숙해져 살다가 어느 날 문득 어머니의 김치 맛과 유사한 김치 맛을 보게 되면 한없는 그리움에 빠져들게 될 것이다. 지금 내가 할 수 있는 일은 주문을 외우고 기도를 하는 것뿐이다. "세월아! 천천히 흘러라. 이 시대의 김치 명인 울 엄니 오래 사시게"

## 고양이 세수

며칠째 아침마다 일곱 살 배기 작은아들 녀석 얼굴 씻는 걸 보니 영락없는 고양이세수(실상 세면이라는 표현이 맞다) 모양새이다. 마지못해 얼굴에 물이나 바르고 나오는 정도이지 먼지를 씻어내고, 기름기를 닦아낼 정도가 못된다. 닦는 면 자체가 눈 밑부터 입술 바로 아래까지이다. 옆으로도 광대뼈 자리를 넘어가지 않는다. 녀석이 닦아낸다고 하는 부위가 어른 손바닥 하나로 가릴 수 있는 정도의 면적이다. 물론 비누를 사용하지도 않고, 물을 바르는 것도 그저 몇 번이다. 그걸 세수랍시고 하는 꼴을 보면 웃음이 절로 나온다. 더불어 내 잔소리도 저절로 나온다.

열한 살이나 먹었다는 큰아들 녀석도 작은 아들과 세수하는 모양새와 크게 다르지 않다. 작은아들 녀석과 비교해보면 닦아내는 면적이 그저 조금 넓어지고, 물 바르는 횟수가 그저 몇 번 더 일뿐 고양이세수를 하는 꼴은 마찬가지이다. 한눈에 봐도 마지못해 하는 세수라는 것이 읽혀진다. 아침에 일어났으니 하는 세수이고, 엄마와 아빠가 하라니까 하는 세수이다. 제가 필요해서 하는 세수는 아니다. 그저 습관적으로 아침에 밥 먹기 전에 엄마와 아빠의 성화에 못 이겨 하는 것이다.

고양이 세수라는 말은 '얼굴에 물이나 바르는 정도로 엉성하게 하는 세수' 정도의 뜻으로 하나의 단어처럼 굳어져 이용되는 표현이다. 고양이가 세수하는 모습을 실제로 보았거나 영상을 통해 보았을 경우도 있겠지만 대개는 눈여겨보지는 않았을 것이란 생각이 든다. 나는 실제로도 몇 차례 본 기억이 있고, 영상으로도 본 것 같다. 고양이가 세수하는 모습을 보면 왜 아이들이 얼굴에 물만 바르고 하는 세수를 '고양이세수'라고 하는지 금세 이해할 수 있다. 고양이세수라는 이름이 얼마나 잘 붙여진 이름인지도 단번에 알 수 있다. 고양이는 정말로 물을 살짝 찍어서 얼굴 눈과 코 언저리만 닦아낸다. 그러니 아이들이 세수하는 모습을 '고양이세수'라고 이름붙인 것은 참으로 기막힌 표현이다.

요 며칠 아침마다 고양이세수를 한다고 작은아들 녀석을 놀려먹다 보니 자연스럽게 나의 어린 시절이 생각난다. 당시의 주거형태는 현재와 비교할 때 형편없는 수준이었다. 추위와 더위에 무방비였을 뿐 아니라 파리와 모기를 비롯한 갖가지 해충들이 생활의 일부로 여길 정도로 많았다. 방에서 생활하다보면 천정에서 쥐가 오가는 소리가 수시로 들렸고 부엌이며 광이며 쥐가 드나드는 모습은 어색하지도 않았다. 방이라고는 하지만 겨울동안 난로를 피우지 않으면 살 수 없을 정도로 허술했다. 목욕탕이니 화장실이니 하는 따위는 애초부터 생각지도 못했다. 샘에서 취사준비를 비롯해 물이 필요한 모든 생활이 이루어졌다. 물론 씻는 것도 샘에서 이루어졌다. 겨울에는 너무 추워 밖에서는 씻을 수가 없었고 부엌 한편에서 씻는 것이 일반적이었다. 아침에 일어나면 샘이 얼어붙어 물을 구할 수도 없었다.

이런 환경 속에서 제대로 씻지 못하고 사는 것은 어쩌면 당연했다. 여름에는 그래도 사정이 나았다. 겨울이 시작되면 며칠씩 손발도 씻지 않고 지내는 일도 다반사였다. 잠시라도 가벼운 옷차림을 할 수도 없어 씻는 일은 참으로 고역이었다. 난방이 잘 되는 공간에서 수도꼭지만 돌리면 따듯한 물이 쏟아지는 지금의 주거모습은 당시로서는 상상 속에서도 존재하지 않는 전혀 알 수 없는 세상이었다. 내가 이런 환경 속에서 살게 될 것이란 생각을 전혀 해보지 못했다. 겨울에는 추울 수밖에 없고, 추우면 씻는데 소홀할 수밖에 없는 것이 당연하다고만 생각했다.

나도 어린 시절 고양이세수를 했던 기억이 난다. 너무 추워서 이부자리에서 벗어나는 것 자체가 어려웠던 시절, 어린 내가 씻는 일을 부담스러워 했던 것은 어쩌면 당연하다. 그러니 간신히 얼굴에 물만 바르고 오는 일조차도 큰맘 먹고 했던 일 같다. 고양이세수는 비단 겨울에만 했던 것이 아니라 습관적으로 일정 나이에 이르기까지 계속 했던 것 같다. 겨울의 습관이 이어진 것인지, 당초에 씻는 일을 귀찮아하고 싫어했던 것인지는 명확히 모르겠으나 요즘 우리 집 두 아들 녀석이 세수하는 모양새를 보면 아마도 씻기 어려운 환경 탓만은 아니었던 것 같다.

내가 두 아이 녀석에게 고양이세수를 한다고 약을 올리면서 35~36년 전 아버지가 내게 약을 올리시던 모습이 문득 생각났다. 겨우 얼굴에 물을 바르고 방에 들어와서는 수건을 찾는 모습을 지켜보시며 아버지는 고양이 세수를 했다고 약을 올리셨다. 내가 아이들에게 고양이

세수를 한다고 놀려먹는 순간이 35~36년 전에 아버지가 내게 하셨던 일과 머릿속에서 겹치며 야릇한 그리움이 밀려온다. 아버지는 내가 막 사회생활을 시작한 97년도 5월에 57세의 나이로 세상을 뜨셨다. 2남2녀 중 유일하게 큰누이만 아버지가 살아계실 때 결혼을 했다. 나머지 사위나 며느리는 장인이나 시아버지이신 내 아버지의 얼굴조차 보지 못했다. 그러니 우리 아이들이 할아버지 얼굴을 못 본 것은 당연하다.

나의 두 아들은 심심찮게 할아버지에 대해 내게 묻곤 한다. 어떤 분이셨느냐고. 몹시 궁금해 한다. 고향 마을에 가면 동네 할머니들이 내 두 아들들의 모습을 보시고 "돌아가신 할아버지를 많이 닮았구나"라고 말씀 하시곤 한다. 그런 말을 들으면 아들들은 더욱 더 할아버지에 대한 궁금증을 키워 간다. 도대체 어떻게 생기셨고, 목소리는 어떠하셨으며, 성격은 어떠하셨느냐고 묻는다. 특히 장남인 영유는 유독 할아버지에 대해 많은 질문을 하고, 어떤 분이셨는지 궁금하다는 말을 자주 한다. 할아버지에 대해 이런저런 얘기를 해주면 해줄수록 아이들은 할아버지에 대한 궁금증을 오히려 쌓아간다.

오늘은 음력 10월 9일로 돌아가신 지 15년이나 된 내 아버지의 생신일이다. 살아계셨다면 지난 주말에 고향집에 다녀왔을 것이다. 요즘 고향에 계신 어른들의 생신은 통상 앞선 주말시간에 외지에 나가있는 가족들이 모여 치르는 것이 일반적이기 때문이다. 돌아가신 지 무려 15년이 흘렀으니 아버지의 생신을 기억하는 사람은 소수에 그친다. 생을 마감한 이후부터는 기제사 날을 기억할 뿐, 생신날을 기억하지 않는다. 나의 두 아들은 명절날과 기제사날 영정 속의 할아버지를 만

나는 것이 고작이다. 오늘이 할아버지의 생신이란 사실을 아이들은 전혀 알지 못한다. 물론 며느리인 내 아내도 알지 못한다.

나도 고양이세수를 했고 지금의 내가 아들들을 약 올리고 그들에게 잔소리 하듯 내 아버지도 내게 그렇게 하셨다. 앞으로 35~36년의 세월이 흘러가면 내 아들 녀석들이 제 자식에게 고양이세수 한다며 약을 올릴 것이다. 내가 지금의 아들 녀석들에게 하듯 말이다. 그러나 달라지는 게 있다면 나는 그때도 분명 살아있을 것이다. 할아버지의 존재감에 대해 궁금해 하는 내 두 아들들의 상처를 그대로 녀석들의 아들들에게 전달하지 않겠다는 강한 의지가 내겐 있다. 내 아버지는 50세가 넘으신 이후 삶을 포기하다시피 해 소주로 연명하셨다. 지독한 알코올중독 증세를 보이시며 삶의 의욕을 잃어갔고, 당뇨합병증과 간경화로 요절에 가까운 나이로 생을 마치셨다.

절대 아이들에게 아버지 없는 결혼식을 치르지 않게 할 것이다. 손자들이 어떤 분이었는지 궁금해 하는 할아버지가 되지 않겠다. 그들과 얼굴 부비고 체온을 느끼고 삶의 좋은 얘기를 들려주는 좋은 할아버지가 되겠다. 어린 손자들이 제삿날을 기억하는 할아버지가 아닌 생일날을 기억하게 하는 할아버지가 되겠다. 나 외에 오늘이 아버지의 생신이란 사실을 기억하는 사람은 누구일까. 살아계셨다면 생신상을 차려드리고자 모였을 가족들을 모두 통 틀어 과연 몇 명이나 오늘의 아버지 생신을 기억할까. 지금 이 글을 쓰고 있는 책상 위에 걸려 있는 아버지의 영정이 오늘따라 나를 빤히 바라보시는 것처럼 느껴진다. 막내인 나를 몹시도 사랑하셨던 내 아버지. 70세까지만 살다가셨어도 이토록 안타깝고 원통하지는 않았을 것을.

# 읽기, 쓰기, 듣기, 말하기

내 취미는 읽기(Reading), 쓰기(Writing), 듣기(Listening), 말하기(Speaking)이고 내 특기도 읽기, 쓰기, 듣기, 말하기이다. 내가 가장 강조하는 교육의 방법은 읽기, 쓰기, 말하기, 듣기와 생각하기(Thinking)이다. 거듭 강조하는 네 가지는 지구상에 존재하는 수천수만 가지 동물 중 유일하게 인간만이 할 수 있는 능력이다. 한 가지 덧붙인 생각하기 또한 인간만이 가진 능력이다. 인간은 이 능력을 통해 만물의 영장이 되었고, 지구를 지배하고 있다. 언뜻 생각하기에 듣기는 인간 이외의 모든 동물이 할 수 있는 능력이라고 생각할 수 있으나 동물적으로 무심코 듣는 행위(Hearing)가 아닌 생각하며 듣는 행위(Listening)는 오로지 인간만이 가진 능력이다.

읽고, 쓰고, 듣고, 말하는 능력을 통해 인간은 완성미를 더해갈 수 있고, 내적 성숙을 이루어 나갈 수 있다. 더불어 상호 교감을 나눌 수 있고, 역사를 발전시켜 나가는 밑천이 된다. 네 가지 능력은 일상생활 속에서 계속되는 행위이기도 하지만 완성도 높은 읽기, 쓰기, 듣기, 말하기는 별도로 짬을 내어 반복하고, 깊이를 더해갈 때 더 높은 세계를 경험할 수 있게 된다. 그래서 내가 거듭 주장하는 네 가지 행위는 일상 속에서 이루어지는 단순 행위가 아닌 연습하고 훈련하는 행위를 칭한다.

읽기는 책을 읽는 습관을 말한다. 책은 저술하는 이가 오랜 시간 자신이 터득한 사고나 감정, 기술 등을 압축해서 기록한 것이다. 때문에 책을 읽음으로서 저자가 오랜 기간 고생해서 습득한 노하우를 비교적 짧은 시간에 터득할 수 있다. 참으로 남는 장사이다. 아울러 책을 읽는 동안에는 지속적으로 뇌 활동을 하며 상상의 세계를 엮어갈 수 있다. 책을 읽는 행위는 두뇌활동에 적절한 자극을 주어 지능을 높이는 역할을 한다. 또한 감정도 적절히 자극해 감성을 높이는 구실도 한다. 그래서 예나 지금이나 책을 읽으라는 덕담은 계속되고 있다.

내 경우 나름대로 책을 읽으려고 노력하는 편이다. 물론 바쁘다는 핑계로 차일피일 하기도 하고 몇 장을 읽고 이내 눈의 피로를 호소하며 책장을 덮는 일도 많지만 그래도 책을 읽기 위해 부단히 노력하는 편이다. 다만 동서고금의 양서를 두루 읽기보다는 내가 좋아하는 분야의 책을 집중적으로 읽는 편이어서 다소 편향된 독서습관을 갖고 있다. 인문, 사회 분야의 책을 주로 읽고 특히 문화 관련 책을 좋아하는 편이다. 그래서인지 가장 싫어하는 책이 자기계발서이다. 제목만 거창하고 내용은 별스럽지 않은 성공 스토리를 과장해 엮어 놓은 자기계발서에 대한 나의 평가는 가혹하기 짝이 없다. 심지어는 책이 아니라고 생각한다. 재테크에 대해 서술한 책도 비슷하게 평가한다.

글을 쓰는 일은 숙달되지 않은 이에게는 무척 고통스러운 작업이다. 무엇을 어떻게 적어야 할지 난감하기 짝이 없다. 도대체 어디서 무엇부터 어떻게 시작해야 하는지 갈피를 잡지 못한다. 그래서 많은 이들은 글쓰기를 무척 두려워한다. 좋은 글을 써보고 싶다는 욕망은 강하지만 엄두를 내지 못하는 경우가 많다. 그러나 직접 써보는 것 보다 좋은 글쓰기 훈련은 없다. 아울러 자신이 쓴 글을 숙련된 이에게 보여주고 첨삭지도를 받는다면 글쓰기 기술을 한층 빠르게 신장될 수 있다. 그러나 대개의 사람들은 쓰는 행위 자체를 무서워하는데다 자신이 쓴 글을 누군가에게 공개하는 일을 퍽이나 부담스러워 한다. 그래서 늘 글쓰기는 제자리걸음을 벗어나지 못하는 경우가 많다.

나는 글을 쓰는 것에 대한 두려움이 없다. 태생적으로 두려움을 갖지 않는다는 것이 아니라 훈련을 통해 극복했다. 기본적인 자료만 준비된다면 금방이라도 글을 써내려갈 수 있는 준비가 돼 있다. 그만큼 많은 글을 써봤고, 노하우도 갖고 있다. 내가 쓴 글을 공개해 노련한 이들로부터 첨삭지도를 받아 정갈한 문장을 만들고, 조리 있게 전개해 나가는 법을 배웠다. 더불어 글을 많이 써보면서 스스로 깨닫고 익힌 면도 많다. 그래서 읽기, 쓰기, 말하기, 듣기 중에서도 쓰기는 내가 내세울 수 있는 분야가 됐다. 글쓰기를 익히는 방법 중 많이 써 보는 것보다 좋은 방법은 없다. 덧붙여 쓴 글을 부끄러워 말고 숙련된 이들에게 공개해 지도를 받으면 훨씬 빠르게 작문 실력을 성장시킬 수 있다.

쓰기가 그러하듯 말하기도 사실은 타고나는 재주인 것 같다. 후천적으로 배워서 익혀나가는 것도 방법이겠지만 그보다 앞서 재주를 가지고 태어나는 것이 우선인 것 같다. 글쓰기도 그렇고 말하기도 그렇고, 아무리 가르쳐도 도무지 실력이 늘지 않는 이들이 종종 발견된다. 안타깝지만 도리 없는 일이다. 읽기, 쓰기, 말하기, 듣기 중에서 가장 중요한 것이 무엇이냐고 묻는다면 나는 말하기라고 답변하고 싶다. 실제로 말하기는 가장 기본적이고 중요한 자기표현 수단이다. 정확한 발음으로 말을 조리 있게 하면서, 강약을 조절해 눈빛으로 자신의 감정 상태를 나타내가며 대화한다면 완벽하게 자신을 표현할 수 있게 된다.

말하기 역시 자신감을 갖는데서 출발한다. 자신감이 없어 말끝을 흐리거나 논점 없이 한 말을 자꾸 되풀이 하면 듣는 이로부터 불신을 사게 된다. 나이에 비해 유치한 단어 구사력을 보인다든지, 시종 같은 억양으로 너무 작거나 너무 큰 목소리로 말하는 것도 안 된다. 평소 말하기가 취미인 나는 대중을 상대로 강연을 하는 기회를 스스로 만들었다. 반응은 의외로 좋았고, 강연을 의뢰해오는 경우도 생기게 됐다. 쓰기와 더불어 나의 특기이자 취미가 된 말하기를 통해 훗날 새로운 길을 찾을 수도 있을 것이란 생각을 갖게 됐다. 보다 전문적인 지식을 익히고 나만의 특화된 분야를 만들어 보다 많은 강연을 하고 싶다는 생각이 간절하다. 말하기도 역시나 많은 경험과 학습을 통해 풍부한 소재를 갖고 있을 때 잘 할 수 있다는 것은 두 말할 나위가 없다.

최근에 내가 취미로 시작한 것이 듣기이다. 얼핏 듣기가 취미라고 하면 음악 감상을 떠올리겠지만 내가 취미로 듣는 것은 강연이다. 인터넷이 일상화 되고 더불어 스마트폰 보급이 보편화 된 이후 난 미디어를 통해 강연을 듣는 취미가 생겼다. 인터넷을 뒤적이면 수천 건의 강연 녹화분이 동영상으로 떠돌고 있고, 이 가운데는 국내 최고 수준의 분야별 전문가 강연이 포함돼 있다. 분야별로 최고로 인정받는 학자와 평론가들의 강연, 토론회 등이 방대하게 저장돼 있어 수시로 검색해 내가 관심을 갖는 강연을 들을 수 있다. 매번 놀랠 정도로 좋은 강연이 수도 없이 많이 수록돼 있다. 가끔은 이 강연을 충분히 듣고 싶은 욕심에 일부러 1시간 걸려 버스를 이용해 출근하기도 한다.

내가 즐겨 듣는 강연은 주로 인문학과 사회학 분야로 김용옥, 김정운, 최진기, 진중권, 설민석, 이기동 등등은 내가 즐겨 찾는 강연자들이다. 강연을 통해 새로운 사실을 손쉽게 알아갈 때 희열을 느낀다. 아울러 청중을 사로잡는 열강을 들으면서 무한한 동경을 느끼며 그들의 강의 기법을 꼼꼼히 점검하기도 한다. 듣기를 취미로 한 것은 전적으로 인터넷과 스마트폰의 영향이다. 뉴 미디어가 없었다면 강연을 듣는 취미를 갖는다는 것 자체가 어려운 일이었을 것이다. 초중고를 거쳐 대학과 대학원을 다녔지만 기억에 남을 만한 명강의를 받은 기억은 손으로 헤아릴 정도이다. 좋은 강의에 무척 목말라 했다. 이제 원 없이 좋은 강의를 내가 원하는 시간에 들을 수 있게 됐으니 이 또한 행복의 일면이다.

거듭 밝히 건데 읽기, 쓰기, 말하기, 듣기는 가장 중요한 학습이고 인간이 인간답게 살기 위해 습관화해야 할 항목들이다. 이 네 가지는 학습을 하는 가장 중요한 요소이고, 가장 기본적인 항목이다. 덧붙인다면 생각하기가 이 네 가지만큼이나 중요하다. 몰론 생각하기는 네 가지를 실천하면서 병행해야 할 일이다. 생각하지 않으면서 읽고, 쓰고, 말하고, 듣는 다는 것 자체가 모순이다. 어려서부터 읽고, 쓰고, 말하고, 듣는 습관이 길들여지지 않으면 공부와 친해질 수 없다. 네 가지 기본적인 사항이 몸에 익어 있을 때 공부를 할 수 있는 기본을 갖추게 된다.

세상에는 정말 많은 취미와 특기가 있다. 정적인 것, 동적인 것, 혼자 즐기는 것, 여럿이 함께 해야 하는 것, 쉬운 것, 어려운 것 등등 수도 없이 많이 구분할 수 있는 다양한 취미와 특기가 있다. 이 네 가지에 관심도 많고, 최소한의 재능을 갖추고 태어났다는 점이 얼마나 다행스럽고 고마운지 모르겠다. 내 생각을 정연하게 글로 표현할 수 있고, 논리적으로 말 할 수 있다는 것은 축복받은 재능이다. 그래서 늘 감사하는 마음을 갖는다. 얼마든지, 읽을 수 있고, 들을 수 있는 환경이 만들어진 것도 얼마나 감사한지 모른다. 이 시대, 이 땅에 태어나 마음껏 읽고, 쓰고, 말하고, 듣는 즐거움에 파묻혀 살고 있으니 감사하고 또 감사하다. 내게 최소한의 재능을 물려주신 부모님께 또 감사한다.

# 신언서판이 옳다

토익이 어쩌고, 자격증이 저쩌고, 스펙이 어떻고… 내겐 들리지 않는 말이다. 세상이 아무리 바뀌었다고 해도 나는 2000년 전 당나라가 관리를 등용할 때 기준으로 삼았던 신언서판(身言書判)이 사람 됨됨이를 판별하는 가장 합당한 방법이라고 여기고 있다. 세월이 무려 2천 년이나 흘렀건만 그 기준은 지금 이 시대에 적용해도 전혀 손색이 없다. 오히려 요즘 사회가 필요로 하는 인재 상에 비해 더 솔직하고 직관적이면서도 합당하다. 일면 시대와 맞지 않는 구석이 없지 않으나 전체적으로는 타당하다.

학원을 전전하며 자격증을 취득하고, 사색과 고민 없는 문제풀이 기술자를 인재의 기준으로 삼는 것은 백번 천번 잘못됐다. 내가 기업의 경영주라면 적어도 그런 문제풀이 기술자를 채용하지는 않을 것 같다. 아무런 개성도 없고, 독특한 아이디어도 없는 가공된 인재에게 매력을 느끼지 못하기 때문이다. 그 스펙을 쌓기 위해 고군분투한 그들의 노력은 가상하지만 썩 입맛에 당기지는 않는다. 같은 값이라면 많은 시간과 노력을 투자해 자신을 포장한 공을 인정하겠지만 굳이 같은 값이 아니라면 스펙이란 존재는 그다지 신통하게 여겨지지 않는다.

수년 전부터 일상용어가 되다시피 한 '스펙' '스펙 쌓기' 는 전에는 좀처럼 사용하지 않던 말이다. 그러나 요즘의 청소년이나 청년들은 이 스펙이란 단어에 목을 매고 있는 형국이다. 영어 실력의 가늠자로 통하는 토익점수를 얻기 위해 머리를 싸매고, 써먹지도 못할 온갖 자격증을 따느라 혈안이 된 요즘의 청소년과 청년들이 가엾기 짝이 없다. 이력서에 한 줄 더 쓸 내용을 만들기 위해 마음에도 없는 봉사활동을 다니고, 듣도 보도 못한 별의 별 경력을 만드는데 열중하고 있다.

그러나 일선 기업 현장에서는 그들이 생각하는 만큼 그토록 화려한 스펙을 원하지 않는다. 그저 참고 사항이 될 수는 있지만 절대적인 인재 선발 요건은 아니다. 하지만 치열한 취업전쟁의 공포에 시달리고 있는 그들은 불안감을 떨쳐내려는 마음에 오로지 스펙 쌓기에 전력하고 있다. 그것이 취업을 하는데 모든 것인 양 착각하고 있다. 이것이야말로 인재를 필요로 하는 기업과 취업을 원하는 구직자 간 소통의 부재에서 비롯되는 안타까운 현상이다. 스펙을 쌓아서 손해 볼 것이야 없겠지만 그것이 전부는 아니다.

기업에 몸을 담고 있는 나로서는 많은 후배들을 살펴보고 있다. 오랜 시간 조직생활을 하다 보니 조직에서 필요로 하는 인재 상을 대충 이해하고 있다. 내 생각이 조직의 생각과 일치하는 것은 아니지만 크게 다르지 않을 것이라고 생각한다. 어느 조직에서나 구성원을 선발하는데 있어 첫째 조건은 성실성이다. 자신에게 주어진 일을 성실하게 처리해낼 수 없는 무책임한 자라면 조직생활에서는 버텨낼 수가 없다. 구성원들과 원활한 관계를 유지하며 지낼 수 있는 친화력도 빼놓을 수 없는 덕목이다. 성실성과 친화력이 기본으로 갖춰진 이후에 업무능력을 보게 된다. 맡은 일을 빈 틈 없이 말끔히 처리할 수 있는 능력도 절대적인 필수 조건이다. 하지만 겪어보지 않고 특정인의 성실성이나 친화력, 업무 능력 등을 평가할 수는 없는 일이다. 그래서 최근 기업들은 일정 기간 출근시키며 능력과 성품을 검증하는 인턴 제도를 이용하고 있다. 인턴제도야 말로 가장 확실한 인재 채용방법이라고 생각한다. 며칠만 겪어보면 누구든 본연의 성품이나 실력을 드러낼 수 밖에 없기 때문이다.

인턴제도는 더없이 좋은 장점을 가진 제도이지만 몇 가지 불합리한 점도 갖고 있다. 기업에게 일방적으로 유리한 측면이 없지 않고, 기업 입장에서는 인물을 검증하는 기간 불필요한 지출을 해야 하는 점도 있다. 일정 기간 최선을 다해 일을 하고도 채용이란 관문을 통과하지 못하면 인턴에 응한 취업 희망자가 겪는 손해는 막대하다. 오랜 시간과 불필요한 지출이 동반된다는 점이 기업에게는 불리하고, 취업의 보장 없이 일정 기간 겉도는 신분으로 일을 해야 한다는 점이 취업 희망자에게는 불리하다. 이래저래 유 · 불리가 있겠지만 그래도 시험을 치러서 그 점수만으로 사람 됨됨이를 평가하는 것보다는 인턴제도가 훨씬 합리적이라고 생각한다.

신언서판이란 앞서 밝힌 대로 중국 고대 당나라가 관리를 등용할 때 선발하던 기준이다. 우선 신(身)을 기준으로 삼는다는 것은 그 사람의 외모를 본다는 것이다. 외모를 본다는 것은 언뜻 얼굴이 잘 생겼나를 본다는 의미로 받아들일 수 있겠지만 그것은 아닐 터이고 전체적인 인상이나 신체적 특징을 살핀다는 것으로 받아들여진다. 실제로 사람의 인상은 심상을 따라가는 것이 일반적이어서 순하게 생긴 사람이 순하고, 고집스럽게 생긴 사람이 고집스러운 경우가 많다. 드라마나 영화를 봐도 악역을 맡는 얼굴형이 있고, 정의로운 주인공 역을 맡는 얼굴형을 가진 배우가 있다는 점은 이를 입증한다.

언(言)이란 화술을 말한다. 입에 달콤한 아부성 발언을 하는지를 보는 것이 아니라 얼마나 조리 있게 논리적으로 말하는지를 본다는 것이다. 공자께서는 말이 많은 사람과 가까이 하지 말라고 하셨지만 그것은 쓸데없는 말을 많이 하고 다니며 설화를 일으키는 부류를 경계하라는 의미로 한 말이다. 자신의 생각을 논리정연하게 설득적으로 말할 수 있는 것은 탁월한 재주이며 남과 어울릴 때 더없이 좋은 기술이다. 논리적으로 말할 수 있다는 것은 말 하는 이의 정연한 사고를 표출하는 것이다. 아울러 말을 잘 한다는 것은 상대의 말을 들어주고 그에 따라 적절히 자신의 말을 조절하는 능력을 포함하는 것이다. 일방적으로 자신의 주장만을 펼치는 것은 절대 말을 잘하는 것이 아니다.

서(書)는 글씨를 잘 쓴다는 것을 의미한다. 글씨를 반듯하고 예쁘게 쓸 줄 아는 사람은 손재주가 있어 솜씨가 정교하고 마음도 비교적 바르다고 생각한 것 같다. 실제로 번듯하게 생긴 인물이 글씨솜씨가 졸렬한 악필이면 왠지 실력 없어 보이고 품행이 방정해보이지 않는 경우가 있다. 아울러 잘 쓰는 글씨와 별개로 노련하지 못한 글씨 솜씨도 믿음을 주기에는 역부족이다. 노련한 글씨는 반듯하고 미려하지 않아도 숙달된 맛을 풍긴다. 그래서 글씨를 보는 것은 그가 얼마나 많이 책과 붓을 가까이 했는지를 보는 기준이다. 또한 글씨라는 좁은 의미 외에 문학적 재능을 의미하기도 한다. 문장을 만드는 재주 역시 논리적 사고를 평가할 수 있고 감수성까지 확인할 수 있는 기준이 된다.

판(判)은 그 사람의 판단력을 일컫는다. 포괄적으로 말하면 업무 처리능력 정도로 해석할 수 있을 것 같다. 사람은 누구나 살아가면서 선택해야 할 상황을 맞게 되고 어떤 선택을 하느냐에 따라 운명은 뒤바뀔 수 있다. 개인이 수시로 선택의 상황을 맞는 만큼 조직이나 단체도 수시로 선택의 기로에 서게 된다. 지휘관이 잘못된 판단을 내릴 경우, 조직 전체는 어려움에 처하게 되고, 심한 경우 궤멸도 당할 수 있다. 그래서 판단력은 사람을 선택하는 절대적 기준으로 자리를 잡았다. 앞서 밝힌 신(身), 언(言), 서(書)는 직관적으로 평가할 수 있는 부분이 많은 항목이지만 판(判)은 일정 시간을 두고 지켜보면서 평가할 수밖에 없는 항목이다. 또한 경험을 통해 평가될 수밖에 없는 항목이기도 하다.

앞서 밝힌 대로 신언서판은 시간적으로는 2천 년 전, 공간적으로는 중국 당나라에서 관리를 등용할 때 채용기준으로 삼았던 항목들이다. 그런 만큼 전 세계에서 가장 빠르게 변화해가는 현대의 대한민국에 그 기준을 접목시키면 부적합할 수도 있다. 하지만 나는 이 기준을 현대에 접목해도 전혀 손색없이 사람을 평가할 수 있을 것이라고 확신한다. 물론 세세하게 추가적으로 살펴봐야 할 항목들이 더 많이 있을 수 있다. 세상이 복잡해지고 다양해진 만큼 인재를 선발하는 기준도 그만큼 세분화 되고 전문화 되는 것은 당연하다. 당연하지만 세부 항목을 일일이 큰 틀에 넣고 분석해보면 결국 신언서판이라고 하는 2천 년 전 기준을 크게 벗어나지 못한다고 믿고 있다.

굳이 말하고 싶은 것은 요즘 젊은이들이 너무도 맹목적으로 소위 스펙 쌓기에만 치중하는 것이 애석하다는 것이다. 사고의 범위를 넓히고, 교류를 다양화 하고, 경험을 넓혀가는 것이 진정 사회가 필요로 하는 인재에 접근하는 길일 터인데, 그저 자격증 따기에만 열중하고 있으니 그 모습을 지켜보기가 참으로 안타깝다. 젊은이들이 스펙 쌓기에 치중하는 것은 고학력 사회가 되면서 경쟁은 점점 치열해지고 사회에 진출할 수 있는 자리는 한정돼 있으니 경쟁에서 조금이라도 우위를 차지하기 위해, 또는 불안감을 떨치기 위해 조바심을 보이는 것이라고 비쳐진다. 아울러 그들의 불안한 심리를 자극해 상술로 연결시키려는 각종 학원이나 교습소 등등의 얄팍한 행위도 스펙 쌓기를 자극하는 요인이라고 볼 수 있겠다.

'개천에서 용 나는 시대는 끝났다'고 말하는 이들이 많고, 좋은 환경 속에서 매뉴얼대로 명문고-명문대-외국 유학 등의 코스를 밟아 성장해야 성공할 확률이 높다고 말하는 것이 사회 전반에서 보편적으로 받아들여지고 있다. 그러나 이런 생각을 해본다. 그저 소극적으로 시키는 일을 할 수 있는 정도의 인재는 스펙의 경중을 보고 선발해도 무방하지만 보다 큰일을 해내야 하는 굵직한 인물을 자격증 몇 장으로 가려낸다는 것은 참으로 어리석은 일이라고 여겨진다. 온 국민을 감동 속에 빠뜨릴 수 있는 문학작품을 쓸 수 있는 인물, 국민적 추앙을 받는 위대한 지도자, 사회를 위해 헌신 봉사하는 거룩한 성인… 이런 인물들을 토익점수와 자격증으로 절대 가려낼 수 없다는 것이 나의 지론이다. 선이 굵고 사고의 틀이 큰 그런 젊은이들을 만나고 싶다. 꿈을 먹고 사는 미래지향적 젊은이와 함께 일하고 싶다.

# "따라하는 건 정말 싫어"

유독 남 따라 하기를 싫어한다. 그냥 보통 싫어하는 게 아니라 아주 독특하다 싶을 정도로 싫어한다. 때로는 남을 따라가는 것이 훨씬 쉽고 편하고 재미있을 수도 있을 텐데 난 무조건 누군가를 따라하는 걸 싫어한다. 알량한 자존심인가보다. 그렇다고 개성이 철철 넘쳐나는 것도 아니고, 대단한 철학이 있는 것도 아닌데 막연히 남을 따라하는 게 싫을 뿐이다. 내가 남과 조금 다른 생각을 하고 행동을 할 때 나는 만족스러움을 느낀다. 반대로 남을 따라하는 일을 할 때는 부끄럽고 쑥스럽고 초라하게 느껴진다. 왜 그러는지는 나도 잘 모르겠다.

다만 혼자 생각하건데 시골에서 자란 영향이 적지 않은 것 같다. 내가 자란 시골은 산으로 둘러싸여 말 그대로 하늘만 배꼼 보이는 '깡촌'이었다. 지금이야 고속도로가 관통하고 톨게이트가 생겨 천지가 개벽을 했지만 이전에는 까마득한 시골이었다. 10리, 20리 길은 예사로 걸어 다녔고, 지역 전체에 공중목욕탕 하나가 없고, 빵집 하나 없는 그런 철저한 시골이었다. 그런 곳에서 나는 중학교까지 마쳤다. 무려 15년을 아무런 문화적 혜택이 없는 곳에서 자랐다. 자연이 주는 혜택이 그만큼 많았다는 사실이 위안이 될 뿐이다.

우리 시골 친구들은 초등학교부터 중학교까지 모두 함께 다녔다. 중학교에 진학하지 않는 몇몇 친구가 있었고, 인접한 다른 중학교로 진학한 친구들이 소수 있을 뿐 모두 같은 중학교에 다녔다. 면 내에 두 개의 초등학교가 있었고, 두 학교 졸업생들이 모여 중학교를 이뤘다. 초등학교를 같이 졸업한 친구는 140여 명, 중학교를 같이 졸업한 친구는 180여 명이었다. 서로의 아버지가 어떤 사람인지 우리는 잘 알고 있었다. 형이나 누나, 언니, 오빠, 동생이 누구인지도 잘 알고 있었고 그 집안의 웬만한 가정형편까지 모두 알고 있었다.

우리 친구들은 촌에서 자랐기 때문에 모두가 촌놈이었다. 물론 나도 촌놈이었다. 보고 배울 것이 없으니 당연히 촌스러울 수밖에 없었고, 모두가 그렇게 살았으니 흉도 아니었다. 흉도 아니라기보다는 그게 흉이라는 생각을 해보지도 못했다. 불과 30년 전의 일이지만 지금 생각해보면 남의 나라 이야기 같다. 그만큼 깜깜한 칠흑 같은 어둠의 세계 속에서 살았다. TV와 라디오가 유일하게 세상과 통하는 통로였다. TV와 라디오마저 없었다면 우린 정말 세상과 단절된 삶을 살았을 것이다.

TV와 라디오 말고 또 하나 세상과 통하는 통로가 있었으니 그것은 다름 아닌 방학이었다. 요즘 초 · 중학생은 방학이라고 해야 학원 다녀야 하고, 보충수업 다녀야 하기 때문에 별다른 의미가 없지만 우리가 자라던 시절에는 방학이 말 그대로 방학이었다. 당시 도시 아이들은 방학 때도 과외를 하고 독서실을 다니기도 했지만 시골 아이들에게는 완벽한 자유 시간이었다. 방학 시작해서 개학하는 날까지 책 한 번 펴보지 않고 있다가 학교에 가는 일이 다반사였다. 그래서 방학이 되면 어디라도 갈 수 있었고, 무엇이라도 할 수 있었다. 대개는 무의미하게 모여서 놀고, 사고치고 하는 게 고작이었다.

그러나 난 방학이 되면 어김없이 세상으로 나갔다. 초등학생 때는 부모를 졸라 세상구경에 나서기도 했고, 중학생이 되고 나서는 혼자 몸으로 세상을 찾아 나섰다. 서울을 비롯해 친인척들이 살고 있는 도시지역을 두루 다녔다. 참으로 부지런히 다녔다. 며칠 묵는 사이 그냥 넋 놓고 해주는 밥만 먹고 있다 오는 법이 없었다. 혼자 구석구석을 다 다니며 열심히 세상과 만났다. 그러면서 세상 보는 눈을 떴고, 촌놈이지만 세상을 하나씩 알아갔다. 도시생활에 대한 동경이 커져갔고, 시골이 얼마나 변화에 둔감한 곳인지를 깨달았다. 깨달았으니 실천하는 것은 당연한 일이었다. 중학생이 된 후부터는 혼자 버스를 타고 멀리 다닐 줄 알게 돼 용돈을 모아 주말과 휴일에도 혼자 여러 차례 서울을 다녀오기도 했다. 무작정 서울 시내를 싸돌아다닌 기억이 지금도 새록새록하다.

철저하게 시골생활을 하면서 도시생활을 곁눈질 한 나는 다소 강한 개성을 보이기 시작했다. 더 쉽게 표현해 튀기 시작했다. 그저 촌스럽기 그지없는 시골 친구들 사이에서 소위 '뭘 좀 아는 녀석'으로 통했다. 당시 용돈을 어렵게 모아 고급 브랜드 운동화를 구입해 혼자 신고 다니기도 했고, 많지는 않았지만 옷도 꽤나 폼 나게 입었다. 그렇다고 집이 부유해 사정이 넉넉한 것은 아니었지만 폼 나는 인생을 위해 기꺼이 투자했다. 노래도 대중가요가 아닌 팝을 즐겼고, 또래의 친구들과 뭐가 달라도 다른 짓을 하려고 부단히도 애를 썼다. 기타도 중학교 때부터 일찌감치 익혔다. 기타 가방을 메고 다니며 폼을 잡았고, 또래들이 별 다른 관심을 갖지 않는 정치나 사회 분야에도 식견을 가지려 애썼다.

한 마디로 개폼 잡고 다니며 자아도취에 빠져 사는 청소년기를 보냈다. 시골에서 공부도 그럭저럭 해 항상 상위권을 항상 유지했고, 초·중학교를 거치며 줄곧 반장과 회장을 역임했다. 시골 친구들은 이런 나를 인정해 주는 편이었다. 폼은 잡고 다니지만 제 할 일은 하는 놈이란 식으로 평가를 했고, 자연스럽게 개성 있는 존재로 인식됐다. 도시 아이들 같으면 별 것 아닌 놈이 폼 잡고 튀는 짓 한다고 따돌리거나 인정해주지 못하는 면이 있었을 텐데도 순수했던 시골 친구들은 나의 그런 면을 그런대로 인정해주는 편이었다.

이런 환경 속에서 자라다 보니 나의 어린 시절은 언제나 개성이 넘쳐났다. 그러다보니 자연스럽게 평범한 게 싫었고, 처지는 게 싫었다. 자존심도 점차 강해져만 갔다. 남과 같이 가는 것조차도 인정하지 못하던 당시의 나는 무엇이 됐든 남을 따라가는 것은 스스로 용납이 안 됐다. 내가 하는 짓을 남이 따라하는 것은 당연하다고 여겼지만 내가 누군가를 따라하는 것은 '있을 수 없는 일'이라고 여기며 살았다. 참으로 겸손하지 못한 모습으로 시골에서의 유소년기를 보냈다.

어린 시절의 그런 환경은 지금의 내 생활에도 적지 않은 영향을 끼치고 있다. 과거와 같이 겸손하지 못한 철부지 모습은 아니겠지만 지금도 성격상 누군가의 말과 행동을 따라하는 것 자체를 스스로가 용납을 못한다. 지금도 모두가 즐겨 입는 브랜드 옷은 잘 입지 않는다. 직장인으로 살아가고 있지만 직장 내에서 관행대로 맹목적으로 하는 일은 여간해 하지 않는다. 눈치를 보는 일도 없어 제법 할 말을 하는 편이고, 입사 이후 지금까지 회사에서 가장 먼저 퇴근하는 사람으로 알려져 있다. 인간관계에 있어서도 맹목적인 사람보다는 개성이 강한 사람을 좋아한다.

요즘 학생들 참으로 개성 없다. 그래서 걱정된다. 난 솔직히 그런 몰개성이 잘 이해되지 않는다. 교복도 아닌 특정 브랜드 옷을 교복처럼 모두가 입고 다니고 운동화도 특정 제품을 모두가 신고 다닌다. 가방도 똑같다. 헤어스타일도 천편일률적이다. 말투도 참으로 개성 없다. TV에서 인터뷰 하는 것을 자세히 들어보면 억양도 비슷하고, 단어 구사도 비슷하다. 더 중요한 것은 인터뷰 하는 내용도 비슷하다는 것이다. 어쩌면 그리도 개성들이 없는지 걱정스럽게 여겨진다. 미디어의 영향 때문일 것이라고 생각은 하지만 단정 짓지는 못하겠다.

개성은 중요한 것이고 존중돼야 한다. 하지만 개성을 지나치게 강하면 조직 내에서 자칫 따돌림을 당할 수도 있다. 직장 상사나 사회 어른이나 선배는 건방지다고 여길 수도 있다. 후배들도 몹시 부담스러운 존재로 여기기 쉽다. 그런 사실을 모르는 바 아니다. 주위에서 나를 어떻게 평가하는지 나는 잘 알고 있다. 누가 나의 개성을 인정해주는지, 누가 비아냥거리는지도 잘 알고 있다. 하지만 멈출 수 없다. 난 별 생각 없이 견강부회(牽强附會)하는 사람들을 이해하지 못하겠다. 적어도 나만의 독특한 캐릭터를 가져야 비로소 진정한 내가 된다고 생각한다.

강연을 들어도 '성공하는 삶'이나 또는 '부부의 갈등 해소법' 등등을 주제로 하고 개성 없는 목소리로 뻔한 사례를 제시하는 하는 경우, 정말 큰 실망을 느낀다. 가슴에 와 닿지가 않는다. 문학작품이나 개인의 신변잡기를 기록한 글도 마찬가지이다. 어머니 또는 가족에 대한 사랑, 연인에 대한 사랑, 고향에 대한 그리움, 자연에 대한 동경 등등을 주제로 한 글들은 대부분 비슷한 맥락이고 너무 흔한 주제여서 전달하고자 하는 메세지 자체가 뻔 하다는 생각이 든다. 고민 없이 쓴 글 같은 느낌을 지울 수 없다. 순간순간 기교가 탁월해도 가슴에 와 닿지가 않는다. 개성이란 감칠맛이 없기 때문이다.

두 아이를 키우는 아빠로서 아이들의 개성을 키워주는 데 주안점을 두고 싶다. 물론 시골에서 촌스럽게 폼 잡고 다니던 아빠의 청소년기 모습이 개성의 모범답안은 아니다. 하지만 천편일률적인 말투와 행동, 교과서적인 사고방식은 벗어나게 해주고 싶다. 어떤 질문을 던졌을 때 틀에 박힌 답변을 하는 사람들을 보면 그가 아무리 대단한 실력을 갖췄어도 그다지 능력 있어 보이지 않는다. 내 기준은 개성이기 때문이다.

개성을 추구하는 나의 삶이 알량하게 비칠 수도 있다. 하지만 난 개인적으로 현대 사회에서 나타나는 많은 병폐 중 하나가 몰개성이라고 생각한다. 아파트라는 개성 없는 공간에 살면서, 천편일률적인 학교와 학원교육을 받으며 개성 없는 인스턴트 음식을 먹고 자라니 저마다의 개성을 기대하기는 어려울 것이란 생각도 해본다. 하지만 그런 와중에도 자신만의 개성을 강하게 표출할 줄 알 때 진정 멋진 삶을 살아갈 수 있다고 생각한다. 난 개성을 사랑한다. 지금의 나보다 더 개성 있는 나를 만들고 싶다.

# 사슴벌레 증발 사건

사무실에서 한참 일하고 있는데 아내에게서 한 통의 전화가 걸려왔다. 그러더니 다짜고짜 "막내가 키우는 사슴벌레가 들어있는 사육통을 치웠느냐"고 묻는다. 아내도 내가 그것을 치울 이유가 없다고 생각했겠지만 하루 만에 멀쩡하던 사슴벌레와 사육통이 없어졌으니 답답한 마음에 전화를 했던 거다. 대수롭지 않은 일로 전화를 했다는 반응을 보이며 통화를 마쳤다. 말 그대로 대수롭지 않게 여기면서 '어딘가 두었을 텐데 못 찾는 것이겠지' 하는 생각만 했다. 사무실에서 가장 바쁜 시간이었기 때문에 이내 일에 몰입했고, 퇴근해서 집에 도착할 때까지도 대수롭지 않게 여기는 마음은 여전했다.

그러나 집에 돌아와 내 눈으로 상황을 목격하니 말 그대로 '귀신이 곡을 할 노릇'이었다. 아침까지도 멀쩡히 있던 사슴벌레와 사육통이 감쪽같이 사라진 것이다. 나와 아내는 막내아들을 다그쳤다. "네 녀석이 가지고 나갔다가 놓고 들어온 거 아냐? 뻔하지 뭐. 그렇지 않으면 그게 어디로 가냐?"라며 아이를 몰아세웠다. 하지만 아이는 끝내 자신과는 무관한 일이라고 강하게 항변했다. 아이의 눈빛에서 아주 억울해하고 당혹스러워 하는 모습이 역력했다.

그래서 시간대별로 상황을 차근차근 정리해 보았다. 그러면서 매듭이 하나씩 하나씩 풀리기 시작했다. 우선 분실된 물건은 당일 없어진 것이 아니라 하루 전날 없어진 것이란 결론을 내렸다. 그리고는 추가로 없어진 물건이 있다는 사실도 발견했다. 없어진 물건은 사슴벌레가 먹이로 사용하는 식용 젤리와 당시 아이들 사이에서 유행하는 고무 재질의 딱지, 동물장난감 등이었다. 기타 돈이 될 만한 물건이나 다른 추가적인 분실품은 없는 것으로 확인됐다.

없어진 품목을 열거해보니 누군지는 몰라도 어린 아이의 손을 탄 것이 분명했다. 그러나 우리 가족과 더불어 있을 때를 제외하면 아이들끼리 있던 시간이 없는데 아이들이 좋아하는 물건만 없어졌으니 황당함은 오히려 커졌다. 불안감과 궁금함이 동시에 밀려오면서 어디서부터 어떻게 일을 처리해야 할지를 생각해보았다. 결국 여러 궁리 끝에 우리 가족이 아무도 없던 시간에 누군가가 집에 잠입해 곤충과 몇몇 물건을 가져갔다는 결론을 내렸다. 믿고 싶지 않았지만 어쩔 수 없었다.

그래서 하는 수 없이 아파트 관리사무소에 설치된 폐쇄회로TV(CCTV)를 살펴보기로 했다. '굳이 확인해야 되나' 싶은 마음이 들기도 했지만 궁금증이 점점 커져 참기 어려운 지경에 이르렀다. 꼭 범인을 잡아서 없어진 물건을 되찾겠다는 생각보다는 속 시원히 사건의 전모를 알고 싶다는 생각이 간절할 뿐이었다. 관리사무소를 찾아가 앞뒤 상황을 설명하고 CCTV를 확인해줄 것을 요청했다. 자료를 확인하는데 오랜 시간이 걸리니 일단 집에 가서 기다리란다. 뭔가 관련된 화면이 파악되면 연락을 주겠단다. 이튿날 회사에서 근무하고 있는 시간에 관리사무소로부터 전화가 걸려왔다. 확인이 됐다고 직접 와서 보란다.

착잡한 기분이었다. CCTV를 통해 어린 아이가 주인의 허락 없이 남의 집에 침입해 뭔가를 들고 나가는 모습을 볼 일이 썩 내키지 않았다. 그러나 확인은 할 수밖에 없는 상황이었기에 집으로 전화를 걸어 아내에게 관리사무소를 가볼 것을 요청했다. 그리고는 약 30여 분이 지난 뒤 다시 아내에게서 전화가 걸려왔다. "예상했던 대로야. 000호 사는 000 녀석이더라고요. 그런데 이일을 어찌해야 하지?" 아내도 무척 곤혹스럽다는 반응을 보였다. 예상은 했지만 실제 두 눈으로 그 광경을 목격하니 믿고 싶지 않았을 것이다.

퇴근 후 곧바로 귀가하니 아내가 기다렸다는 듯이 속사포로 상황을 설명한다. 다만 두 아이들의 눈치를 봐가며 아이들이 보지 않고, 듣지 않을 때 가려서 말을 했다. 우리 집 녀석들이 학교에 가서 또 괜한 말을 퍼뜨려 사태를 확대시킬 수도 있다는 생각에서 이었다. 아내와 나는 말은 안 했지만 이심전심 마음이 통해 어린 시절 이성적 판단력이 부족할 때 누구라도 저지를 수 있는 일인데 철없는 것들이 그 아이를 놀려대기라도 한다면 큰 상처를 입을 수 있다는 생각을 했다.

상황은 이랬다. 막내보다 한 살이 많은 이웃집 아이 A는 평소 우리 집을 자주 드나들었다. 평소 우리 집에 다닐 때는 다른 가족들이 있을 때도 있었지만 막내아들과 둘이서 드나들 때도 있었다. 맞벌이 가정이다 보니 부모가 퇴근하기 전 저희들끼리 집을 드나들 일이 꽤 많았다. 아직 유치원생이라 지각이 부족한 우리 집 막내는 경계심 없이 현관 자물쇠 비밀번호를 눌렀다. 일부러 외우려고 노력을 한 것인지, 자주 다니다보니 자연스럽게 외워진 것인지 몰라도 A는 우리 집 현관 자물쇠의 비밀번호를 외울 수 있게 됐다. 그리고는 날을 잡아 자신의 평소 생각을 실행에 옮기게 된 것이다.

사건 당일 A는 우리 집을 방문했고 당시에는 우리 집 아이들과 아내가 있었다. 아이들끼리 한참 놀고 있을 때 아내는 아이들과 함께 외출을 하게 됐고, A와 더불어 모두 함께 집을 나서게 됐다. 모두 같이 엘리베이터를 탄 상황에서 A는 1층에서 내렸고 아내와 우리 집 아이들은 지하 주차장으로 향했다. 집에 아무도 없는 상황을 알고 있는 A는 그로부터 10여 분 후 혼자 다시 엘리베이터를 타고 올라가 우리 집 자물쇠 비밀번호를 눌렀다. 그리고는 혼자 유유히 집으로 들어가 사슴벌레와 채집통을 챙겼고, 서랍 속에 있던 사슴벌레 먹이와 고무딱지 등을 챙겼다.

작은 체구의 A가 양팔 가득 이것저것 챙겨서 엘리베이터에 승차하는 모습이 선명하게 CCTV에 촬영됐다. 직접 화면을 바라본 아내는 숨이 턱 막혀버릴 것 같은 충격을 받았다고 회고했다. 나는 안 보겠다고 결심했다가 10여 일이 지난 후 다른 일로 관리사무소를 방문했다가 호기심이 발동해 결국은 사건 발생 당시의 CCTV를 확인하고 말았다. 10여 일이 지난 후였음에도 직접 바라보니 충격으로 다가왔다. 나도 아직 어린 아들을 두 명이나 키우고 있으니 결코 남의 일 같지 않았던 것이다.

CCTV를 통해 최초로 사건의 전모가 밝혀진 뒤, 아내와 나는 이 사건을 어떻게 해결해 나갈지를 논의하기 시작했다. 우선은 아이의 부모에게 사실을 알리기로 했다. 그래서 아내가 A의 엄마를 만나기로 했다. 차분히 격앙되지 않은 목소리로 A 엄마에게 전화를 했고, 아파트 단지 내 벤치에서 만남은 이루어졌다. 한 시간 못되게 A 엄마를 만나고 온 아내는 다소 의아스럽다는 반응을 보였다. 소스라치게 놀라 펄쩍 뛸 것이란 우리 예상과 달리 아이 엄마는 의외로 냉정했다고 한다.

물론 놀래고 당황하는 기색을 보였지만 우리가 예상한 그 정도 수준은 아니었다고 한다. A 엄마가 전한 말의 요지는 대충 이러했다. "우리 집에도 아이 친구들이 많이 놀러오거든요. 친구들이 다녀갈 때면 가끔 아이 장난감이 하나둘씩 없어지곤 합니다. 그래서 우리 아이도 그것에 대한 일종의 복수심 같은 게 발동한 것 같아요. 아무튼 죄송합니다" 더도 덜도 아닌 딱 이 정도 수준의 발언이었다고 한다. 그리고는 아이가 가져온 사슴벌레와 채집통, 딱지, 장난감은 돌려주겠다고 했단다. A 엄마를 만나온 온 아내는 뭔가 서운하고 뭔가 불쾌한 기분을 갖고 있는 것이 얼굴 표정에서 읽혔다.

곧바로 잃어버린 물건은 되돌아 왔다. 하지만 딱지의 경우, 분실한 분량의 절반에도 못 미치는 적은 양이 돌아왔다. 아내가 전화를 했더니 A 엄마는 "그 정도가 맞다. 우리 아이도 고무 딱지는 본래 가지고 있었다"고 더 이상 돌려줄 것이 없다고 말했단다. 아내는 더욱 불쾌해 했다. 그러다가 몇 시간 지나고 나서 다시 A 엄마에게 전화가 걸려왔다. 딱지를 마저 돌려 줄 테니 우리 집 큰아이를 놀이터로 내려 보내달라는 것이었다. 그래서 큰아이가 단지 놀이터로 내려갔고 A의 누나가 큰아이에게 비닐봉지에 딱지 한 움큼을 전달했다.

이 일이 있은 후 며칠 간 집안에는 서먹한 냉기가 흘렀고, 우리 가족은 많은 것을 생각하고 깨달았다. 막내는 제 물건 단속도 못하고, 부모 없는 시간에 아무나 아이들을 데리고 오고, 함부로 남들 앞에서 자물쇠 비밀번호를 눌렀다고 많이 혼났다. 하지만 엄밀히 따져보면 막내는 딱히 잘못을 저지른 게 없다. 그저 피해자 일뿐이다. 막내 뿐 아니라 우리가족 모두가 피해자였다. 왠지 모를 불안감과 불쾌함을 경험했고, 마음에 상처도 입었으니 말이다. 그 불쾌한 기분이 가시는 데는 적어도 며칠이 걸렸다.

그러나 아무리 생각해도 이해 못 할 일이 있었다. 아이가 제 소유가 아닌 물건을 밖에서 가지고 와서 방에 두면 부모는 당연히 그 물건이 어디서 났는지 출처를 알아보아야 하는 것 아닌가? 그것도 작은 부피가 아닌 꽤 큰 물건이고 종류도 여러 가지였는데… 좀처럼 이해가 되지 않았다. 그리고 설령 아이가 자신의 물건을 자주 분실한 일로 인해 자신도 타인의 물건에 손을 대야겠다는 복수심이 생겼다고 한들 그것을 부모가 그 상황을 이해하고 말아야 하는지 도무지 납득이 되지 않았다.

아무리 상식적으로 생각해봐도 이해의 문은 열리지 않았다. 아내도 나와 같은 생각이었다. 아직 이성적으로 성숙하지 못한 어린 시절에는 누구랄 것 없이 별 생각 없이 타인의 물건에 손을 대기도 한다. 그것은 아이가 싹이 노래서가 아니라 아직 옳고 그름을 정확하게 판단할 줄 아는 이성적 성숙이 덜됐기 때문이다. 하지만 그렇다고 해서 부모가 그러한 상황을 이해하고 감싸준다면 도대체 누가 그 아이의 판단력을 바로잡아 준단 말인가? 그래서 A보다는 A 엄마에 대한 서운함이 컸다. 서운함이라기보다는 안타까움이었다.

교육은 참으로 어려운 일이다. 엄마와 아빠의 생각이 달라 아이에게 어떤 상황의 옳고 그름을 설명하는데 차이가 있어 아이에게 혼란을 안길 수 있고, 학교에서 선생님에게 배운 것과 부모님에게 배우는 것이 달라 가치관 정립에 혼란을 경험할 수도 있다. 아빠는 된다 하는데 엄마는 안 된다 하고, 선생님은 나쁜 일이라고 하는데 부모는 괜찮다고 할 수 있으니 이 경우, 아이가 느끼는 혼란은 감당하기 어려운 지경일 것이다. 그래서 교육에 있어 가장 중요한 것은 상식이라는 생각을 해봤다. 이 사회 보편적인 가치를 가르치는 것이 가장 합당한 교육이 아닐까 싶다.

'내가 당했으니 나도 불특정 타인에게 복수해도 괜찮다'는 논리로 아이를 감싸는 일은 누가 들어봐도 올바른 교육이 아니다. 사회 전반에 걸쳐 이해하고 용인할 수 있는 범주 내에서 교육은 이루어져야 한다. 세상 통념을 이해하고, 전체적으로 동의하면서도 귀여운 내 자식만은 통념에서 예외가 될 수 있다는 생각은 위험하다. 자식이 사랑스러울수록 더 혹독한 잣대를 들이대 옳고 그른 것에 대한 인식을 심어주어야 한다. 이번 일을 겪으며 나도 '내 자식이기 때문에 용서하고 제대로 판단해주지 못한 일'이 이었는지 곰곰이 되짚어 보았다.

# 한 살 더 먹는 한국 나이의 의미

결혼을 하기 전에 아이는 엄마의 뱃속에서 꼬박 열 달을 채우는 줄 알았다. 그래서 사람의 임신 기간을 3백 일이라고 알고 있었다. 그런데 결혼을 하고 직접 아빠가 돼보니 사람의 임신 기간이 갓 9개월 쯤 된다는 사실을 알게 됐다. 처음 임신한 아내와 함께 산부인과를 찾았을 때, 의사로부터 임신한 지 몇 주가 지났다는 말을 전해 들었다. 분명 내가 알고 있는 일자와 달랐다. 그러면서 의사는 아이가 뱃속에서 생겨난 날짜를 말해주었다. 그 날짜는 내가 알고 있는 사실과 다르지 않았다.

그러면서도 의사는 임신한지 몇 주가 지났다는 이야기를 계속했다. 머릿속이 한참 혼란스러웠다. 복잡했던 내 심정을 이해했는지, 의사는 임신 일자를 계산하는 법에 대해 설명해주었다. 의사의 설명에 따르면 임신기간은 단순히 아이가 엄마 뱃속에서 수정되고 착상된 날로부터 얼마가 지났는지를 계산하는 것이 아니라 엄마가 마지막 생리를 한 날로부터 얼마가 지났는가를 계산하는 것이었다. 그래서 사람의 임신기간은 3백 일이 못되고 2백 60~2백 70일 정도로 보면 된다.

사람의 임신기간이 2백 65일 전후라는 사실이 갖는 의미를 나는 첫 아이 영유의 백일 날 알게 됐다. 나의 어머니, 아이의 할머니가 계신 시골집에서 첫 아이인 영유의 백일잔치가 벌어졌다. 잔치라고 표현할 정도는 아니었지만 식구들이 모여 함께 식사하며 아이의 건강한 성장을 기원해주는 자리였다. 이 자리에서 큰외숙께서 내게 백일의 의미에 대해 설명해 주셨다. 평소 다방면에 해박한 지식을 갖고 계신 외숙의 설명에 의하면 '백일은 태어나 1백 일을 보낸 날이란 의미보다 뱃속에서 잉태된 지 1년을 맞는 날이란 의미를 갖는다'는 것이다.

그 말을 전해 듣는 순간, 사람의 임신기간이 2백 65일 남짓이라는 사실이 떠올랐고 어두웠던 방에 한 줄기 햇빛이 내려 비치며 환하게 밝아지듯 머릿속이 밝아지는 느낌이 들었다. 엄마 뱃속에서 2백 65일을 살고 세상 밖으로 나와 세상에서 1백일을 살았으니 백일 날은 생명이 잉태된 시점을 기준으로 3백하고도 65일, 즉 1년이 되는 날이다. 그래서 백일은 생후 1백 일이라는 의미보다 뱃속에서 생명체가 된 지 1년이 지난 것을 기념하는 날이란 사실을 알게 됐다. 신비로웠다. 이후 많은 이들에게 이 같은 사실을 전해주었다.

흔히들 백일잔치에 대해 진정한 의미보다는 표면적으로 드러나는 의미에 집착하고 있다는 사실을 알게 됐다. 흔히 우리는 1백이라는 숫자를 몹시 좋아하고 뭔가 완성된 개념으로 받아들인다. 그래서 생후 1백 일을 기념하는 날이 백일날이라고 생각하고 있다. 혹자들은 "옛날 병마로부터 속수무책 당하던 시절, 생후 1백 일은 넘기지 못하고 세상과 인연을 끊는 아이가 많아 1백 일을 보냈으면 살아남을 확률이 그만큼 높아져 이를 기념하기 위해 잔치를 하는 날이 백일이다"라고 말하기도 한다. 실제로 대개는 그렇게 알고 있다. 하지만 진정한 백일은 잉태로부터의 1년을 의미하는 것이다. 즉 백일잔치가 진정한 의미에서의 첫돌잔치가 되는 셈이다.

이런 사실을 알고 보니 생일을 기준으로 한 첫돌보다 잉태를 기준으로 한 첫돌인 백일날이 훨씬 의미 있고 중요한 날이라는 생각이 들었다. 그리고 백일이라는 의미 있는 날을 만들어 기념해주고, 축하해준 우리의 풍속이 세삼 너무도 거룩하고 숭고하게 여겨졌다. 뱃속 생명체를 온전한 생명체로 인정해 준 것을 의미하기 때문이다. 정확하게 알아보지는 못했지만 다른 나라에서는 생후 1년을 기념하는 돌잔치는 있어도 백일잔치를 따로 하는 일은 없는 것으로 알고 있다. 실체가 없는 뱃속 생명체에도 생명으로서의 존엄함을 인정해주는 우리 민족의 셈법이 참으로 현명하고 인본주의 그 자체라는 생각이 든다.

백일을 돌잔치 이상으로 여기고 모두가 축하해주는 문화와 같은 맥락에서 이해해야 할 사실이 있다. 바로 다른 나라와는 다른 나이 계산법이다. 모두들 알다시피 지구상의 어느 나라도 태어나면 그해 0살에서 출발해 1년이 지나야 한 살 나이를 인정한다. 하지만 우리 한민족은 태어나면서 바로 한 살을 부여한다. 이 또한 백일잔치를 하는 이유와 같은 맥락에서 이해하면 될 것 같다. 이미 뱃속에서 생명체로 활동을 시작했기 때문에 세상 밖으로 실체를 드러내 보이지는 않았지만 나이 한 살을 먹게 되는 셈법이다. 뱃속에서 2백 65일을 있다가 세상으로 나오니 그 기간을 인정해 주는 것이다.

널리 이해하면 한국의 나이 계산법은 태아의 인격을 존중해주는 데서 출발한다. 세계 다른 어떤 나라도 태아에게 나이를 부여하지 않는다. 오로지 우리 한민족만 태아에게 나이를 부여하는 전통이 있다. 이런 사실을 제대로 이해하지 못했던 시절에는 한국인들이 허풍떨기를 좋아해 나이를 보다 빨리 올리려는 습성을 갖고 있어 아이를 낳자마자 한 살 나이를 부여하는 것으로 이해했다. 훗날 이 같은 진실을 알았을 때 나의 무지에 대해 깊이 반성했다. 아울러 조상들의 슬기로움과 인간존중에 머리가 숙여졌다.

태아의 인격과 관련해 같은 맥락에서 한 가지 더 논의해야 할 부분이 낙태이다. 천주교 신자들은 절대 낙태를 하지 않는다고 들었다. 낙태를 살인으로 규정하고 있기 때문이다. 다른 종교에서도 낙태를 권장하는 일은 없다. 종교적 신념을 떠나 대개는 내 눈으로 실체를 확인하지 않은 아이를 뱃속에서 없애버리는 것에 대해 큰 죄책감을 갖지 않는다. 그러나 의학적 상식을 조금만 더 가지고 깊이 있게 생각해보면 낙태는 분명 살인이 맞다. 각종 도감 등의 자료를 통해 살펴보면 태아는 이미 머리와 사지가 구분이 될 만큼 인간으로서의 형태를 갖추고 있다. 외부 자극에 반응도 할 줄 안다.

전해들은 말에 따르면 낙태수술은 사실상 도구를 이용해 뱃속에서 형태가 잡힌 아이의 사지를 절단하는 과정이다. 수술을 하면서 의사가 가위를 들이대면 태아는 본능적으로 피한다고 한다. 살기위해 몸부림친다고 한다. 세상 밖으로 몸을 드러내지는 않았지만 태아는 엄연한 사람이다. 그러니 낙태를 살인이며 죄악이라고 규정하고, 적극적으로 낙태 추방운동을 벌이는 사람들이 그만큼 많은 것이다. 낙태에 대해서는 모두가 다시 한 번 생각해봐야 할 부분이 많다. 생명의 존엄성을 인정하는 일은 낙태를 막는 일부터 시작돼야 한다.

나를 포함해 대개의 사람들은 내 눈으로 보고 확인한 것만 믿으려고 하는 경향이 강하다. 그러니 뱃속 아이의 실체를 인정하지 못하는 것이다. 나 역시도 그러했다. 특히 결혼을 하기 전에, 부모가 되기 전에는 무심했던 일들이 한 살씩 나이가 들며 이해되고 관심이 가져지는 부분이 많다. 그 많은 것 중 하나가 인간에 대한 존엄과 존중을 깨달아가는 것이다. 누군가의 처지를 생각할 때 내 자식이고, 내 부모라고 생각하면 의외로 답은 쉽게 나온다. 소중하지 않은 사람이 없고, 사랑스럽지 않은 사람이 없다.

우리 한민족에게는 태아에게도 엄연한 인격을 부여하는 전통이 있다. 다른 어느 나라 어느 민족보다도 그러한 성향은 더욱 강하다. 널리 인간을 복되게 하기 위해 세상에 강림한 환웅의 아들인 단군의 자손이기 때문에 그러한가 보다. 역대 어느 역사 속 인물보다도 인간을 사랑하고 인간에 대한 존중을 실천하라고 가르친 인류의 스승 공자 가르침을 금과옥조로 살아온 유교국가 조선의 후예들이어서 그런가 보다. 방에 걸린 백일기념 대형 브로마이드 사진 밑에서 잠을 자는 두 형제를 지켜보니 제 엄마 뱃속에서 엄지손톱 만했을 녀석들이 참으로 많이 컸다는 생각이 든다. 두 아들아 건강하게 자라줘서 너무 고맙다.

# 4부

# 연필을 못 깎는 아이들

# 연필을 못 깎는 아이들

요즘 아이들이 연필을 깎을 줄 모른다는 사실을 알게 됐다. 학교를 다니고 공부를 하면서 가장 기본 중의 기본이라고 생각했기에 누구나 초등학생이 되면 자신의 연필을 깎을 줄 알 것이라고 생각했다. 그런데 현실은 전혀 그러지 못했다. 대부분의 아이들은 연필을 깎을 줄 몰랐다. 아니 깎을 필요가 없어졌다. 각 가정에 연필깎이 기계가 있고 각 교실에도 연필깎이 기계가 있으니 굳이 연필 깎는 법을 배울 필요가 없게 된 것이다. 오히려 연필을 깎을 줄 아는 것이 이상한 시대가 됐다.

연필을 깎는 일은 귀찮은 일이기도 했고, 위험한 일이기도 했다. 요즘의 고급 연필이 아닌 불량한 연필을 작은 사무용 칼로 깎는 일은 결코 쉽지 않았다. 조심스럽게 깎아도 흑심이 부러지기 일쑤였고, 나무 옹이 부분으로 만들어진 저질 연필은 칼을 들이대면 자루가 움푹 파이기 일쑤였다. 날이 무뎌져 잘 들지 않는 칼로 무리해서 연필을 깎다가 손이 베이는 일은 다반사였고, 반대로 새로 구입해서 너무 잘 드는 칼을 다루다가 손이 베이는 경우도 많았다. 그렇지만 학생이라면 누구나 필통 속에 연필 몇 자루와 더불어 사무용 칼을 꼭 휴대하고 다녔다.

대개는 자신의 연필을 자신이 깎았지만 유독 손재주가 없어서 연필을 예쁘게 깎지 못하는 이는 누군가에게 사정해서 자신의 연필을 깎아달라고 했다. 그 대상이 친구일수도 있지만 누나나 이모, 고모, 형, 삼촌 등이었다. 때로는 엄마가 일일이 자녀들의 연필을 깎아 가지런히 필통 속에 넣어주기도 했다. 자신의 연필을 스스로 깎지 못할 정도로 손재주가 없는 경우는 흔치 않았다. 대부분 자신의 연필 정도는 깎을 줄 알았다. 좀 더 모양 나게 깎고 못 깎고의 차이는 있었을지언정 손재주가 부족해서 남의 손을 빌리는 경우는 흔치 않았다.

그런데 요즘 아이들은 연필을 깎을 줄 모른단다. 당장 우리 아이들부터가 연필을 깎을 줄 모른다. 깍아 보려고 시도도 하지 않을뿐더러 깎아 보겠다고 칼을 잡으면 엄마가 득달같이 달려가 위험한 칼을 왜 만지냐며 연필과 칼을 빼앗고 연필깎이를 내민다. 그러니 아이들이 연필을 깎을 줄 모르는 것은 당연한 일이다. 해보지도 않은 일을 잘 할 수는 없기 때문이다. 칼 자체를 만지지 못하게 하니 아이들이 칼을 가지고 뭔가를 깎고 자르는 일에 익숙해질 수 없는 것은 당연하다.

칼은 인간이 이용하는 많은 도구 가운데 가장 긴요하고 쓰임새가 많은 것 중 하나이다. 내가 어렸을 적을 생각해보면 칼을 만질 일이 많았다. 우선은 놀이기구를 만드는데 칼은 절대 필요했다. 새총을 만들 때도 칼은 필요했고, 활이나 연 등을 만들 때도 칼은 반드시 필요했다. 썰매를 만들 때도 칼을 비롯해 망치와 못, 톱이 필요했다. 어린 우리가 그런 도구를 만질 때도 어른들은 조심하라고 말은 했어도 만지지 못하게 하지는 않았다. 그러니 어린 나이부터 칼을 비롯한 웬만한 도구를 능숙하게 다룰 줄 알았다. 특별한 놀이기구가 없었으니 칼이며 톱이며 망치, 펜치, 드라이버 등등이 놀이감이 됐다. 특별한 경우가 아니라면 아이들이 도구나 연장 등을 만지고 활용해도 부모들이 나무라지 않았다.

요즘 아이들이나 청년들은 연필만 못 깎는 것이 아니다. 사과를 주고 깎아 보라고 했더니 스무 살 넘은 총각이 껍질을 단 5㎝도 이어가지 못한다. 엄지손톱만한 크기로 껍질을 겨우겨우 벗겨낸다. 그것도 삐딱삐딱한 모양새로 말이다. 다 깎고 난 사과 모양을 보니 가관이다. 울퉁불퉁 삐뚤삐뚤 도저히 사과 모양새가 아니다. 일부러 그렇게 깎으려고 해도 어렵겠다는 생각이 들 정도이다. 사과 한 개를 깎는데 소요되는 시간도 5분을 넘어서 일반적으로 능숙하게 과도를 다룰 줄 아는 사람이 1~2분이 소요되는 것과 비교해 두 배가 넘게 걸린다.

연필을 못 깎는 것도, 사과를 못 깎는 것도 잘못된 교육의 단면이다. 영어 어휘를 많이 익히고 수학 문제를 빨리 잘 푸는 것이 교육의 전부라고 여기는 부모들이 세상엔 너무 많다. 이런 부모가 많아 아이들은 성인이 되도록 연필도 못 깎고, 사과도 못 깎는 불구 아닌 불구로 성장할 것이다. 연필을 깎으며 문구용 칼에 손을 한 번 베이는 것이 무슨 큰 일이라도 나는 것인 양 호들갑을 떨고, 사과를 깎는다고 과도를 잡으면 이내 빼앗아 자신들이 깎아주고 마는 엄마들은 자신의 행동이 멀쩡한 자식을 불구로 만드는 짓임을 알아야 한다.

모기에 물려도 보고, 벌에 쏘여도 보고, 팔 다리를 거친 잡초에 긁혀도 보고, 나무에서 떨어져도 보면서 세상의 단맛과 쓴맛을 겪어봐야 성인이 돼서 닥쳐올 험난한 인생의 굴곡을 이겨낼 수 있는 기초체력이

다져지는 것이 아닐까 싶다. 자녀가 모기에 한 번 쏘였다고 금세 무슨 일 나는 양 호들갑을 떠는 부모의 모습을 종종 보게 된다. 평생 모기에 한 번 안 물리고 살아갈 수 있다고 생각하는 것인지 묻고 싶다. 평생 벌에 한 번 쏘여보지도 않고 사는 것이 정말 잘 사는 것이라고 생각하는지 궁금하다. 그토록 나약하게 키워서 그 아이가 자라 성인이 되면 무얼 할 수 있을까 염려스럽다.

누구든 자라면 성인이 되고, 더 나이가 들면 노인이 된다. 성인은 나이에 걸맞은 역할을 수행해 내야 한다. 성인이 돼서도 부모의 손을 빌려 일을 해결하려하는 이들을 종종 목격하게 된다. 그렇게 자라서 가족을 위해 무얼 하며 살 수 있을까. 사회와 국가, 인류를 위해서는 무슨 일을 할 수 있을까. 연필도 못 깎고 사과도 못 깎는 둔감한 손으로 무수한 정교한 일들을 어떻게 해낼 수 있을지 염려스럽다. 나약하고 무능한 자는 세상을 이길 수 없다. 무엇이든 잘 할 수 있는 야무진 손재주를 가진 자가 세상의 강자이다. 다양한 고통을 경험으로 승화시켜 체질을 강화한 자가 세상을 이끌어 가게 될 것이다.

# 세상에서 가장 빠른 나라

대한민국 사람들 성격 급한 것은 세계에 알려져 있다. 외국여행을 하다보면 식당이나 상점 점원들이 우리를 바라보며 서툰 발음으로 "빨리 빨리?"라며 웃는 것을 경험 한 적이 한두 번이 아니다. 그만큼 한국인의 '빨리빨리' 문화는 세계만방에 소문이 났다. 한국을 방문한 외국인들도 너나없이 '빨리 빨리'라는 단어는 배워 간다고 한다. 우리 한국인들은 스스로가 '빨리 빨리' 문화에 빠져 있음을 부정하지 않는다. 우리 스스로가 얼마나 조급하고 서두르고 있는지를 잘 안다.

커피 자판기에 버튼을 누르고 컵이 떨어지기가 무섭게 손을 갖다 대는 사람들이 모여 사는 나라가 한국이다. 음식을 배달시켜 놓고 몇 번씩 독촉전화를 하는 일이 어색하지 않은 나라가 한국이다. 식당에서 음식을 주문하고 주 메뉴가 나오기 전에 밑반찬을 먹기 시작하지만 이런 행동을 자연스럽게 받아들이는 나라가 한국이다. 엘리베이터에 타자마자 원하는 층수 버튼과 거의 동시에 문 닫힘 버튼을 누르는 일이 일상적인 나라가 한국이다. 이뿐인가. 한국인들은 비행기가 착륙하면 기체가 트랩과 부킹하기도 전에 모두 일어나 짐을 챙기기도 하고, TV를 보면서 잠시만 재미가 없어도 수시로 리모컨을 눌러댄다.

가까운 이웃나라에서도 찾아볼 수 없는 그 급한 성격은 어디에서 기인된 것일까를 생각해봤지만 딱히 답은 없다. 우리는 중국인들을 지칭할 때 행동이 느리다고 하여 '만만디'라는 별칭을 사용한다. 우리와 가장 인접해 살고 있고 역사상 가장 많은 영향을 주고받았을 그들이 그토록 느리고 여유가 있는데 우리는 어쩌면 그리도 급하고 쫓기듯 살아갈까. 한국인의 유전자 속에는 급하게 서두르고 기다릴 줄 모르는 DNA가 있을지 모른다는 생각이 들기도 한다. 몇몇 나라 몇몇 민족이 조급하다는 말을 여러 차례 들어봤지만 한국인에 비할 바는 아닌 듯싶다.

이토록 전 세계에 소문이 난 한국인의 '빨리 빨리 문화'는 많은 단점을 갖고 있는 반면 많은 장점도 갖고 있다. 대개는 단점만 부각이 되지만 곰곰이 생각해보면 장점도 적지 않음을 알게 된다. 물론 기다릴 줄 알고, 참을 줄 아는 것은 무척 중요하다. 기다림으로서 얻을 수 있는 것들을 조급해서 놓치는 경우도 많고, 기다리면 더 큰 성과를 낼 수 있는 것을 기다리지 못해 작은 성과로 만족해야 하는 경우도 많다. 하지만 조급한 우리의 문화는 세계에서 가장 빠른 경제성장을 일궈내는 밑거름이 됐고, 변화를 능동적으로 받아들일 줄 아는 환경을 만들어 주었다.

한국인이 언제부터 이토록 '빨리빨리 문화' 속에서 생활했는지는 알 수 없다. 적어도 내가 태어나서 지켜본 이후의 생활은 '빨리 빨리'가 통했다. 그 이전 언제부터 그런 문화가 정착됐는지는 알지 못하겠다. 유추건대 교통과 통신이 발달한 근대 이후 심화됐을 것으로 본다. 양반 문화가 일반적이던 조선시대에는 지금과 같은 '빨리 빨리'가 보편화되지 않았을 것이란 생각을 해본다. 즉, 우리의 경제가 가파르게 성장하기 시작한 시점이 '빨리 빨리 문화'의 보편화 시점과 일치하지 않을까 하는 추측을 해본다. 문화인류학자들 가운데 누군가가 이 문제에 대한 해법을 제시한 책을 집필했다면 그 책을 꼭 읽어보고 싶다. 그만큼 '빨리 빨리 문화'에 대한 나의 궁금증은 크다. 더불어 실제로 '빨리 빨리 문화'가 우리 경제의 성장과 어떤 상관관계가 있는지의 여부는 큰 관심거리이다.

내가 태어나 지금껏 살아온 세월은 40년 하고도 몇 년이 보태졌다. 이 중 아무런 기억도 못하고 별다른 인지능력이 없던 아주 어린 시절 몇 년을 제외한다면 기억할 수 있는 기간의 범위가 40년 정도는 될 것 같다. 내가 겪은 40년은 한국사에 있어서 참으로 의미 있는 시간일 것이란 생각을 해본다. 5000년 역사 동안 가장 융성한 때가 지금이고, 가장 풍요롭고, 가장 널리 알려진 것이 최근 20~30년이기 때문이다. 40년 사는 동안 다른 나라 국민이 수백 년 동안에 걸쳐 겪었을 일을 겪었다고 해도 과언이 아닐 듯하다. 경제적인 부분 외에 정치적인 면에서도 이 시기에 엄청난 변화를 겪은 것도 사실이다.

전기의 혜택을 보기 시작한 세대이고, 배를 곯아보지 않은 첫 세대이기도 하지만 여전히 부족한 것이 많은 유소년기를 보냈다. 동네에 TV가 몇 대 없던 시절을 경험했고, 이웃면까지 10리나 20리 길을 예사로 걸어 다녔다. 중학생이 됐을 때에야 비로소 냉장고를 집에 들였다. 우리집이 냉장고를 장만한 것은 동네에서 제법 빠른 편이었다. 어려서 동네 아저씨들이 사우디아라비아와 쿠웨이트로 일 하러 나가는 것을 지켜봤고, 중학생 무렵에는 해외여행 자유화가 선언돼 여행 삼아 외국 나가는 사람들을 처음 봤다. 판문점 도끼만행사건, KAL기 폭파사건 등을 뉴스를 통해 들었던 아련한 기억이 있다. 눈과 귀가 막혀서 한동안 광주민주화운동이 폭도들의 반란이라고 알고 지내기도 했고, 올림픽과 월드컵이 이 땅에서 개최되는 것을 목격하기도 했다.

집을 떠나 고등학교에 다닐 때, 시골 집에 전화를 걸기 위해 방과 후에 자전거를 타고 3~4㎞ 떨어진 청주전신전화국에 가서 접수를 하고 한참 기다렸다가 통화를 할 수 있던 기억도 난다. 대학 입학 후 처음 공중전화 카드가 시판됐을 때 무척 편리하다고 생각했던 기억도 난다. 군 복무를 할 때 '삐삐'라고 불렸던 페이저가 출시돼 선풍적인 인기를 누렸다. 직장생활을 할 때는 세계에서 4번째로 고속열차를 가진 나라가 됐다. 결혼을 해서 아이를 키우는 도중에는 삼성전자가 세계 1위 전자 기업이 됐고, 웬만한 대학생은 1~2년씩 외국으로 어학연수를 다녀오는 것이 일반화 됐다.

도대체 이 짧은 기간에 이루어진 변화라고는 믿어지지 않을 정도이다. 한국에서 40년을 살았기에 다른 나라에서 1백 년에도 다 겪지 못할 일들을 압축해서 겪었다고 생각한다. 앞으로의 40년에는 무슨 변화가 일어날지 예측조차 할 수 없는 상황이다. 지금처럼 가파른 변화의 곡선이 그려질지, 변화가 무뎌질지, 그도 아니면 더욱 심한 변화가 다가올지 정말 상상이 안 된다. 하지만 한국인의 '빨리 빨리 문화'를 생각하면 다가올 변화는 더욱 빨라질 것이란 가설이 힘을 얻는다. 변화는 물질적인 곳에서만 오지는 않았다. 의식과 문화의 변화도 걷잡을 수 없이 빠르게 진행됐다. 다가올 이 엄청난 변화가 염려스럽기도 하고 기대도 된다.

우리 문화에 익숙하지 않은 외국인들은 한국인의 '빨리 빨리'를 이해하지 못한다. 무척 신기하게 여긴다. 그러나 그들이 신기하게 여기거나 이해하지 못하는 것이 우리에겐 크게 중요하지 않다. 우린 이미 '빨리 빨리'에 익숙해 있어 느리면 답답해하고 적응하지 못한다. 우리는 서두르는 문화 때문에 오해도 많이 받았고, 손해도 많이 봤다. 하지만 손해 본 것보다는 덕을 본 것이 더 많다는 생각이 든다. 세계적으로 한국에 대해 갖는 이미지는 '빠르다' '부지런하다' '강하다' '급하다' 등등이다. 부지런했기 때문에 여기까지 왔고, 조급했기 때문에 서둘렀다. 우리는 빠르기 때문에 남들보다 더 먼저 나아갈 수 있다. '빨리 빨리'는 한국을 세계 1등 국가로 만드는데 긍정적으로 작용할 것이라고 굳게 믿는다.

# 국기에 대한 맹세문을 바꿨다

"저 육교 내가 놨다" 육교 가설의 필요성에 대한 기사를 써서 실제로 육교가 놓아지면 그 기사를 썼던 기자는 자신이 그 육교를 놓았다고 말한다. 국비 예산을 확보해 육교를 건설할 수 있도록 한 국회의원은 자신이 그 육교를 놓았다고 말한다. 그 육교가 놓일 수 있도록 행정적 절차를 진행한 시장이나 구청장, 실무를 담당한 공무원은 자신이 그 육교를 놓았다고 말한다. 육교를 설계하고 공정을 진행한 설계사나 건설회사 직원들도 자신이 육교를 놓았다고 말한다. 현장에서 직접 작업에 참여한 노무자들 역시 자신이 육교를 놓았다고 어디 가서 누굴 만나든 자신 있게 말한다.

이처럼 육교 하나가 준공되기까지 각 단계별로 참여한 많은 이들이 각자 자신의 역할을 부각시키며 자신이 그 일을 했다고 말하는 것을 보게 된다. 한국사회에서 흔히 볼 수 있는 일이다. 어떠한 성과물을 얻어내기까지 연결되는 수많은 과정에서 누구 한 명이라도 그 역할에 중요하지 않은 사람은 없다. 그런 만큼 과정에 참여한 각자는 자신의 역할이 중요하다고 역설한다. 심지어는 모든 과정을 혼자 해낸 것처럼

"내가 그 일을 해냈다"고 거리낌 없이 말한다. 이러다 보니 별스럽지도 않은 일의 성과를 놓고 공치사를 하며 덤벼드는 인물이 수십 명에 달하는 경우도 볼 수 있다.

기자들은 그런 과장된 표현을 특히 많이 사용한다. 어떤 물리적인 성과물 외에도 제도를 바꾸거나 사회운동을 확산시킨 경우에도 자신이 그 일을 벌였다고 과장되게 말하는 기자들을 자주 접하게 된다. 성격이 다소 교만하고 공명심이 강한 인물의 경우, 듣기 거북할 정도로 자신이 한 일을 과장되게 말하기도 한다. 이런 기자들 몇 명을 한 자리에 모아 놓고 술자리라도 갖게 되면 자신의 손을 거쳐 가지 않은 일이 없는 듯 심하게 과장된 허풍을 늘어놓는 것을 지켜보게 된다. 물론 자신의 역할을 감추고 겸손하게 일을 하는 기자들도 많다. 하지만 내가 겪은 기자들의 상당수는 허풍쟁이 유형이었다.

기자 생활 하며 겪은 무수히 많은 일 가운데 나름 보람으로 여기는 부분이 있어 이 글을 통해 소개하고자 한다. 그 일을 소개하기 위해 이렇게 돌고 돌아 어렵게 말문을 열고 있다. 앞서 예시했듯 큰 일이 하나 이루어지기까지 겪게 되는 여러 과정 중에 하나에 그치겠지만 기자인 나는 그 건에 대해 내가 그 일을 이루어냈다고 허풍을 떨곤 한다. 마치 내가 그 일을 모두 혼자서 감당해 성과를 얻어낸 것 인양 다소 과장되게 무용담을 풀어내곤 한다. 물론 여러 과정 중에 중요한 단초를 마련한 것은 사실이고 일정 정도 역할을 한 것도 사실이지만 "내가 그 일을 해냈다"라고 말하는 것은 누가 들어도 심한 허풍이다.

지난 2007년 4월의 일이다. 평소 '국기에 대한 맹세문'에 문법상 맞지 않는 표현이 포함돼 있다는 사실을 알고 있던 나는 차일피일만 하다가 하루 날을 잡아 그 사실을 기사로 작성하게 됐다. 정확하게는 4월 9일 기사를 썼고 10일 기사가 신문에 실렸다. "나는 자랑스런 태극기 앞에 조국과 민족의 무궁한 영광을 위하여 몸과 마음을 바쳐 충성을 다할 것을 굳게 다짐합니다."라는 전문 중 '자랑스런'의 문법적 오류를 지적했다. '자랑스런'은 '자랑스럽다'를 원형으로 하는 형용사로 'ㅂ'불규칙 활용을 하기 때문에 'ㅂ'이 'ㅜ'로 바뀌게 되므로 '자랑스러운'으로 표현하는 것이 옳다는 내용을 기사에 담아냈다. 국민 모두가 암송하고 모든 국가 행사에 이용되는 '국기에 대한 맹세'가 40년 간 아무런 이의 제기 없이 비문법적 표현이 그대로 사용되고 있다는 점을 강조했다.

'국기에 대한 맹세'뿐 아니라 교과서 곳곳에 '자랑스런'이란 표현이 남발되고 있다고 지적했다. 뿐만 아니라 '탐스런' '사랑스런' 등의 비문법적 표현도 교과서를 비롯한 각종 서적에서 심심찮게 눈에 띈다고 지적했다. 전 국민이 즐겨 부르는 유행가 가사에서도 이 같은 오류가 많이 발견된다고 문제를 제기했다. 그러면서 '자랑스러운'을 '자랑스런'으로 표기하는 것은 '아름다운'을 '아름단', '더운'을 '던'으로 표현하는 것과 마찬가지라고 오류를 꼬집었다. 그러면서 정부 당국을 향해 국기에 대한 맹세문의 수정을 요구했다.

사실 기사를 쓰면서 '아니면 말고'라는 마음이 적지 않았다. 지방지에 이런 기사가 몇 줄 보도된다고 세상이 바뀔까 싶은 마음이 들었다. 내 기사가 실제 국기에 대한 맹세문을 바꿀 수 있는 위치의 인물에게 전달될까 싶은 생각을 가졌다. 애초에 기사를 쓸 때부터 국기에 대한 맹세문을 바꿔보려는 의도는 없었다. 그저 독자들이 '이런 일도 있구나' 혹은 '세상에 국기에 대한 맹세문이 문법적으로 틀리다네' 정도의 반응을 보이기만 기대했던 것 같다. 특별한 목적의식을 갖고 기사를 썼던 것은 아니었다. 더구나 그날 지면에 실릴 기사의 중요도를 평가하는 편집회의에서도 그 기사는 주요 기사로 평가받지 못했다.

그러나 다음날 하루 종일 나는 엄청난 일이 벌어지는 것을 직접 목격하고 경험했다. 출근길에 나서며 평소처럼 라디오를 들으며 운전을 하고 있는데 한 라디오 프로그램에서 내 기사를 읽어가며 국문법상 틀린 '국기에 대한 맹세'가 40년 넘게 전 국민에 의해 암송됐다고 진행자가 주요 뉴스로 소개하는 것이 아닌가. 회사에 출근해 사무실에 도착하자 동료기자들이 포털 사이트에 주요 검색어로 '국기에 대한 맹세'가 랭크됐고, 네티즌들의 갑론을박이 수백 수천 건 댓글로 달리며 전국을 들썩이게 하고 있다는 사실을 내게 전했다. 대부분의 댓글은 전 국민이 문법적으로 틀린 국기에 대한 맹세문을 40년 넘게 사용한 것이 너무 한심스럽다는 내용이었다.

예상을 뛰어넘는 대단한 반응을 확인한 뒤 뭔가 정부가 대처에 나설 것 같다는 직감을 가졌지만 확인해보지는 않았다. 그 이후 평소처럼 하루하루 업무에 쫓기며 일상에 쫓기는 생활은 이어졌다. 그저 전국적 이슈가 되는 기사를 써봤다는 정도의 기억만 갖고 있었을 뿐 하루하루가 바쁘게 돌아가는 취재 현장을 누비며 살다보니 시나브로 국기에 대한 맹세문에 대한 오류 지적 건은 잊혀 갔다. 워낙 큰 사회적 파장을 일으켰던 사안이라서 '뭔가 조치는 있으려니' 싶기는 했지만 크게 관심을 두지 못했다. 그저 하루하루 내 삶을 살아가기에 바빴다.

그러던 중 그해 7월 7일 정부는 새로운 '국기에 대한 맹세'를 발표했다. 맞춤법을 바로잡았을 뿐 아니라 시대상과 다소 동떨어져 다수의 국민이 자연스럽게 받아들이기 힘들다고 판단되는 부분까지 현대감각에 맞게 고친 것을 국민들 앞에 공표한 것이다. 뒤늦게 알게 된 사실이지만 국기에 대한 맹세는 이전부터 시대와 맞지 않는 표현이 일부 있다는 이유로 일부 학자와 단체를 중심으로 내용의 수정이 필요하다는 주장이 제기됐다. 그러던 중 문법적으로 오류인 문장을 국민 모두가 비판의식 없이 사용하고 있다는 내 기사가 발표되자 정부가 개정 작업에 돌입한 것이다. 정부는 내 기사가 보도된 이후 즉시 관련 전문가로 구성된 검토위원회를 꾸렸고, 수차례에 걸친 논의 끝에 새로운 '국기에 대한 맹세'를 만들었다.

새롭게 바뀐 '국기에 대한 맹세'는 "나는 자랑스러운 태극기 앞에 자유롭고 정의로운 대한민국의 무궁한 발전을 위하여 충성을 다할 것을 굳게 다짐합니다"로 확정됐고 이후 모든 공식 의전에서 사용되기 시작했다. 이전의 맹세문과 비교할 때 '조국과 민족의'가 '자유롭고 정의로운 대한민국'으로 수정됐고, '몸과 마음을 바쳐'라는 문구는 시대적으로 맞지 않는다는 이유로 삭제됐다. 이렇게 해서 1972년부터(1968년부터 4년 간 충남지역에서만 사용되다가 1972년부터 전국적으로 사용됨) 전 국민이 암송하며 모든 국가 의전에 사용된 '국기에 대한 맹세'는 2007년에 내용이 수정됐다.

'국기에 대한 맹세' 전문이 바뀌기까지는 많은 과정이 진행됐고, 많은 관계자들의 의견이 모아졌다. 그 과정에 참여한 많은 이들이 저마다 자신의 역할이 컸음을 주장하며 "내가 국기에 대한 맹세문을 바꿨다"라고 말할 것이다. 내 눈으로 안 봤지만 본 것처럼 느껴진다. 나도 그 중 한 명일 것이다. 지금껏 몇 차례 술 자리에서 "내가 국기에 대한 맹세문을 바꾸는데 결정적 역할을 한 사람이다"라고 말했던 기억이 있다. '국기에 대한 맹세' 문구를 수정하게 된 이유를 역사는 어떻게 기록할지 모르겠다. 그러나 나는 내 역할을 인정받고 싶다.

서두에서 밝혔듯이 어떠한 역사적 과업이 이루어지기까지 구상단계부터 실행단계에 이르도록 많은 이들이 참여하게 된다. 그 과정에 어떤 방식으로라도 참여한 모든 이들이 그 과업을 이뤄낸 주인공들이다. 대한민국 남자들의 대표적 특징 중 하나가 허풍이다. 그러다 보니 남자들이 모인 자리에서 허풍을 떠는 모습을 자주 목격하게 된다. 하지만 그 허풍이 남에게 피해를 주지 않는 것이라면 그냥 인정해 주는 것도 괜찮겠다는 생각이 든다. 사람은 누구나 역사의 주인이 되고 싶어 하는 소망을 갖고 살아간다. 다만 감추고 살아갈 뿐이다. 역사가 어떻게 평가할지 모르지만 나는 분명 '국기에 대한 맹세' 전문을 수정하는데 결정적 역할을 했다. 일부는 그 사실을 알고 있다. 나를 아는 모든 사람들이 내가 '국기에 대한 맹세'를 바꾸는데 일정 역할을 했다는 사실을 알아주길 바라는 유치한 마음을 갖고 이 글을 남긴다. 이 글은 책으로 만들어져 오래도록 남을 것이다. 독자들이 믿든 믿지 않든 말이다.

# 아들과 딸

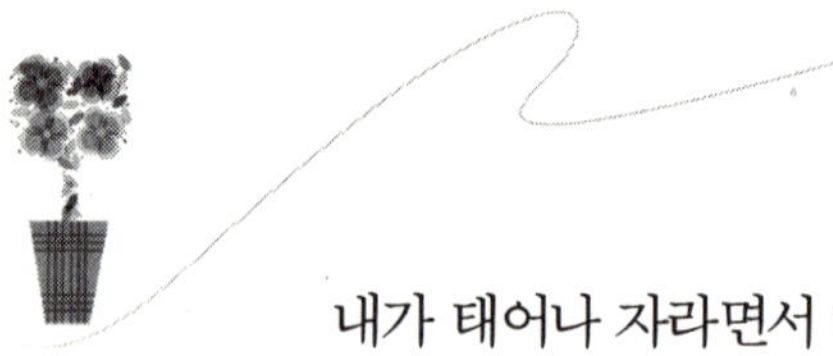

내가 태어나 자라면서 바라본 한국사회는 확연한 남자 중심의 사회였다. 부계사회인 까닭에 자녀들은 본인의 의지와 무관하게 남성인 아버지의 성씨를 대물림 받는 것은 당연시됐고, 사회제도 전반이 남성 중심으로 편제돼 있었다. 나 자신이 남자였지만 '좀 너무하는 것 아닌가' 싶은 생각이 들 정도로 남성중심의 사회 운영은 심했다. 한 부모 밑에서 자란 형제자매도 엄연한 차별이 있었다. 물론 아들 중심이었다. 당시 모든 가정이 그러했듯이 대부분의 아들들은 표시 나게 차별대우를 받으며 자랐다.

식사를 할 때도 아들들은 딸들보다 먼저 밥그릇을 받았고, 보다 기름진 반찬을 먹을 기회도 많았다. 밥상을 물리는 일은 딸들의 몫이었고, 아들들은 그저 먹기만 하면 됐다. 방청소도 딸들이 했다. 아들이라는 이유만으로 집안에서 행해지는 모든 일에서 우대를 받았다. 제사를 모실 때도 아들들은 절만 하면 됐다. 딸들은 어머니를 도와 음식을 만들고 뒷정리를 하는 일을 해야 했다. 딸들에게는 부모나 조부모 제사상에서 절 한 번 할 수 있는 기회조차 주어지지 않았다. 대가족 하의

식사문화에서 밥상은 둘러 나뉘어 남자상과 여자상이 따로 있었다. 남자상에는 할머니 한 분이 겨우 낄 수 있었을 뿐 그 나머지 여자가 남자상에 근접하는 일은 불가했다. 물론 남자상의 음식이 더 좋았다.

학교에서도 차별은 여전했다. 같은 반에서 절반씩 수업을 받았지만 앞부분의 일련번호는 남자들 차지였고, 그 뒤를 이어 여자들의 일련번호가 매겨졌다. 학급 반장 자리는 당연히 남자의 몫이었다. 여자에게는 부반장 자리가 주어졌을 뿐이다. 전교 회장도 당연히 남자의 몫이고 여자의 몫은 부회장이었다. 그러나 이런 대우를 받으면서도 누구 하나가 '왜 여학생은 반장을 하면 안 되고, 전교회장을 하면 안 되느냐'고 다져 묻는 법이 없었다. 가정에서부터 확실한 남녀차별의 문화를 배우고 익혀온 탓에 누구 한 명도 남자 우선의 원칙에 반기를 들지 않았다. 너무도 자연스럽게 남자 중심의 문화를 모두가 받아들였다.

직접 운전을 하며 차나 오토바이를 모는 여자를 보면 한동안 화젯거리가 될 정도로 사회 전반에 걸친 여자들의 참여는 미미했다. 자동차나 오토바이는 고사하고 심지어는 자전거를 타는 여자의 모습도 신기해하는 분위기였다. 여자가 술을 마시거나 담배를 피우는 것을 목격하면 별스러운 것이라도 본양 적어도 며칠을 대화의 소재로 삼기도 했다. 여자가 바지를 입는 일도 그리 흔치는 않았던 것 같다. 남자는 능력에 따라 축첩(蓄妾)을 하는 일이 가능했다. 여자가 한 번 딴 짓을 하면 동네방네 소문이 나 그 마을에서는 살 수가 없는 분위기였다.

여자가 고등교육을 받는 일도 드물었다. 자녀가 많았던 시절, 여러 형제자매 가운데 가장 능력 있는 아들에게 배움의 길은 보장됐다. 이러다보니 당연히 사회생활을 할 수 있는 기회조차 대개 남자에게만 주어졌다. 가사는 여자가 전담했고, 남자는 부엌 근처에 접근도 못하게 했다. 이불 빨래나 김장배추 씻기 등 남자의 힘이 필요한 일을 할 때도 여자들은 섣불리 남자들에게 힘을 보태라고 주문하지 않았다. 추운 겨울 자다가 일어나 연탄을 가는 일도 물론 여자들의 몫이었다.

돌이켜 보면 불과 20~30년 사이에 한국사회에서 여자들의 인권은 말로 표현하기 어려울 정도로 빠르게 성숙했다. 그 짧은 기간에 수백년간 굳어진 가치관이 이리도 쉽게 무너질 수 있나 싶은 생각이 들 정도로 변화의 속도는 빨랐다. 오히려 너무도 빨리 여자 중심의 사회로 가는 것 아닌가 염려가 될 정도이다. 변화의 예시는 무궁무진하다. 앞서 열심히 설명한 상황의 정반대가 됐다고 보면 될 것 같다.

이 같은 변화가 이루어지게 된 배경은 무엇일까를 생각해봤다. 한두 가지로 설명될 일은 아닌 것 같다. 우선은 뭐니 뭐니 해도 경제적인 부분에서 생각해봐야 할듯하다. 국가 전체적인 경제성장이 이루어지면서 각 가정의 경제 사정도 나아졌고 이로 인해 여자에게도 배움의 기회가 주어졌다. 배움의 길을 찾게 된 여자들은 사회진출을 하기 시작했고, 남자들과 동등한 기회를 부여받으면서 인권을 키워가기 시작한 것 같다.

남자에 비해 철저하고 성실한 성격을 가진 여자들은 각종 입시와 입사시험에서 두각을 나타냈고, 남자보다 우수한 성적으로 관문을 통과했다. 그러면서 자연스럽게 사회진출 기회를 잡았고, 스스로 경제적 능력을 갖춰 남자들에게 기대지 않고 자립할 수 있는 토대를 마련했다. 산업화를 겪으며 산아제한이 이루어졌고, 자녀수가 획기적으로 줄어들며 육아에 평생을 바쳐야 했던 여자들은 자기시간을 갖게 됐다. 소득이 생기고 시간을 가질 수 있게 됐으니 보다 적극적으로 자기 계발을 할 수 있던 것은 당연한 일이었다.

외국여행이 자유로워지면서 한국인들이 누구랄 것 없이 해외여행을 할 기회가 많아졌고, 유학이나 이민 등으로 장기간 외국생활을 하는 사람들의 수가 늘어나면서 구미 선진국의 여성 활동상이 자연스럽게 전해진 것도 여성인권을 급성장 시킨 요인으로 손꼽힌다. 여성의 성적 자유가 인정되기 시작한 점, 음주나 흡연 등이 자유로워 진 점 등도 외국 문화의 유입과 직접 연관됐다고 할 수 있다. 각종 가전기기의 발달과 주거 수준의 향상도 가사노동을 획기적으로 줄이는데 기여해 여자들에게 많은 기회를 주게 했다는 점도 또 다른 이유가 될 것 같다.

요즘 초등학교를 가보면 학급 반장이 여자인 경우가 훨씬 많고, 성적도 여학생들이 월등히 우수하다. 각 가정에서 맞벌이가 일반화 되면서 가사노동은 자연스럽게 남자와 여자의 구분이 없어지게 됐다. 공무원, 교사 등의 여초(女超) 현상은 이미 오래 전의 이야기가 됐고 각종 국가고시와 전문직 시험에서도 여자들의 합격률은 날로 높아지고 있다. 오히려 너무 빨리 세상이 변하고 남자들이 설 자리를 잃어가고 있는 점을 염려해야 할 형편이 됐다.

군 복무를 마친 후 복학해 대학에 다니던 무렵 '아들과 딸'이란 제목의 주말드라마가 방영됐다. 이란성 쌍둥이로 태어난 아들과 딸이 너무도 상반된 환경과 처우 속에서 자라고 성장하는 과정을 그린 그 드라마는 당시 선풍적인 인기몰이를 했다. 그러면서 한국사회에 만연했던 남아선호사상을 신랄하게 그려냈다는 평가를 받았다. 남자 입장에서 지켜봐도 참 잘못됐다는 생각이 들게 하는 내용이었다. 한국사회에서 여자들의 인권이 급성장 하도록 의식이 변하는데 그 드라마의 역할이 적지 않았음을 인정한다. 적어도 촉매제 역할은 충분히 했다.

결혼 후 두 아이를 낳은 우리 부부는 공교롭게도 아들만 둘을 두게 됐다. 전통적인 가치관이 지배하던 시절이라면 부러움의 대상이고, 축복받은 일이라는 평가를 받았을 것이다. 하지만 세월이 지날수록 딸을 갖지 못한 우리 부부를 염려해주는 주변인을 많이 만나게 된다. 그만큼 가치관이 변한 것이다. 한결같이 "젊어서는 몰라도 늙어서는 딸이 있어야 하는데…"라고 말들 한다. 특이한 점은 오히려 젊은 층보다는 연령이 많은 층, 남자보다는 여자들이 이 같은 말을 한다는 것이다. 아들을 낳지 못한 며느리를 구박하는 시어머니의 이야기는 동화 속의 이야기가 됐다.

두 아이를 데리고 단지 내 놀이터에 나가보면 동네 할머니들이 '아들만 둘을 두었느냐'고 물으신다. 그렇다고 답변 드리면 염려스러운 눈빛으로 딸이 없으면 안 된다고 걱정하신다. 남아선호사상이 뼛속까지 스며있을 것이라고 생각한 할머니들이 그렇게 말씀하는 걸 들어보니 세상이 변했음을 실감한다. 그러면서 은근히 딸이 없는 내 미래의 모습이 걱정이 된다. 하지만 어쩌랴. '내 팔자에 딸이 없다면 그리 알고 살아가야 하지 않겠나' 생각한다. 아들도 두고 딸도 두면 좋겠지만 그것이 어찌 욕심으로 될 일인가.

이미 세상은 아들과 딸의 구분이 없어진 듯하다. 한국사회에서 여자들의 인권이 바닥이던 시절을 겪고 기억하는 마지막 세대가 우리 또래들인 것 같다. 또 여권신장이 본격화 되고 여자들이 당당하게 자신의 역량을 발휘하며 살아가는 모습을 처음 목격한 세대도 바로 우리 또래들이 아닌가 싶다. 세상이 또 언제 어떻게 바뀔지는 누구도 섣불리 예단할 수 없다. 다만 남녀가 차별 없이 살아가는 것이 옳다고 생각한다. 그것이 당연하다고 생각한다. 다만 한 가지 아쉬움이 있다면 나를 낳아주신 어머니가 불합리한 남성위주의 삶을 인정하고 사셨다는 것이다. 고되고 힘든 젊은 시절을 보내신 어머니가 더욱 안쓰럽게 여겨진다. 그래서 왠지 서글프다.

# 귀를 닫은 한국교회

글을 쓰거나 말을 할 때 반드시 다루지 말아야 할 소재가 있으니 바로 교회이다. 보다 엄밀히 말하면 한국의 개신교이다. 언제부터인지 잘 알 수 없으나 우리 사회에서는 한국의 개신교에 대해 섣불리 말 하거나 글을 쓰는 일이 금기시 됐다. 어떤 글이나 말조차 허용되지 않는 것은 아니다. 예수와 교회공동체를 찬양하는 내용이면 얼마든지 발설하고 글을 발표해도 된다. 하지만 반대로 예수나 교회공동체를 어떤 방식으로든 폄훼하거나 비판한다면 그 행동은 결코 용납되지 않는다.

우리나라는 헌법에 종교의 자유가 보장된 나라로 무수한 종교가 존재한다. 혹자들은 우리나라를 종교백화점이라 칭하는데 충분히 그럴만 하다고 생각한다. 역사 이전의 시대부터 존재했던 샤머니즘과 토테미즘을 비롯해 삼국시대와 고려시대를 거쳐 자그마치 1천 5백 년 간 이 나라 백성들의 정신세계를 지배해온 불교, 조선왕조 5백 년의 버팀목이었던 유교, 조선말 서학이라는 이름으로 전래돼 꾸준히 교세를 확장해가고 있는 천주교, 개화기 때 전래돼 조국 근대화와 민주화에 기여한 개신교. 이밖에도 무수히 많은 종교가-어쩌면 종교라는 이름을 붙이기가 어색할 정도로 허술한 경우도 많지만- 대한민국에는 존재한다.

이 많은 종교들 가운데 개신교는 가장 활동력이 왕성하고 적극적인 특성을 갖는다. 대부분의 종교가 내면적 성찰과 수양을 근본으로 하는 것과 대조적으로 개신교는 적극적인 포교활동과 사회봉사를 실천한다. 특히 포교활동은 너무도 적극적이어서 국민 누구라도 한 번 쯤은 개신교인들로부터 교인이 될 것을 권유받은 경험이 있을 것이다. 그러나 개신교는 한 뿌리인 천주교와 달리 종파가 여럿이어서 종교 활동을 하지 않는 일반인들은 파악도 할 수 없을 정도이다. 저마다 자신이 속한 종파의 교리가 옳다고 주장한다.

적극적인 선교활동이 돋보이는 개신교는 국내에 처음 상륙하면서 이 땅에 많은 학교를 세웠고, 병원을 지었다. 정말 우리에게 필요한 많은 것들을 안겨준 고마운 존재이다. 한국 근현대 역사에서 개신교가 교육과 의료 분야에 미친 영향은 실로 지대하다. 교회가 세운 학교에서 많은 국민들이 배워 무지의 세계에서 벗어날 수 있었고, 교회가 세운 병원에서 많은 병자들이 목숨을 구할 수 있었다. 국가가 마땅히 수행해야 할 일들이지만 빈곤하여 할 수 없던 많은 일들을 한국 개신교가 대신 수행해 우리에게 안긴 점은 실로 많다. 한국 개신교가 조국 근대화와 선진화에 기여한 점은 아무리 강조해도 지나치지 않을 정도이다.

그러나 아쉬운 점은 이토록 엄청난 긍정적인 일들을 해놓고 그것에 대한 올바른 평가를 받지 못하고 있다는 점이다. 개신교 신도가 아닌

다수의 국민들은 개신교가 가지고 있는 맹목적성과 폐쇄성에 대해 무척 불편해 하고 있다. 좀 더 진솔하게 여기면 몹시 경멸하고 있다. 교세 확장과 포교를 위해서라면 못할 짓이 없고, 타인이 어떻게 받아들이는지 조차 관심이 없는 일방통행을 하기 때문이다. 문제는 다수의 국민들이 유독 개신교에 대해 몹시 부담스러워 하고 반감을 갖고 있는데 정작 교회와 교인들은 이를 제대로 인지하지 못하고 있다. 안타깝기 그지없는 현실이다.

우선 교회는 어떠한 비판도 받아들이려 하지 않는다. 개신교인들은 국가나 사회의 보편적 가치관에는 별 관심을 갖지 않고 그저 교회공동체의 강령에 충실하려는 특징을 보인다. 설령 같은 가족 구성원이라도 교인이 아니라면 결코 환대하지 않는 것이 교인들의 특징이다. 교인과 비교인을 너무도 엄격하게 구분하는 탓에 일반인들은 몹시도 불편해하지만 대부분의 교인들은 이에 아랑곳하지 않는다. 그저 맹목적으로 교회의 가르침을 따르려 한다. 사정이 이러하니 누군가 교인들 앞에서 교회공동체나 교인들에 대해 비판을 가한다는 것은 있을 수 없는 일이다. 즉각적인 저항이 집요하고 조직적으로 이루어질 것이란 사실을 알기 때문에 이 사회에서는 누구도 교회를 비판하지 않는다. 호된 비판을 수용하지 않는 탓에 한국의 개신교는 점차 고인 물처럼 썩어가고 있다.

교인들의 눈에 비친 세상은 교회의 말씀을 따르는 곳과 따르지 않는 곳, 둘로 양분된다. 사람들도 교회에 다니는 사람과 다니지 않는 사람이 있을 뿐이다. 교회 말씀을 따르는 국가나 지역은 함께 할 수 있지만 그렇지 못한 국가나 지역은 이교도들의 집합체라 하여 철저하게 배척

한다. 교인이 기쁨이나 슬픔을 나눌 일이 있으면 가족 구성원보다 더 열정적으로 그들과 기쁨 또는 슬픔을 나누는 것이 한국의 개신교 교인들이다. 하지만 교인이 아니라면 원천적으로 그들에게 다가설 수 없다. 아무리 마음을 열고 접근하려 해도 교인이 아닌 이상 그들의 마음을 살 수 없다. 몹시 단정적으로 교인들에 대해 평가하고 있지만 나를 포함한 대부분의 비교인들은 실제로 이렇게 생각하고 있다. 다만 말을 하지 않고 표현을 하지 않기 때문이다.

이미 합리적인 대화나 이성적인 대화를 기대하기 어렵다고 생각하고 있기 때문에 다수의 비교인들은 교인들을 향해 좀처럼 대화를 시도하지 않는다. 교인들은 사회 상식에서 벗어난 독특한 의식구조를 갖고 있어 대화가 통하지 않는다고 생각하고 있기 때문이다. 교인들과 대화해서 자신이 펴는 논리로 그들을 설득하거나 그들과 타협할 수 없다는 것을 비교인들은 잘 안다. 하지만 정작 교인 당사자들은 이해하지 못한다.

한국 개신교는 이 나라와 민족을 위해 엄청난 기여와 봉사를 실천했다. 그럼에도 불구하고 그에 걸맞은 합당한 평가를 받지 못하고 있다. 자세히는 알 길이 없으나 개신교가 전파돼 있는 어느 나라에서도 이같이 철저하게 교인들이 비교인들로부터 배척당하는 일은 없다. 감히 발설하건데 이는 교회와 교인 스스로가 폐쇄적으로 타인들의 비판을 수용하지 않은데서 출발한다. 교인과 비교인을 나누는 이분법에서 문제점은 출발한다. 오로지 포교와 교세확장에만 혈안이 돼 있는 현재의 모습만으로 한국 개신교의 발전은 기대하기 어렵다.

지금껏 다수의 비교인들이 교회와 교인들에 대해 불편함을 느끼고,

이해하지 못한 것은 상당 부분 자업자득이다. 한국에는 정말 많은 종교가 존재하지만 유독 개신교가 대중으로부터 인정받지 못하고 있다는 생각을 지울 수 없다. 하지만 누구도 선불리 이 문제점을 부각시키지 못했다. 그만큼 개신교에 대한 비판은 고양이 목에 방울달기였다. 이 글을 통해 나름대로 아쉽게 여기는 부분을 밝히니 한편 개운하고 속 시원한 마음이 없지 않으나 불편하고 불안한 마음이 더 크다. 비판을 수용하지 않는 교조주의적 사고에 함몰돼 있는 일부 교인에 의해 또다시 맹렬한 비판을 받을 수 있다는 불안감 때문이다. 빙산의 일각에 불과한 나의 이 비판을 교회와 교인이 받아주길 진심으로 바란다. 개신교의 대중화는 비판을 수용하는데서 출발할 수 있을 것이다.

# 결혼에 대하여

부부란 참으로 묘한 인간관계이다. 성인이 되도록 모르고 지낸 사람이-일부는 어려서부터 알게 되는 경우도 있지만- 평생을 같은 밥상에서 식사를 하고, 같은 이불을 덮고 잠을 자고, 심지어는 죽어서도 옆자리에 묻혀 족히 1백년 이상을 곁에서 지내니 이보다 더한 인간관계가 있을까 싶다. 함께 살며 내 것 네 것이 없이 지내는 것은 물론이고, 합일하여 분신인 2세를 만들어 내니 아무리 생각해보아도 오묘하기 짝이 없는 사이이다.

한 부모 밑에서 나고 자란 형제도 각기 가정을 꾸리면 배우자보다는 가깝지 않은 사이가 된다. 형제에게는 빌려준 돈을 받으려고 노력하지만 배우자에게는 받을 생각도 안 한다. 형제끼리 모여 공동의 일을 치를 때, 필요한 돈을 각출하지만 부부 사이는 한 주머니이다. 그 뿐인가. 형제나 부모에게도 못할 말을 배우자와는 서슴없이 나누게 된다.

그러나 무촌이라는 촌수가 증명해보이듯 서류 몇 장이면 곧바로 남이 되는 것이 부부 사이 아닌가. 부부가 헤어져 남이 되면 대개는 일반적인 남보다 못한 사이가 된다. 이런 면에서 더욱 오묘한 인간관계이다. 순간의 위기를 극복하지 못하면 이내 적대적인 인간관계로 돌변하는 것이 부부이다. 그렇지만 순간의 위기를 슬기롭게 극복하면 평생을 해로할 수 있는 것이 또한 부부이다.

나 역시 지금껏 두 차례 정도 아주 험난한 고비를 맞았다. 특히 8년 차 때 찾아온 위기 상황은 극단의 선택 직전까지 갔던 초미의 사태까지 이르렀던 경험이 있다. 그 때 주저함 없이 극단의 선택을 했더라면 지금의 이 행복한 순간은 찾아오지 못했을 것이다. 당시 찾아왔던 고비를 슬기롭게 극복한 것이 지금 생각하면 여간 다행스럽지 않다. 아내도 마찬가지 생각을 하고 있을 것이라고 확신한다.

난 후배들에게 또는 친척 동생이나 조카들에게 세상에서 가장 중요한 일은 결혼이라고 말한다. 제대로 이해하지는 못하겠지만 나의 두 아들에게도 같은 말을 한다. 흔히 부모들은 명문대학에 진학해서 좋은 직장을 갖는 것을 최고의 선(善)이라고 가르치지만, 내 경험에 의하면 그보다 몇 곱절 중요한 것이 결혼이다. 물론 좋은 학교 나와서 좋은 직장을 갖고 있으면 그만큼 훌륭한 배우자를 만나게 될 확률은 높아진다. 하지만 말 그대로 확률일 뿐 단정적으로 말할 수 없을뿐더러 객관적 조건이 우수한 배우자라고 해서 훌륭한 배우자라는 등식은 성립하지 않는다.

자신과 맞지 않는 배우자를 선택해 평생을 고통스럽게 보내거나, 결국 파국을 맞이하는 이들을 주 변에서 자주 목격하게 된다. 너무도 안타까운 일이다. 부부관계가 원만하지 못해 고통스럽게 보내는 이들은 사회적으로 아무리 성공한 삶을 누리고 있다고 해도 결코 행복하지 못하다. 물질적 풍요나 사회적 지위를 얻었다 해도 가정생활이 불행하면 그 삶은 고통의 연속일 수밖에 없다. 역으로 물질적으로 다소 부족하고, 사회적으로 영화를 누리지 못해도 가정생활이 만족스럽다면 그 삶은 행복하다 할 수 있다.

부부생활의 경우, 한쪽은 만족스럽지만 다른 한쪽은 만족스럽지 못한 경우는 극히 드물다. 함께 만족하거나 함께 불만족스러운 경우가 대부분이다. 그래서 좋은 배필을 만나는 것처럼 중요한 일이 세상엔 없다는 것이 나의 지론이다. 한쪽의 일방적 희생은 결코 안정적 가정생활의 영위를 보장받을 수 없다. 양자의 조건 없는 희생과 양보만이 안정적인 부부생활을 이어갈 수 있게 만든다. 그래서 누구나 다 하는 일이 결혼이지만 결혼생활만큼 어려운 것이 없다. 모든 위기생황을 극복해내고 해로하는 것은 엄청난 축복이다. 해로하는 부부는 양자 모두가 인격적으로 무척 성숙하다는 것을 방증한다.

우리나라는 세계에서도 최고의 이혼율을 보이고 있는 나라 가운데 하나이다. 갑작스러운 사회환경의 변화에 따른 현상이라고 분석할 수 있다. 갑작스럽게 찾아온 물질적 풍요 속에 의식구조가 빠르게 변화했고, 인내하고 배려하는 문화가 뒷걸음질했기 때문이다. 특히 여성의 고학력화와 더불어 사회진출이 늘면서 경제활동을 할 수 있게 된 점은 절대적 원인이 됐다. 사회적 성취를 실현하려는 여성들의 욕구가 급팽창 한 것도 이혼율 상승의 원인이 됐다. 이혼은 우리나라의 심각한 사회문제 중 하나가 됐다.

그나마 다행스러운 것은 최근 수년간은 이혼율의 상승세가 주춤하고 있다는 점이다. 여러 가지 해석이 가능하지만 과도기를 넘어서 회복세로 진입하고 있다는 분석이 설득력을 얻는다. 우리보다 경제와 사회적 여건 변화를 20~30년 먼저 겪은 나라의 경우, 이혼율이 하락하며 이전과 같은 안정세를 찾아가고 있다고 들었다. 많은 이유가 있지만 이혼가정에서 편부 또는 편모 슬하의 환경에서 자란 자녀가 결혼을 하고, 이혼의 고통을 자신의 자녀에게 대물림하지 않겠다는 의지를 실천해가고 있기 때문이라고 분석하는 학자들이 많다고 들었다. 충분히 일리가 있는 분석이다.

많은 변화 속에 한국사회에서 여성의 지위는 높아졌고, 역할은 확대됐다. 그러나 아직도 완벽한 평등이 실현되고 있다고는 누구도 장담할 수 없다. 가정 내에서 남녀의 역할은 엄격하게 구분돼야 한다. 하지만 어떤 경우에라도 불평등이 작용해서는 안 된다. 어느 한쪽에게 일방적 희생을 강요해서는 절대 안 된다. 그런 환경이 지속된다면 그 가정은 언제 터질지 모르는 화약고 상태의 불안감이 상존할 것이다. 부부가 불협하고 불편한 관계를 이어간다면 그 가정의 자녀는 결코 부모가 원하는 대로 올곧게 성장하기 어려울 것이다.

각 가정마다 걸려있는 액자 문구 중에 가장 흔하게 눈에 띄는 내용은 '가화만사성(家和萬事成)'이다. 너무도 평범한 이야기이지만 이 보다 소중한 문구가 없다. 모든 가정이 행복하면 국가공동체도 활력을 찾게 된다. 행복은 대물림 된다. 부부의 행복한 모습은 자녀에게로 전파돼 자녀 역시 원만하고 행복한 가정생활을 꾸려갈 확률이 그만큼 높아진다. 그러나 반대로 불안감이 상존하는 가정 분위기 속에서 자란 자녀는 자신도 모르는 사이에 그런 분위기에 익숙해지고 행복 자체를 어색해 한다.

인생에서 가장 중요한 것이 결혼이라는 내 생각은 변함이 없다. 실제로 난 아직 어린 두 아들에게도 "공부보다 중요한 것이 결혼이다. 좋은 배필을 만나는 일이 명문대학 진학하고 전문직을 갖는 것보다 중요하다"라고 시간이 될 때마다 말한다. 일반적으로는 아이들에게 할 소리가 아니라고 생각할지 몰라도 난 귀에 딱지가 앉도록 앞으로도 아이들에게 말할 것이다. 공부를 아무리 잘하고 남들이 부러워하는 직장을 가졌어도 격에 안 맞는 배우자를 만나면 평생 후회와 고통 속에 살아가게 된다. 잘못된 만남으로 불행에서 벗어나지 못하는 가정을 너무도 많이 보았다.

자녀들에게 그저 공부만 열심히 하라고 가르치는 것은 한참 잘못된 가르침이다. 어리다고, 못 알아들을 것이라고 여기고 진정 소중한 것을 교육하지 않는다면 자녀들이 불행해질 수 있다. 부부가 각자의 역할과 소임을 다하며 예를 갖추는 모습이 절대적으로 필요하다. 자녀에게는 세상의 부귀영화보다 훨씬 소중한 것이 있다는 사실을 주지시켜야 한다. 결혼은 공부보다 몇 천배 중요한 일이다. 난 그렇게 생각한다. 확신한다.

# 물

세상엔 소중하고 고마운 것이 무수히도 많다. 그 중 하나가 물이다. 물처럼 유용한 것이 없고, 물처럼 흔한 것이 없다. 주지하듯 어느 생명체도 단 하루라도 물을 섭취하지 않으면 목숨을 연장하기가 어렵다. 그만큼 물은 소중하다. 그래서 물은 생명이다. 이토록 소중한 물을 앞으로는 지금처럼 풍족하게 쓸 수 없게 될지 모른다는 사실은 불안감을 갖게 하기에 충분하다. 누구나 물의 소중함은 알고 있다. 다만 실감을 하지 못하고 그 불편을 겪어보지 않았기 때문에 막연한 생각을 갖고 있을 뿐이다.

가끔 TV를 통해 방영되는 자연다큐멘터리를 보면서 의외로 많은 인구가 심각한 물 부족에 시달리고 있고, 물로 인해 위태롭게 목숨을 연명해가고 있다는 사실을 알게 된다. 어느 광고 카피에 따르면 지구상의 전체 인구 중 약 15%가 오염된 물을 마시며 살아가고 있다고 한다. TV화면을 통해 소개되는 물 부족 국가의 상황은 상상을 초월하는 수준이다. 오염된 용기에 물을 긷기 위해 1~2시간의 거리를 이동해 사람이 먹을 수 있을 것이라고는 믿어지지 않을 수준의 오염된 물을 구해 다시 1~2시간의 거리를 되돌아가는 모습을 보면서 가슴이 먹먹해짐을 느낀다.

반면 맑게 흘러내리는 계곡물을 보면 강한 생명의식을 갖게 되고 더불어 몸과 마음이 깨끗해지는 것 같은 기분을 느끼게 된다. 맑은 계곡물에 송사리들이 노닐고 거기에 단풍잎이 한잎 두잎 떠가는 모습은 세상 어느 풍경과도 비교할 수 없을 만큼 아름답고 평화롭다. 정제되지 않아 식용으로 부적합할지 모르나 당장 한 모금 마시고 싶은 충동도 느끼게 된다. 아무리 수려한 경관도 물과 조화를 이루지 못하면 최고의 경지라고 후한 점수를 주기 어렵다. 계곡이 됐든, 강이 됐든 또는 바다가 됐든 물과 어울려 펼쳐지는 풍경이야말로 완성도를 높인다. 그래서인지 호수나 강을 조망할 수 있는 집의 가치가 급상승하고 있는 추세이다.

물과 관련된 일을 직업으로 삼지 않는 다수의 사람들은 왜 공익광고를 통해 자꾸만 우리를 물 부족국가로 규정하고 겁을 주는지 이해하지 못한다. 그러나 여러 정황을 근거로 살펴보면 실제로 물 부족이 현실로 다가오고 있나보다. 곰곰이 생각해보면 생활수준이 올라가면서 우리의 물 소비는 엄청나게 늘어나고 있음이 헤아려진다. 물 한 동이로 밥을 짓고 설거지까지 마치던 과거에 비하면 우리의 물 사용량은 크게 늘었다. 겨우내 제대로 씻지도 못하고 살던 시절과 비교해 모든 가정에서 많은 가족 구성원들이 거의 매일 샤워를 하면서 지낼 수 있는 여건이 됐으니 물 소비가 늘어난 것은 당연하다. 화장실도 재래식에서 수세식으로 전환되면서 몇 곱절 많은 물을 소비하게 됐다.

상수도가 보급되면서 관로를 통해 가정과 산업시설로 물이 이동시키는 과정에서 부실한 이음새로 중간에 유실되는 물의 양도 엄청나다고 들었다. 인구가 늘면서 물 소비가 늘어난 것도 당연하다. 광복 직후 남북한을 합해 3천만 명에 불과하던 인구가 지금은 남한만 5천만 명을 넘는 수준이 됐으니 물 소비의 증가는 어림짐작이 된다, 수자원은 한정돼 있는데 소비는 폭발적으로 늘어나고 있으니 물 부족을 염려해야 하는 시점인 것은 확실해 보인다. 그러나 다수의 사람들은 수도꼭지 돌리면 물이 나오고, 변기 스위치 누르면 물이 청소를 해주는 생활환경을 당연하게 받아들인다. 오 염된 식수를 사용하는 지구인 15%를 제외하더라도 수도꼭지만 돌리면 물이 콸콸 쏟아지는 환경에서 살아가는 인구는 그리 많지 않다. 더욱이 수도꼭지를 통해 온수를 공급받는 인구는 세계인구 전체의 10%에 미치지 못할 것이란 생각이 든다.

하천을 보면 그 나라의 소득수준과 국민 의식수준을 알 수 있다는 사실은 외국 여행의 횟수가 늘어나면서 자연스럽게 터득됐다. 하천이 잘 정비돼 있고 맑은 물이 흘러가고 있으면 그 나라는 선진국이다. 반대로 악취가 진동하며 썩은 물이 흘러간다면 그 나라는 먹고사는 문제를 해결하지 못한 상태라고 보면 된다. 우리나라의 경우도 산업화 초기인 70년대와 80년대에는 모든 개천과 강이 죽어있었고, 지금은 생명력을 되찾았다. 물론 수질 개선 문제를 해결하지 못한 사례는 얼마든지 있다. 방조제를 막아 조성한 담수호의 수질이 지극히 나쁜 상태를 유지하고 있고, 매년 여름 오염물질이 강과 저수지, 호수에 유입돼 녹조가 발생하고 있다. 하지만 우리의 물 관리는 세계가 인정하는 수준에 도달해 있다.

외국 여행을 다니다보면 가이드가 수도꼭지에서 나오는 물을 절대 마셔서는 안 된다고 강조한다. 물은 반드시 생수병에 들어있는 것만 마시도록 유도한다. 육안으로 보기에는 맑은 물로 보이지만 석회 성분이 많아 마시게 되면 복통과 배탈을 유발하고 장기 복용하면 담석 등의 질환이 생길 수 있다고 경고한다. 전 세계에서 정수하지 않은 상태로 마실 수 있는 물을 갖고 있는 나라는 그리 많지 않다고 들었다. 일부 국가에서는 식당에서 음식을 먹을 때도 물을 풍족하게 주지 않았다. 어느 나라에서는 식당에서 주문하는 물에 요금을 청구하기도 했다. 그 나라의 물 부족이 어느 정도인지를 알만 하다.

우리나라 사람들도 수돗물이 안전하다고 아무리 홍보를 해도 수도꼭지 물을 그대로 마시지는 않는다. 정수기를 이용하거나 공장에서 가공한 생수를 마시고 있다. 그도 아니라면 끓인 물을 마시게 된다. 하지만 우리나라 사람들이 수돗물을 마시지 않는 것은 수질 자체를 의심해서 라기 보다는 관로에 대한 불신에서 비롯된다. 또 보다 안전한 물을 마시고 싶다는 욕구에서 비롯된다. 실상은 수돗물을 그대로 마셔도 전혀 지장이 없을 정도로 우리의 물은 깨끗하다. 지하수도 복용하는데 전혀 무리가 없다. 이토록 안전한 물을 갖고 있다는 것이 얼마나 큰 행복인지 우리는 잘 알지 못하고 있다. 그래서 물을 아끼지 않는 버릇이 아직도 많이 남아있다.

물을 물 쓰듯 하는 버릇을 버려야 한다는 얘기들을 많이 한다. 백번 옳은 말이다. 오염된 물이라도 한 양동이 구하기 위해 1시간 넘는 길을 나서야 하는 환경 속에서 살아가고 있는 이들을 생각하면 샤워꼭지를 틀어놓은 채 샤워를 하는 등의 행위는 죄악이다. 큰 욕조에 물을 가득 채우고 혼자서 잠시 몸을 담그는 일도 자제해야 할 일 중 하나이다. 자식을 낳아 길러보니 이 땅의 소중함이 더 간절하다. 우리 후손들에게 마음 놓고 물조차 마실 수 없는 나라를 물려줄 수는 없는 일이다. 어디로 눈을 돌려봐도 사철 맑은 물이 흐르고, 어디서라도 꼭지만 돌리면 탈 없이 마실 수 있는 생명수가 있는 나라를 후손들에게 물려줘야 한다. 늘 맑게 흐르는 개천을 바라보고, 언제라도 맑은 물을 마실 수 있는 여건 속에서 살아가는 우리 후손들은 이 나라를 더욱 풍요로운 지상의 낙원으로 만들어 갈 것이다.

## 타이틀에 빠져 사는 사회

한국인처럼 명문 좋아하고, 명품 좋아하는 국민이 없는 것 같다. 세상 어느 나라 어느 민족이라도 명문 좋아하고 명품 좋아하겠지만 한국인에 비하면 조족지혈일 것 같다. 명문과 명품을 쫓는 현상에 대한 평가는 긍정과 부정이 엇갈리겠지만 우리의 경우, 워낙 심해 병폐로 지적해야 할 것 같다. 명문을 찾고 명품을 즐기는 우리의 성향은 서로에게 엄청난 스트레스를 안기고, 삶의 궁극적 즐거움과 가치를 상실하게 하는 부작용을 낳고 있다. 개인의 목표와 기준이 획일화 되는 맹목적이고 몰개성한 사회를 만드는 요인이 되고 있다.

한국인들은 누구랄 것 없이 나서 자라며 초등학교에 입학하기 전부터 특정 명문대 입학을 강요받는다. 그 학교가 어떤 학교인지, 어디에 붙어 있는 학교인지, 왜 가야하고 가서 무엇을 해야 하는지도 모르면서 아이들은 아주 어릴 적부터 부모의 입을 통해 귀가 따갑도록 들었던 터여서 그저 그 학교를 가야한다고 생각한다. 대학에 입학한 이후에 무엇을 어떻게 왜 공부해야 한다는 생각은 부모나 학생이나 관심 밖이다. 그저 명문대 타이틀을 거머쥐는 일에만 집착하기 때문이다.

실제로 한국의 학생들은 서울 소재 상위그룹 대학은 물론 미국의 주요 대학 이름까지 줄줄이 꿰차고 있다. 그러면서 자연스럽게 학교를 서열화 하고 사람을 차등화 하는 버릇을 갖는다. 그 사람이 어떤 가치관을 갖고 있는 사람인지는 중요하지 않게 여기고, 어느 대학을 졸업하고 무슨 일을 하는 사람인지에 평가 기준을 두려는 성향을 갖게 된다.

이런 이유 때문에 한국사회에서는 사교육이 횡행하고 입시 스트레스 때문에 각종 부작용이 속출한다. 성적 압박을 못 이겨 자살하는 학생이 매년 발생하고 있고, 사회는 점점 서열주의로 흘러간다. 다른 이에게 아픔이나 상처를 주는 따위는 아랑곳하지 않고 그저 내 목표대로 명문학교에 진학하는 데만 집착한다. 설령 목표한대로 명문대에 진학한다 해도 제 스스로 아무것도 할 줄 모르는 무능한 가짜 영재들이 속출하기도 한다. 이런 문제점들이 수시로 사회적 이슈로 부각되기도 하지만 명문대학 진학을 갈망하는 대한민국의 사회적 분위기는 조금도 누그러들지 않는다. 오히려 더욱 심해지는 것 같다.

결과만을 중시하는 한국인의 특성은 여행을 하는 과정에서도 잘 나타난다. 차창 밖으로 펼쳐지는 계절의 변화라든가, 자연의 아름다움, 변화하는 시골마을의 풍경 등등은 애초에 별 관심이 없다. 관광버스 안에서 신나게 놀이를 즐기며 노래를 하거나 춤을 추는데 열중한다. 아빠가 운전을 하면서 가족 여행을 갈 때도 아이들은 지금 이 차가 어딜 지나고 있는지, 여기가 경상도인지 전라도인지 관심이 없다. 그저 휴대전화를 이용해 게임을 하거나 음악을 듣는 일에 열중한다. 과정이 없다. 그저 목적지가 있을 뿐이다. 자신이 여행을 다녀오고도 훗날 거기를 가봤는지, 기억도 못하는 경우가 허다하다. 여행을 다녀온 곳이 지도상에 어디쯤에 위치해 있는지도 모를뿐더러, 어떤 유적지가 있고, 어떤 특산물이 있는지도 알지 못한다.

막상 목적지에 도달해도 그 목적지를 충분히 즐기려 하지 않는다. 그 여행지에 다녀갔다는 징표가 될 만한 상징물 앞에서 사진을 찍는 일에 열중한다. 속리산을 갔다고 가정할 때 산의 참맛을 즐기며 산행을 하는 일은 뒷전이고 정이품송 앞이나 법주사 팔상전 앞에서 사진을 찍어 징표로 남기는 일에 집착한다. 동백섬을 가면 누리마루 앞에서 사진을 촬영하는 일에 열중한다. 대부분의 사람들은 으레 "남는 건 사진밖에 없어"라는 말을 하며 사진 찍는 일에 여행의 목적을 둔다. 사진과 더불어 먹는 일에 대단히 집착한다. 먹는 일에 집착하는 것과 관련해서는 "먹는 게 남는 거다" "다 먹는 재미지 뭐" "먹는 게 노는 거야" 등등의 말을 한다. 이제는 과정을 즐기는 참된 여행을 즐길 때도 됐으련만 한국인의 여행문화는 아직도 결과 중심이다.

명품을 애호하는 한국인의 편향된 소유욕도 사회·심리적 연구대상이다. 그 상품의 질이나 효용성 등은 무시한 채 상표에만 집착하는 소비패턴은 세계인들의 조롱거리가 되고 있다. 같은 상품이라도 한국에서는 가장 비싼 가격에 팔리지만 제품이 없어서 못 살 정도라니 요지경이다. 합리적인 가격과 합리적인 소비라는 개념은 애초에 기대하기 어렵다. 그저 남들 다 사니까 사고보자는 몰개성의 소비심리가 작용하고 있을 뿐이다. 각종 매체에서 이 같은 소비패턴에 대한 문제점이 수시로 지적되지만 아랑곳하지 않는다. 말 그대로 우이독경이다. 그러니 한국사회에서는 기사 딸린 자가용을 운행할 정도의 소득층이 입고 휴대할만한 수백만 원짜리 코트를 입고, 수백만 원짜리 가방을 매고 만원버스를 타고 다니는 사람들이 즐비한 어처구니없는 광경이 예사로 목격된다.

한국인은 남 앞에 과시하고 싶어 하고, 기죽지 않으려는 심리가 유독 강하다. 자식이 명문대학에 진학하면 자신이 아무리 험하고 고된 일을 하거나 때로는 사회적 천대를 받는 직업을 가졌다고 해도 어깨를 펴고 다닌다. 그 자식이 얼마나 훌륭한 인품을 가지고 있고, 사회에 기여하느냐는 큰 관심거리가 못된다. 어느 대학, 어느 학과를 다니느냐가 중요할 뿐이다. 명품의 소비도 비슷한 요인이 있다. 그 제품이 얼마나 유용하고, 적정한 가치가 매겨져 있는지는 그리 중요하지 않다. 오히려 비쌀수록 높은 선호도를 보인다. 그 제품을 만들어 판매하는 제조사나 제조국가 대한민국 국민들이 얼마나 조롱할까를 생각하면 너무도 자존심이 상한다. 그들은 원가 대비 엄청난 폭리를 취하는 자신들의 물건을 무비판적으로 구매하려는 한국인의 허세를 보고 돌아서서 얼마나 비웃을까를 생각하면 머리카락이 쭈뼛 선다.

앞서가는 이를 기어코 따라붙으려 하고, 앞서려 하는 근성은 이 나라를 발전시키는 원동력이 됐다. 하지만 그 정도가 지나쳐 실리와 실속을 외면한 채 허세가 판치는 문화가 탄생했다. 이런 폐단으로 우리의 경쟁력을 스스로 깎아먹을 수준에 이르렀으니 결코 긍정적이지 않다. 우리는 지나치게 남을 의식하는 문화가 있다. 이런 문화가 상대를 배려하는 차원이라면 백번 옳은 일이다. 하지만 남을 배려하는 차원이라기보다는 자기만족 차원이 훨씬 크다는데서 문제점을 찾을 수 있다. 더 이상 방치해서는 안 될 일이다. 이제라도 합리적이고 실용적이면서도 스스로에게 충실한 문화를 정착해 나가야 한다. 문화와 의식은 하루아침에 바뀌지 않는다. 타이틀에 집착하고 남에게 보여주는데 집착하는 허세를 버려야 한다. 지식인들이 의식 전환을 위해 나서야 할 시점이다.

# 한국 드라마, 무엇을 바라나

한국은 TV드라마의 천국인 것 같다. 특정 시간대를 제외하고 공중파 어느 채널을 돌리더라도 드라마가 방영되고 있고, 어느 때는 4개 채널 중 3개 또는 4개 채널에서 드라마가 방송될 때가 있다. 그뿐인가 최근 개국한 종편방송채널에서도 드라마가 방영되기도 하고, 케이블 채널을 서핑 하다보면 무수히도 많은 드라마가 수시로 방영된다. 과장할 필요도 없이 24시간 드라마를 즐길 수 있는 나라가 바로 한국이 아닌가 싶다.

남성들과 비교해 태생적으로 드라마를 좋아하는 여성들이야 신나고 즐거운 일일지 모르나 남성 입장에서는 몹시 짜증나는 일이다. 물론 남성들 가운데도 드라마를 아주 좋아하고 즐기는 마니아가 있기 마련이지만 대개 드라마를 즐기지 않는 것이 일반적이다. 남성들이 드라마를 즐기지 않는 이유는 다양하다. 내용이 너무 허무맹랑하고 황당해서 받아들이지 못하는 경우도 있고, 연속적으로 시청해야 한다는 것을 부담으로 느끼기도 한다. 10년 전에 본 것이나 5년 전에 본 것이나 그 내용이 그 내용 같아서 헷갈리기만 해서 별로 볼 필요를 느끼지 못한다는 부류도 있다.

이 밖에도 많은 이유가 있겠지만 가장 큰 이유는 뭔가 빨리 결론이 나지 않는 다는 점이다. 남자들은 과정보다는 결과를 중시하는 성향이 강하다. 여성에 비해 상대적으로 성격이 급하기도 하다. 그래서 뭔가 빨리 결론을 내려고 한다. 그런데 드라마의 대부분을 차지하는 연속극의 경우, 차기 방영분의 시청률을 높이기 위해 호기심과 궁금증을 자극하며 클로징을 한다. 물론 다음 회차도 마찬가지이다. 극도의 궁금증을 자극하는 부분에서 클로징 하기를 반복하다. 기다려도 기다려도 어떤 결론이 도출되지 않는다. 남성들은 이같은 드라마의 속성을 참으로 싫어한다. 반대로 스포츠와 같이 정해진 시간 안에 명백한 승부를 가려 결론으로 도달하는 것을 좋아한다.

외국의 경우 어떠한지 잘 모르겠다. 한국처럼 드라마가 그렇게 많은지, 인기가 높은지, 내용이 뻔한지… 2000년대 전가지만해도 꽤 많은 외국 드라마-실상 미국 것이 대부분이었지만-가 한국 TV에서 방영됐다. 외국 드라마의 경우, 연속극이 아닌 단막극 형태가 주를 이뤘다. 70년대 '타잔'과 '초원의 집'을 비롯해 80년대와 90년대 '소머즈'와 '600만불의 사나이' '원더우먼' '두 얼굴을 가진 사나이' '기동순철대' '말괄량이 삐삐' '코스비가족' 등등은 한국에서 엄청난 인기를 누렸던 미국 드라마였다. '천사들의 합창'은 보기 드문 남미 드라마였지만 한국에서 꽤 인기가 있었다. 이들은 대개 단막극으로 한국에서 주류를 이루는 연속극과 절대 비교를 하기에는 무리가 있지만 한국 드라마와는 확연히 다른 것 같다. 불필요하게 복잡한 인간관계를 얽어매지도 않았고, 우연을 남발하지도 않았다. 어쩌면 미국사회에 대한 동경을 갖게 하기에 충분한 설득력 있고, 논리적인 전개도 돋보였다. 지금 이 사회에 만연하고 있는 미국사회에 대한 무조건적인 동경이 드라마와 영화에서 비롯되지 않았나 싶은 생각도 든다. 물론 좋은 작품들만 엄선해 수출한 것이겠지만 말이다.

대단히 자의적이면서 편견 투성이인 견해겠지만 난 한국의 드라마가 많은 문제점을 갖고 있다고 여기고 있다. 물론 작품성이 있고, 즐겁게 시청할 수 있는 수작(秀作)도 많다. 하지만 대개는 비교훈적이고, 비상식적이고, 비논리적인 내용이 허다하다. 도대체 저토록 몰상식한 설정을 통해 시청자들에게 무엇을 전달하려고 하는지 궁금하다. 전국적으로 엄청나게 많은 수의 시청자들이 말도 안 되는 설정을 현실과 구분하지 못할까 싶어 걱정된다. 세계화와 한류열풍에 힙 입어 한국 드리마가 세계 각국에 수출되고 있는 점을 고려하면 세계인들이 한국을 몰상식한 나라라고 생각할까 염려스럽다.

예컨대 내가 한국 드라마에서 가장 못마땅하게 여기고 있는 부분은 이혼을 미화시켰다는 점이다. 여권이 급신장하고 사회의 구조와 인식이 급변하면서 한국사회는 전 세계에서 가장 높은 이혼율을 보이는 나라가 됐다. 이혼은 당사자는 물론 자녀들에게 씻을 수 없는 상처를 안기는 너무도 고통스러운 일이다. 그러나 한국의 드라마는 이혼을 합리화시키고 미화 시키는 경우가 많다. 마치 이혼을 부추기는 듯한 설정이 이어진다. 이혼을 통해 보다 나은 사람을 만나 새로운 출발을 할 수 있다는 무언의 자극을 주는듯한 느낌을 감출 수 없다. 한국이 세계 1위의 이혼율을 기록하는 국가가 된 데는 드라마의 악영향이 무척 컸을 것이라고 확신한다.

드라마 속의 이혼은 예외 없이 남성의 일방적 잘못에서 비롯되는 피할 수 없는 선택으로 묘사되고 있다. 합의된 이혼이라기보다는 여성이 이혼을 당하는 처지가 된다. 어렵게 살아가는 여인은 젊고 유능한 재벌2세를 만나 제2의 인생을 화려하게 펼치고, 본남편은 사업에 망해 몸도 마음도 만신창이가 되고 후회하며 본처를 찾는다. 이 같은 전개는 지금이나 10년 전이나 같고, 20년 전과도 같다. 드라마 시청자가 대개 여성이란 점 때문에 드라마 속에서 억눌린 여성이 새 삶을 찾는 과정을 통해 대리만족을 준다고 하는데 무척 위험한 발상이다. 이혼을 부추기고 미화시키는 드라마가 버젓이 공중파를 통해 방영되는 것은 사회를 가서는 안 될 곳으로 인도하는 행위이다. 절대 용인돼서는 안된다.

이혼을 부추기는 것 외에도 한국 드라마는 이복자매 간에 결혼이 시도되는 것을 비롯해 복합하고 비현실적인 애정관계를 등장시킨다. 버림받고 고통스럽게 평생을 보낸 어머니를 대신해 딸이 호의호식하며 다복한 생을 살아온 아버지를 향해 복수를 전개하는 설정도 수없이 등장한다. 이밖에 열 편 중 아홉 편은 재벌 자녀와 평범한 집 자녀가 사랑하면서 어렵게 결혼을 성사시켜 나가고, 결혼 후 본가나 친정이 가난하다는 이유로 무시당하고 살아가는 모습을 그려낸다. 부자는 부덕하고 가난한 사람은 선하다는 편견을 갖기에 충분하다.

종합적으로 볼 때 한국의 드라마는 지나치게 자극적이고 비교훈적인 작품이 많다. 물론 드라마에 무슨 교훈을 바라느냐는 주장을 하는 이들도 많다. 그냥 재미있게 보면 그만이지, 드라마는 드라마이고, 현실은 현실일 뿐이지 굳이 드라마를 통해 재미 그 이상을 얻으려고 하는 것은 잘못된 시각이라는 주장을 펴는 이도 있다. 하지만 공중파를 통해 프라임타임에 방영되는 드라마의 위력은 상상을 초월할 정도로 대단하다. 또한 시청률 경쟁이라는 미명 하에 작가들은 너무도 터무니없는 설정을 이어가고 있다. 시대는 바뀌었지만 10년 전이나 20년 전이나 지금이나 드라마의 전개형태는 바뀌지 않고 있다.

대본을 쓰는 작가, 제작하는 방송사, 수용하는 시청자 모두가 드라마에 대한 시각을 조금 바꿨으면 한다. '대장금'이란 드라마를 통해 한류는 급성장했다. '대장금'에는 불륜도, 가정파괴도, 이혼도 등장하지 않지만 세계인이 흥미와 더불어 작품성을 인정했다. '대장금' 외에도 틀에 박힌 막장연출을 동원하지 않았지만 인기를 누렸고, 작품성도 인정받은 드라마는 많다. '여명의 눈동자' '모래시계' '허준' '아들과 딸' 등등의 연속극을 비롯해 매주 주제를 달리하는 단막극이던 '전원일기' 등도 시대를 뛰어넘는 수작으로 평가받고 있다. 물론 드라마는 재미있으면 된다. 하지만 재미있고, 시대를 교화하는 내용을 담는다면 더할 나위 없이 좋겠다. 교화시키는 내용까지는 바라지 않더라도 이혼을 미화시키는 등의 비교훈적 내용은 삼가야 한다고 호소하고 싶다.

# 내 기준은 진실성

글을 쓰는 사람의 상당수가 위선자란 생각을 해봤다. 일반적으로 순수하고 청량한 마음을 가진 사람들이 글을 쓴다고 알려져 있는데 그들에게 감히 위선자란 표현을 사용한다니 황당하게 들리기 십상이다. 위선자라는 표현은 듣는 이가 무척 거북해 귀에 거슬리는 말로 받아들일 수 있겠지만 난 그렇게 느낀 적이 많다. 위선자라고 표현한 말을 듣는 당사자들은 듣기 거북한 단계를 뛰어넘어 경우에 따라서는 인격적 모독을 당하는 것 같아 분노에 가까운 감정을 느낄 수도 있을 것이다. 하지만 내가 위선적이라고 생각했던 것은 사실이다.

내가 글 쓰는 이들에게 위선자라고 표현하는 것은 아주 단순한 이유 때문이다. 글이 진솔하지 않다고 느끼는 것이다. 글을 쓰는 이유는 참으로 다양하다. 자기만족의 수단이 되기도 하고 누군가를 교화하기 위한 수단이 되기도 한다. 때로는 이른바 베스트셀러를 출간해 돈을 벌기 위해 글을 쓰는 경우도 있다. 하지만 자신의 만족을 위해 글을 쓰는 경우가 가장 많다. 적어도 글을 쓰는 사람들의 상당수는 이렇듯 자신의 만족을 느끼기 위해 글을 쓰는 것으로 보인다.

글을 쓰는 이유가 다양한 만큼이나 글을 평가하는 기준도 다양하다. 글이 주는 멋스러움과 기교를 평가의 기준으로 삼는 경우가 있고, 글을 통해 타인과 사회를 교화시킬 수 있는지 여부를 가지고 글의 우열을 가리려는 경향도 있다. 물론 한두 가지 기준으로 글을 평가할 수는 없다. 하지만 무엇인가 중심을 두는 부분은 있게 마련이다. 그 것은 평가하는 자마다 다를 수밖에 없다. 누구는 얼마나 사회적 가치가 있는지를 평가의 기준으로 둘 것이고, 누군는 기발한 표현을 얼마나 많이 사용했는가를 평가의 기준으로 삼을 수 있겠다.

나는 개인적으로 얼마만큼 진솔하게 써내려갔는가를 놓고 글을 평가하는 경향이 있다. 물론 문맥이 잘 맞아야 하고 세련된 표현을 많이 사용하면 그만큼 좋은 글이다. 내가 진정 후한 점수를 주는 글, 마음으로 동감하는 글은 거짓 없는 글이다. 때로는 자신의 치부를 드러내는 심정으로 아주 솔직하게 써내려간 글이다. 자신의 감정을 아주 진실되게 담아낸 글을 좋아한다. 솔직한 글을 쓸 수 있는 사람은 진실한 사람이고 용기 있는 사람이다.

그런데 많은 글을 접하다 보면 솔직하지 못한 감정으로 기록된 경우가 너무도 많다는 점을 느끼게 된다. 하나같이 세상을 너무 아름답고 즐거운 대상으로 노래했다. 자신을 너무도 순수하고 순박한 사람으로 묘사했다. 바로 이 같은 이유가 내가 글 쓰는 이들을 위선자라고 생각하게 하는 원인이다. 여기저기에 소개된 많은 글 가운데는 온갖 미사여구를 동원해 그저 세상을 아름답게만 그리려한 흔적들이 많이 발견된다.

특히 현실보다는 과거의 글을 쓸 때 위선은 더욱 심해지는 것 같다.

많은 글에서 저자들은 고향에서 자란 어린 시절을 회상하며 즐겁고 낭만적이었다고 표현하는 경우가 대부분이다. 몹시 가난했지만 그때가 행복했다고 표현한다. 그들의 글 솜씨로 표현되는 시골풍경은 너무도 아름답고 평화스럽다. 하지만 내가 자란 시골의 모습은 꼭 그렇게 아름답지 않았다. 정비되지 않은 지저분한 환경이 즐비했고, 생활은 빈궁했고 고달팠다. 인심 좋은 이웃도 많았지만 술주정뱅이를 비롯한 고약한 이웃도 많았다. 더위나 추위도 이겨내기에는 너무 가혹한 것들이었다. 하지만 진솔하게 어린 시절의 힘들고 가난했던 시절을 힘들고 모진 세월로 표현한 글은 여간해 보이지 않는다.

인간의 감정을 기록한 글들도 사정은 비슷하다. 인간은 본래 착하고 아름다운 것을 추구하지만 한편으로는 탐욕스럽고, 잔혹한 존재인데 어쩌면 글에 나타나는 인간들은 그토록 순수하고 이지적인지… 선뜻 동감이 되지 않는다. 동감이 안 되는 수준을 넘어 어쩔 때는 반감이 생긴다. 그러니 위선자라고 하는 적대적인 표현까지 서슴지 않게 된다. 사진이 사람의 외형이 변해가고 성장해가는 모습을 담아낸다면 글은 사람의 내면이 성장하고 변화해가는 모습을 보여준다. 진솔한 글만이 나신의 심상의 변화를 제대로 기록해 갈 수 있다고 생각한다.

운전 중 라디오를 듣게 되는 경우가 많다. 많은 프로그램 중 청취자들이 보낸 글을 진행자가 대독해 읽어 전파를 타게 하는 프로그램들이 적지 않다. 라디오 프로그램에 글을 올리는 이들은 하나같이 아마추어 작가들이다. 물론 방송국 작가들이 청취자들이 보내온 글을 상당 부분 수정하고 편집할 것으로 생각된다. 하지만 그가 주장하려는 내용까지 편집할 수는 없는 법. 내가 굳이 라디오 프로그램에 소개되는 비전문가들의 글을 지목하는 이유는 그들이 보내는 글이 하나같이 진솔하다고 느껴져 칭찬해주고 싶기 때문이다.

정말 '글을 이렇게 써야 하는 구나'라고 느낄 때가 한두 번이 아니다. 너무도 솔직하게 자신의 과거와 현재 모습을 소개하고 있다. 자신이 겪은 다시 꺼내고 싶지 않을 과거를 소재로 써내려가는 글들이 많다. 비전문가들이 보내온 글이지만 그들이 솔직하게 써내려갔다는 한 가지 이유만으로 그들의 글에 감동을 받는다. 이렇게 글의 진실성을 강력 주장하는 나 역시도 나 자신도 모르게 위선적 글을 쓴 사례가 많을 것이다. 하지만 내가 지금 쓰는 이 글을 계기로 보다 솔직하고 거짓 없는 글을 써 보겠다는 다짐을 다시 가져본다.

# 닭다리 교육

요즘 아이들 가장 좋아하는 간식이 치킨과 피자이다. 사내놈 둘을 키우고 있는 우리 가족도 적지 않게 치킨과 피자를 먹는 편이다. 기름에 튀기고 굽는 음식이 몸에 좋을 리 없어 부모 된 입장에서는 말리고 싶지만 때로는 성화에 못 이겨 배달 주문전화를 걸게 된다. 적어도 기름진 간식을 먹는 시간에 아이들은 마냥 행복한 얼굴이다. 몸에 얼마나 안 좋을까 몰라도 당장 아이들이 좋아하는 모습을 지켜보면 즐겁기 그지없다. 우리 집 뿐이겠는가. 보편적인 가정에서 치킨이나 피자는 가장 흔하게 즐기는 간식거리가 됐다. 만들고 기다리는 수고스러움 없이 전화 한통으로 당장 맛있게 먹을 수 있으니 그만큼 많이 즐겨 찾는 것은 당연한 일이겠다.

피자는 간식거리로 만족하지만 치킨의 경우, 술안주로도 손색이 없어 식사를 곁들인 1차 술자리에 이어 2차나 3차 술자리가 이어질 때 치킨집은 가볍게 맥주 한잔을 나눌 수 있는 공간이 되기도 한다. 사무실에서도 야식이나 간식으로 치킨을 주문해 함께 먹는 일도 다반사이다. 지금이야 치킨이란 이름이 일반화 됐지만 내가 유소년기를 보낸

70년대나 80년대에는 치킨이란 이름보다는 주로 통닭이라는 이름을 썼다. 통닭은 참 귀한 음식이었고, 모처럼 한번 접하는 그 맛은 형언조차 힘들 정도였다. 지금의 치킨은 성계로 성장하기 전의 영계를 토막내 튀긴 것이지만 과거에 즐기던 통닭은 성계를 통째로 튀기는 것이 일반적이었다.

모든 고기음식이 그러하듯 부위별로 맛은 천양지차이다. 소도 돼지도 그러하겠지만 닭은 유별나게 부위별 맛 차이가 큰 육류이다. 소나 돼지고기의 경우, 같은 부위를 여럿이 먹을 수 있을 정도의 양이 나오지만 닭은 부위별로 먹을 수 있는 양이 한정돼 있어 특정 부위에 대한 선호도가 유별나기도 하다. 그래서인지 닭요리를 여럿이 함께 먹을 때는 맛이 좋아 선호도가 높은 부위를 먼저 차지하려는 눈치싸움이 전개되기 마련이다. 가족끼리 먹을 때는 은연 중에 양보하는 미덕이 발휘되지만 가족이 아닌 일반적 관계라면 선호도가 높은 다리나 날개 등의 부위를 먼저 차지하려는 젓가락 싸움이 벌어지는 것을 종종 목격하게 된다. 특히 치킨을 주문해 먹다보면 유독 통통하게 살이 오른 다리를 먼저 차지하려는 쟁탈전은 불가피하다.

직장생활을 하며 치킨을 주문해 여럿이 같이 먹는 기회가 꽤 여러 차례 있었다. 그때마다 얼굴이 화끈거리는 경험을 한 적이 한두 번이 아니었다. 어떨 때는 얼굴 화끈거림의 정도를 넘어서 기분이 상하는 느낌을 갖게 된다. 우리 사무실은 20대 중후반부터 50대 중후반까지 40~50명이 한 공간 내에서 일하고 있고 간식을 먹을 때면 대개 연령이나 직급과 무관하게 한 곳에 둘러 모인다. 많은 간식 중에도 치킨과 과일을 먹을 때가 가장 많았던 것으로 기억된다. 친구들과 음식을 먹을 때의 버릇인지, 혹은 부모님이 당연한 듯 다리부위를 들어 안긴 것이 습관이 돼서인지, 일부 젊은 직원은 당연하다는 듯 닭다리를 집어 들어 자신의 입으로 밀어 넣는다. 수박을 썰어 놓아도 당연하다는 듯 가장 실한 가운데 토막을 집어 든다. 큰형님 같고 작은아버지 같은 상사가 바로 옆에서 같이 음식을 먹고 있어도, 눈치를 보지 않고 자신의 식탐을 채운다. 그것이 소위 직장생활에서의 '미운 짓'에 해당된다는 사실을 그들은 잘 알지 못하고 있다.

이 같은 현상은 철저하게 가정교육에서 비롯된다. 친구 집이나 기타 여느 친척집을 가서도 치킨을 주문해 먹을 때의 모습을 유심히 지켜보면 대개 부모가 제일 먼저 다리를 들어 자녀에게 주는 광경을 자연스럽게 목격하게 된다. 또 하나의 다리도 역시나 다른 자녀에게 안겨진다. 내가 지금껏 지켜본 대개의 가정은 그러했다. 심한 경우는 부모 뿐 아니라 할아버지나 할머니가 바로 옆에 계신데도 자연스럽게 닭다리가 아이들의 몫으로 안겨지는 것을 봤다. 이렇게 당연한 듯 다리를 받아먹고 자란 아이들이 직장 상사 앞에서라고 양보해야 한다는 생각을 할 리 만무하다. 상사가 먼저 젓가락을 들었는지, 음식을 입에 넣었는지 조차 그들에겐 무관심이다. 그저 가장 맛있고 실한 음식은 우선적으로 자신의 입속으로 들어가야 한다고 생각한다. 이 같은 현상은 그들의 심성과 무관한 경우가 많다. 그저 생각이 없고, 신경을 쓰지 않는 것일 뿐 그들의 심성이 고약해서 그런 행동을 하는 것은 절대 아니다. 몰라서 그렇다.

우리 집도 치킨을 배달시켜 먹는다. 그러나 먹을 때 보편적인 집들과는 다른 광경이 펼쳐진다. 포장을 열면 제일 먼저 아빠와 엄마가 닭다리를 차지한다. 그리고는 아이들에게 원하는 부위를 고르도록 한다. 이 같은 일이 반복되다보니 아이들은 당연히 닭다리는 아빠와 엄마가 차지하는 것으로 알고 있다. 물론 나나 애 엄마나 집어든 닭다리를 혼자 통째로 먹지 않는다. 살이 가장 통통한 부분을 떼어내 아이들의 입에 넣어준다. 결국 다릿살 대부분은 아이들의 몫이 된다. 하지만 명목상으로라도 다릿살을 부모가 또는 다른 웃어른이 잡아들어야 한다는 사실을 분명히 아이들에게 가르쳐 주어야 한다. 다른 곳에 가서 치킨을 먹을 때도 유심히 지켜보면 우리 아이들은 먼저 함부로 닭다리를 들어 올리지 않는다. 주위를 살펴 어른에게 먼저 닭다리를 드실 것을 권한다. 이것이 소위 '밥상머리 교육' 아닌가. 가정교육의 기본이고 으뜸이라 했던 밥상머리 교육이 바로 이런 것이라고 확신한다. 웃어른과 함께 음식을 나누는 자리에서 눈치 없이 실한 부위를 먼저 잡아드는 얌채 같은 행동은 음식을 얻는 만큼 인격를 잃게 된다는 사실을 아이들에게 알려주어야 한다.

세상의 부모들에게 권하고 싶다. 잠시 아이를 사랑하는 마음을 접고 '밥상머리교육'에 열중해달라고. '닭다리교육'을 통해 자신들의 자녀가 기본적인 예의를 지키는 주체로 성장할 수 있도록 도와주라고 주문하고 싶다. 어른이 수저를 들기 전에 절대 먼저 수저를 들지 말라고 배웠다. 어른이 먼저 젓가락을 대지 않은 반찬에는 먼저 젓가락을 가져가지 말라고 배웠다. 어른 식사가 채 끝나지 않았는데 먼저 숟가락을 놓지 말라고 배웠다. 어른 식사하실 때 떠들지도 말고 옆에서 눕지 말라고 배웠다. 음식을 먹을 때 요란한 소리를 내지 말라고 배웠다. 세상은 너무도 많이 변했다. 그토록 부족하던 먹을거리가 넘쳐나는 시대를 맞았다. 기름진 음식에 먼저 손대지 말라고 가르치던 시대와 비교해 세상은 너무도 많이 변했다. 하지만 세상은 변했어도 진리는 변하지 않는다. 어른을 공경하고 위하는 마음은 만고의 진리이다. 진리가 변하고 무너지면 세상이 무너진다. 누구나 어른이 되고 누구나 나이를 먹는 것도 진리이다. 지금 내가 어른을 배려하지 않으면 훗날 그만큼 배려 받지 못할 것이다.

| 웃음이 묻어나는 편지 |

〈작가노트〉

‘지금은 라디오 시대’라는 프로그램이 있다. 이 프로그램에서 운영하는 ‘웃음이 묻어나는 편지’라는 코너는 꽤 인기가 있다. 운전을 하다가 자주 들었던 방송인데 내게도 웃음거리가 생겨 원고를 보내보기로 했다. 몇 시간에 걸쳐 원고를 작성해 보냈는데 방송에 채택되지 않았다. 이 정도 내용이면 충분히 채택될 것이라고 생각했는데 무슨 이유인지 방송을 타지 못했다. 힘 들여 쓴 것이 아쉬워 수필집을 발행하면서 뒷장에 붙여 편집해본다.

## 생리하는 남자

대전에 사는 40대 중반의 직장인입니다. 방송 잘 듣고 있습니다. ‘지금은 라디오시대’ ‘웃음이 묻어나는 편지’코너를 들을 때마다 어쩌면 그렇게 글을 잘 쓰는 분들이 많은가 놀랄 때가 한두 번이 아니었습니다. 그래서 언젠가 저도 사연을 한 번 보내보고자 마음을 먹었지만 마땅히 보낼 사연이 없었습니다. 없던 일을 있던 일처럼 꾸밀 수도 없고, 너무 오래된 버전을 보낼 수도 없고… 그래서 내게도 뭔가 재미있는 일이 생기면 이 코너에 사연을 보내야겠다고 혼자 생각해 왔습니다.

그러던 중 제게도 정말 웃지 않을 수 없는 일이 생겨서 이렇게 글을 보내게 됩니다. 다만 제 직업을 밝히고, 소속을 밝히면 대전 바닥에서 저를 아시는 분들이 너무 많아 일단 가명으로 글을 집필하게 됨을 널리 이해해 주시길 바랍니다. 이 글에서 제 이름은 김봉달이라고 하겠습니다.

20대 후반에 직장생활을 하게 된 저는 30대 초반에 직장생활을 하며 대학원에 진학해 석사학위를 받았습니다. 공부하기를 좋아한다기보다는 일단 학위를 갖고 싶었고, 무엇보다 언젠가 대학 강단에 설 수 있는 기회를 마련해 보겠다는 의도가 컸습니다. 직업 교수가 되겠다는 생각은 하지 않았지만 직장생활을 하면서 한두 시간 짬을 내 대학에서 강의를 진행해 보는 것이 제 꿈이었으니까요.

제 꿈이 간절했던지, 간간히 아는 분의 소개로 한 학기에 그저 2~3시간짜리 강의를 벌써 10년째 간헐적으로 해오고 있습니다. 현직 직장인인 관계로 회사 눈치를 봐가며 틈틈이 기회가 닿을 때마다 한 학기 한 강좌씩을 경험해 봤습니다. 매 학기 강의를 한 것은 아니고 몇 학기를 건너뛰기도 했지만 기회가 생겼습니다. 이런저런 이유로 몇 학기 째 강의를 하지 못하다가 이번 2013학년도 1학기에 1주일에 두 시간짜리 교양과목을 맡게 됐습니다.

대전에서 나름대로 인정받고 있는 4년제 사립대학에서 말입니다. 그래서 지난 3월부터 매주 금요일 오후에 두 시간씩 학생들을 만나고 있고, 그 시간에 제가 가진 노하우를 맘껏 발산하고 있습니다. 시간강사지만 학생들에게 '교수님'이란 호칭으로 불리는 것이 기분 좋고, 강의할 교재와 출석부가 든 서류가방을 들고 캠퍼스를 걷는 일이 마냥 행복하기만 한 저는 매주 금요일 학생들을 만날 일을 기다리며 한주를 보내고 있습니다.

교양과목이라 전공과 학년을 달리하는 남녀학생이 모인 제 수업은 학구적인 분위기가 물씬 납니다. 그런 만큼 학생들이 수업도 열심히 수강을 하고 저도 있는 힘을 다해 열심히 강의를 하고 있습니다. 그런데 바로 지난주 1백여 명이 모인 학생들 앞에서 도저히 믿을 수 없는 일이 벌어졌습니다. 너무도 어이없고 황당한 일이 벌어져 어찌할 바를 몰랐고, 아무런 조치를 하지 못했습니다. 이 사태를 어찌 해결하고 오해를 풀까를 궁리하다가 '지금은 라디오 시대' 전파를 통해 학생들에게 오해도 풀어주고 전국의 애청자들에게 웃음을 안겨주어야겠다고 결심했습니다.

이야기 시간을 지난 해 연말로 끌어당겨야 겠습니다. 겨울이 시작되면서 시도 때도 없이 고약스러운 신체부위기 가렵기 시작했습니다. 너무 가려워서 견딜 수가 없을 정도였습니다. 그곳은 다름 아닌 우리가 흔히 '똥꼬'라고 부르는 항문이었습니다. 특별한 이유가 없는데 어느 날 부턴가 항문이 심하게 가렵기 시작했습니다. 남 몰래 화장실에 들어가 화장지를 대고 비벼 응급조치를 취하기도 했고, 퇴근 후 저녁에 집에 들어가 샤워를 할 때는 정성껏 닦아주고 연고를 바르기도 했습니다. 그런데도 이 가려움은 좀처럼 가시지 않았습니다.

'이러다 말겠지'라고 생각하고 반년 가까이를 고통 속에서 보냈습니다. 그러다가 도저히 참을 수 없고, 쉽게 상황이 정리되지 않을 것 같아서 저는 병원을 가보기로 결심했습니다. 그런데 무슨 진료과로 가야할지가 막막하더군요. '피부과로 가야하나' '외과로 가야하나' '아니면 가정의학과?' 망설임 끝에 동네에 새롭게 개원한 외과를 찾기로 했습니다. 그곳은 항문 관련 질환을 전문으로 치료하는 소위 항문외과였습니다. 어색한 분위기 속에 병원을 들어서자 프론트 안내직원이 말하더군요.

"어디가 불편해서 오셨나요?"

"네, 저~"

말을 이어가지 못하자 프론트 직원은

"상담만 하실 건가요? 환부를 직접 보실 건가요?"

엉겁결에 저는 "예, 아무래도 환부를 한 번 봐야겠죠."라고 답했습니다.

그러자 간호사 한분이 찾아와 저를 좁은 방으로 데리고 가더니 하의를 모두 벗고 헐렁한 파자마로 갈아입고 나오라고 하더군요. 파자마는 엉덩이 부분이 접시만 하게 뚫려 있었고, 천으로 살짝 덮혀 있어 바로 민망한 부분을 살펴볼 수 있는 구조로 돼 있었습니다. 내가 환자가 아니라면 보고 웃음보를 터뜨릴만한 아주 우스꽝스러운 모양이었습니다. 그러나 어쩝니까. 당장 내 몸이 불편한데. 그래서 그 옷을 입고 의사선생님이 계신 진료실로 갔습니다.

"김봉달 씨! 어디가 불편해서 오셨나요?"

"아~ 예 저… 항문이 너무 가려워서요. 참을 수 있는 정도가 아니어서 이렇게 와봤습니다"

"일단 침대 위로 올라가셔서 저 벽에 있는 그림 모양으로 자세를 취해주세요"

저는 순간 벽에 걸려 있는 그림을 보았습니다. 예상한대로 양 팔꿈치와 양 무릎으로 몸을 지탱하면서 엉덩이를 치켜 올리는 생각하기도 싫은 그런 자세였습니다. 그러나 의사도 간호사도 매일 그런 광경을 지켜보는 분들이라 그런지 전혀 아무렇지 않다는 얼굴로 저를 바라보았습니다. 저는 의사분이 시키는 대로 침대위에 올라가 엉성한 자세를 취했습니다. 이윽고 의사선생님은

"한 3㎝정도 뭐가 들어갈 건데 잠시 어색해도 참으세요."하셨고, 그 말이 끝나기가 무섭게 제 몸으로 뭔가가 불쑥 들어오는 느낌이 들었습니다. 기분 참으로 고약하데요.

그러더니 선생님은 침대에서 내려와 상담석에 앉으라고 하시더니

"치질이 아주 심하시군요. 항문 안쪽에 치핵이 숨어있는 내치입니다. 바로 수술날짜 잡으시죠" 하는 것이었습니다. 아니 주변에 치질 걸린 사람들 보고 '무슨 그런 병에 걸리나' 싶었는데 바로 제가 그 병을 앓고 있던 것이었습니다. 진료실을 나와 수술을 받기 위한 간단한 검사를 하고 프론트로 가서 일정을 잡고 안내사항을 전달받았습니다. 프론트 직원과 협의해 16일 화요일을 D데이로 잡았습니다. 그리고는 그 직원으로부터 손바닥만 한 크기의 준비물이 적힌 메모지를 전달받았습니다.

거기에는 세면도구와 티슈 등등의 물건이 적혀있었고, 맨 아랫줄에는 '생리대 중형 한 봉지'라는 글자가 적혀 있었습니다. 저는 제 눈을 의심했고, 그 직원에게 "생리대는 여성 환자분만 준비해오면 되는 거죠?"라고 물었다.

그러자 그 여직원은

"아닙니다. 남녀 모두 준비해 오셔야 합니다. 수술 후에 환부에서 고름과 진물이 섞인 분비물이 나오는데 이걸 감당하려면 생리대를 착용하셔야 합니다."

한편 이해가 됐지만 어이가 없기도 했다.

여직원은 이어 "아 또 한 가지 주의하실 게 있네요. 남자 분들 대개 트렁크형 사각 팬티 많이들 입으시던데요, 생리대 차시려면 타이트한 삼각팬티를 입고 오셔야 합니다. 완치될 때까지는 꼭 삼각팬티를 입으시는 게 좋습니다" 라고 친절히 안내를 해주었습니다.

그 얘기를 듣고 저는 병원을 빠져나와 인근 마트에 가서 삼각팬티 5장을 구입했습니다. 집으로 돌아와 입원하면서 챙겨야 할 물건들을 가방에 넣으며 집사람에게

"이봐, 당신 생리대 사다놓은 거 있으면 나 한 봉만 빌려줘"

했더니 집사람이 저를 아래위로 훑어보더군요. 자초지종을 설명하니 집사람은 욕실에 있던 생리대를 한 봉 제게 건넸습니다. 가방에 모든 준비를 해간 저는 드디어 수술을 받았고, 2박3일간의 생애 첫 입원을 하게 됐습니다. 첫날은 무통주사가 작용을 했던지 견딜 만 했는데 이튿날부터 말로만 듣던 통증이 시작됐습니다. 청취자 여러분들도 익히 들어서 아시겠지만 평상시에는 견딜 만 하다가도 하루 한번 일을 보는 시간에는 견디기 어려운 통증이 밀려왔습니다. 병원에 있을 때는 환부에서 별다른 일이 벌어지지 않았는데 3일간의 입원을 마치고 집으로 돌아온 뒤부터 예고했던 대로 분비물이 나오기 시작했습니다.

생리대를 착용한다는 것이 영~ 내키지 않아 첫날은 그냥 환부에 거즈를 물리고 잤는데 아침에 일어나보니 침대보가 엉망이 돼 있었습니다. 그래서 하는 수 없이 그날부터 생리대를 착용하기 시작했습니다. 아내는 제게 생리대 착용하는 방법을 상세히 설명해 주더군요. 처음 생리대를 착용하는 기분 참

야릇했습니다. 그런데 어쩝니까. 당장 안하면 그 분비물을 감당할 수가 없는 상황인데요.

화요일 수술을 하고 목요일 퇴원을 했는데 그 다음날 금요일은 제가 대학으로 강의를 하러 가는 날이었습니다. 저는 환부에 거즈를 대고 위에 생리대를 얹어 철저하게 방수시스템을 가동하고 학교에 가서 아무 일 없다는 듯이 하루를 보내고 왔습니다. 통증은 그래도 참을 수 있었습니다.

주말을 보내고 월요일에 출근을 해서도 마찬가지였습니다. 회사에 나갈 때 거즈와 연고, 생리대를 챙겨갔고, 화장실에서 누가 볼 새라 거즈와 생리대를 교체하는 작업을 계속했습니다. 처음이야 이상하고 야릇했지만 며칠 해보니 여색함도 사라지더군요. 그런데 사고는 바로 다음 금요일 수업시간에 벌어졌습니다.

수시로 거즈와 생리대를 갈다보니 팬티도 자주 갈아입게 돼 5장 구입한 삼각팬티가 모두 빨래 통에 들어간 게 아닙니까. 하는 수 없이 저는 무심코 평소 즐겨 입던 사각형 트렁크 모양의 팬티를 입었고, 거기에 생리대를 착용했습니다. 저는 그때가지 학교에서 벌어질 일을 감히 상상도 하지 못했습니다.

그날 수업은 수술을 한지 11일째가 되는 날이었습니다. 환부에서 하염없이 나오던 분비물의 양이 전날부터 급격히 줄기 시작했고, 통증도 상당히 가라앉았습니다. 수술 후 초기에 하루에 2~3번 교체해주었던 생리대도 더 착용할 필요가 없을 정도였습니다. 하지만 혹시나 싶어 저는 그날도 생리대를 착용했고, 그러면서 '오늘이 생리대 하는 마직막 날이 되겠구나'하는 생각을 했습니다.

대형 종합 강의동에서 진행되는 제 강의는 100명에서 두 명 모자라는 수강생이 수업을 들었고, 그날은 대략 10명 가까운 학생들이 봄기운을 이기지 못하고 수업 땡땡이를 쳤습니다. 그래도 90명 가까운 수강생이 강의에 참석했고, 저는 평소와 다름없는 열강을 뿜어냈습니다. 수업을 한참 하고 있는데 저는 제가 착용하고 있던 생리대가 속옷 밖으로 빠져 나가는 느낌을 받았습니다. 아뿔싸, 생각해보니 삼각팬티가 아니라 통풍이 잘 되는 트렁크 팬티를 입고 있었던 것입니다. 어떤 조치를 취할 틈도 없이 생리대는 팬티를 벗어나 바지 한쪽 다리를 타고 흘러내려 강의실 바닥으로 떨어졌습니다.

계단식으로 지어진 그 강의실은 뒷좌석에서도 교단이 훤히 내려다보이는 구조였습니다. 제 몸에서 생리대가 빠져나와 바닥에 떨어진 것을 모든 학생들이 지켜본 것입니다. 특히 앞줄과 바로 뒷줄에 앉은 20여 명의 학생들은 한두 명을 제외하고는 대부분 여학생들이었습니다. 그들은 한명도 빠짐없이 제 몸에서 생리대가 빠져나와 강의실 바닥에 떨어지는 과정을 목격했습니다. 이미 사태는 건잡을 수 없을 정도로 확산됐습니다.

저는 순간 '이걸 얼른 주워서 주머니 속에 넣어야 하나' '강의를 중단하고 지금의 이 상황에 대해 솔직히 설명을 해주어야 하나' 이런저런 생각을 했지만 이미 때는 늦었습니다. 이미 상당수 여학생들은 '아니 저사람 그렇게 안봤더니, 변태일세. 변태야'라고 하는 눈빛을 제게 안기기 시작했습니다. 세상에 태어나 이보다 더 곤혹스러운 일이 또 있었을까요. 저는 앞이 깜깜해지기 시작했습니다. 순간 온갖 생각이 머리를 새까맣게 뒤덮었지만 저는 애써 이성을 찾고 무슨 일 있었냐는 듯 강의를 이어갔습니다. 그러나 갑자기 말이 엉키기 시작하고, 머릿속은 까맣게 덮여 내가 무슨 말을 하고 있는지도 모르는 지경까지 이르렀습니다.

학생들은 '도대체 왜 저 남자 몸에서 생리대가 갑자기 튀어나왔을까'를 몹시도 궁금해 하는 눈치였지만 누구하나 묻지 않고, 그저 강의에 열중했습니다. 수업 종료까지 남은 시간은 20여분. 그 20분을 어떻게 끌고 갔는지 지금 생각해도 아찔하기만 합니다. 진땀을 흘리며 가까스로 수업을 끝마치자 학생들은 저마다 강의실을 빠져 나가기 시작했고, 나가면서 하나같이 강의실 교단 바닥에 떨어져 있는 생리대를 힐끔힐끔 보면서 확인하고 나가는 눈치였습니다. 그 생리대는 날개가 활짝 펴진 모양을 하고 있었기에 멀찌감치 서 보아도 한눈에 생리대임을 알 수 있었습니다.

몇 분에 걸쳐 90여 명의 학생들이 모두 강의실을 빠져 나갔고, 출석부를 만지작거리며 학생들이 모두 나가기를 기다렸던 나는 모든 학생이 강의실을 빠져 나간 사실을 확인하고 전후좌우를 살핀 후 얼른 생리대를 주워들어 주머니에 넣었습니다. 그리고는 유유히 강의실을 빠져나와 위엄 있는 강사의 모습으로 당당하게 캠퍼스를 통과해 차를 몰고 학교를 빠져나왔습니다.

학교를 빠져나온 이후에도 온통 그 순간에 대한 생각이 머릿속에서 떠나지 않았습니다. '차라리 그 순간에 생리대를 주워들고 학생들에게 전후 상황을 설명했어야 했나' '다음 시간에 수업 시작하기 전 이실직고를 해야 하나' 등등의 생각이 며칠째 이어졌습니다. 그러다 제가 내린 결론은 '조영남, 최유라 씨에게 도움을 청하자'였습니다. 두 분이라면 당시 제가 겪은 상황을 재치 있고, 유머러스하게 풀어내고 더불어 학생들에게 오해도 풀어줄 것이라고 생각했습니다.

조영남, 최유라 씨! 저 변태 아니에요. 성 도착증 환자도 아니고요. 제 수업을 듣는 모든 학생들에게 당시 제가 처한 상황을 잘 설명해주세요. 다음 수업 시간에 몇 날 몇 시에 지금은 라디오시대 '웃음이 묻어나는 편지'를 꼭 청취하라고 학생들에게 말하겠습니다. 이 방송을 들으면 학생들도 저에 대한 불필요한 오해를 풀겠지요?

아울러 치질 수술을 앞둔 전국의 예비 환자분들에게 전달합니다. 특히 생리대의 속성을 모르시는 남자 분들에게요.

"여러분! 생리대는요 절대 트렁크 팬티 입고 착용하는 게 아닙니다. 언제 어느 때 바짓가랑이를 타고 흘러내릴지 모릅니다. 꼭 몸에 꼭 맞는 삼각팬티를 입고 착용하시는 겁니다. 제 말 무시했다가는 주위에 변태라고 소문나서 큰 곤욕을 당할 수 있습니다. 조심하세요."

# 음성 고추, 서산 마늘

김도운 수필집

발 행 일 | 2015년 6월 30일
지 은 이 | 김도운
발 행 인 | 李憲錫
발 행 처 | 오늘의문학사
출판등록 | 제55호(1993년 6월 23일)
주　　소 | 대전광역시 동구 대전로 867번길 52(한밭오피스텔 401호)
전화번호 | (042)624-2980
팩시밀리 | (042)628-2983
홈페이지 | http://www.lito77.co.kr(홈페이지)
전자우편 | hs2980@hanmail.net

공 급 처 | 한국출판협동조합
주문전화 | (070)7119-1752
팩시밀리 | (031)944-8234~6

ISBN 978-89-5669-690-4
값 15,000원